Journalism and Communication Review (Volume XIV)
北大新闻与传播评论（第十四辑）

Coexistence of VIRTUALITY AND REALITY

Authenticity, Creativity and Communication

虚实共生

真实、创造与传播

北京大学新闻与传播学院　编

北京大学出版社
PEKING UNIVERSITY PRESS

图书在版编目(CIP)数据

虚实共生:真实、创造与传播/北京大学新闻与传播学院编.—北京:北京大学出版社,2024.4

(北大新闻与传播评论)

ISBN 978-7-301-35019-5

Ⅰ.①虚… Ⅱ.①北… Ⅲ.①新闻学—文集②传播学—文集 Ⅳ.①G210-53 ②G206-53

中国国家版本馆 CIP 数据核字(2024)第 081801 号

书　　名 虚实共生:真实、创造与传播
XUSHI GONGSHENG: ZHENSHI、CHUANGZAO YU CHUANBO
著作责任者 北京大学新闻与传播学院　编
责 任 编 辑 董郑芳
标 准 书 号 ISBN 978-7-301-35019-5
出 版 发 行 北京大学出版社
地　　址 北京市海淀区成府路 205 号　100871
网　　址 http://www.pup.cn
新 浪 微 博 @北京大学出版社　@未名社科-北大图书
微信公众号 北京大学出版社　北大出版社社科图书
电 子 邮 箱 编辑部 ss@pup.cn　总编室 zpup@pup.cn
电　　话 邮购部 010-62752015　发行部 010-62750672
编辑部 010-62753121
印 刷 者 三河市北燕印装有限公司
经 销 者 新华书店
650 毫米×980 毫米　16 开本　20.5 印张　261 千字
2024 年 4 月第 1 版　2024 年 4 月第 1 次印刷
定　　价 99.00 元

目录

CONTENTS

平台社会与认同传播

数字基础设施建设与社会平等

传播思想与价值观转向

生命传播与虚实共生

学科自主知识体系探索

- 第五代整合营销传播：拓展领域至利润、人类和地球
- 新文科建设背景下的新闻与传播专业教育改革——基于行动者网络理论视角

第五代整合营销传播：拓展领域至利润、人类和地球

斯图尔特·皮尔森　爱德华·马特豪斯　王天夫*

摘要：本文描绘了下一代即第五代整合营销传播所涵盖的领域。本文指出了引起这一演变的关键的社会、技术、市场力量，并描述了整合营销传播的发展轨迹和未来方向。其核心转变是，从主要关注某一方利益相关者到关注多方利益相关者，包括人类（员工和社会）、地球（环境）和短期长期利润。本文从美国广告行业中找出了体现多方利益相关者决策的案例，并利用这些例子提出了学界和业界应该研究的问题。本文中的案例和研究方向是围绕着营销策略、传播媒体和信息以及测量系统组织的。

关键词：整合营销传播，利益相关者，ESG

一、营销和广告的现状

在过去的二十年里，计算技术的发展改变了传统的广告和营

* 斯图尔特·皮尔森（Stewart Pearson），系 Consilient Group 创始人；爱德华·马特豪斯（Edward Malthouse），系美国西北大学梅迪尔新闻、媒体、整合营销传播学院讲席教授、施皮格尔研究中心主任；王天夫（译者），系北京大学新闻与传播学院研究员、博士生导师、现代广告研究所所长。

销方式。如今，它们正在迎来又一次范式转变，这将为研究和创新带来大量新的机会。自 2008 年经济衰退起，关注多个利益相关者的环境、社会和治理（Environmental，Social and Governance，ESG）运动开始兴起，并随着 2020—2023 年间的公共卫生与极端气候事件加速发展。新的世界观改变了多个学科。本文旨在提出以新型整合营销模式来应对这些挑战的设想。

在当今竞争激烈的市场中，品牌不再寄希望于独特的销售主张，而是通过满足多个利益相关者所拥护的不同价值观来胜出。它们的关注点从股东回报转移到平衡员工、客户和股东的需求上。随着 ESG 运动的开展，企业在报告财务指标之外，也开始梳理并报告自己的环境和社会指标。这标志着广告和营销的范式转变。今天的广告投放多为自动化和程序化的，由技术（广告技术与营销技术）和数据（分析与人工智能）所驱动。它依赖碎片化的媒体生态系统[1]，并以短期行为指标为管理目标。定向的个性化广告导致了媒体和受众的碎片化。大众市场被分解为小众圈层、“品味社区”[2]和“文化群组”[3]。

广告曾被概括为“善诠含义，巧传真实”的“说服的艺术”[4]。现在，所有的营销功能都是由技术主导的，大多数传播和商务活动都是在五个垄断性的数字平台（苹果、Alphabet、亚马逊、Meta 和微软）上借助数千种软件工具辅助完成的。过去，营销的主要功能是打造具有广泛吸引力的、经久不衰的品牌；而今，它的主要功能变成了向小众受众推销，这使得后来的挑战者品牌的壮大之路变得越发艰难。

进一步的后果是，曾经服务全国观众的大众媒体以及连接当地社区的地方媒体走向衰落。在数字平台上，推荐系统根据过去的内容消费情况，利用算法将新闻内容定向推送给用户，从而强化其根深蒂固的认知和行为。在今天来看，以数据驱动的数字广告产生的负面影响是社会性的、广泛的：人们对媒体和机构越来越缺乏信任，人群和社区的两极分化也越来越严重。

一直以来，广告从未得到过好的评价。有了数字平台上的程序化投放后，广告的声誉更衰败了。这种监控式的商业模式利用了个人数据收集和交易监管的漏洞，这种模式越来越受到消费者的抵制（广告拦截），并且正受到世界各国政府的调查。

新的商业模式提供了广告以外的选择。美国领先的流媒体电视网络 Netflix 依靠用户订阅而不是广告为其收入来源。长期靠广告支撑的地方新闻媒体也将其收入模式转向订阅。[5] 在将新闻和娱乐加入付费行列后，纽约大学教授斯科特·加洛韦（Scott Galloway）称，广告是“对穷人征税”。

诚然，富有见地的营销人员执导了许多广告，打造并维护了一些经久不衰的品牌，例如宝洁、可口可乐和万宝路（菲利普·莫里斯），并产生了积极的经济影响。在程序化广告时代到来之前的几十年间，市场洞察力和广告创意帮助苹果、耐克和路易威登等品牌赢得了广泛而持久的全球吸引力。这些品牌广告意在创生，而不是强化既有印象。广告传递的是洞察力、智慧、幽默以及娱乐性和叙事性。

据凯度（Kantar）报道，2023 年，在全球最具价值的十大品牌中，科技或支付平台不下八家。数字营销和广告不再能打造出经久不衰的品牌。正如斯尔尼塞克（Srnicek）总结的那样：“数据提取成为建立垄断平台和从广告商那里截留收入的关键技术。”[6]

二、新兴范式

在20世纪上半叶，广告和营销随着大众市场和经济的成长而发展。营销催生了消费需求，消费需求又消化了企业生产和分销的产品。著名广告人大卫·奥格威（David Ogilvy）在总结广告的作用时表示，“我们做广告就是为了销售”[7]。

到了20世纪下半叶，在美国和英国的带领下，广告和营销的重要性快速提升，范围也迅速扩大。从70年代起，盎格鲁-撒克逊新自由主义经济学取代了50年代和60年代的凯恩斯主义经济学。凯恩斯主义强调政府在管理需求和维护社会平等方面的作用，而新自由主义则将全体股东的利益置于一切事物之上，包括员工和客户的需求。

一种新的世界观正在形成。它正在改变包括哲学、科学、经济学、社会学和心理学在内的多个学科。让我们先对这些变化加以总结，再来看看广告学和营销学对此又会做何回应。

哲学家们正在重新定义市场的范围。迈克尔·桑德尔写道，美国社会已经从市场经济转变为所谓的“市场社会，一种将市场价值观和市场推理渗透到教育、医疗、兵役等方方面面的生活方式”，要克服“我们的过敏反应……让伦理、道德和美德进入公共话语”。[8]

科学家们开始越来越迫切地呼吁采取气候行动。2022年联合国政府间气候变化专门委员会（IPCC）报告预测，为了避免极为危险的全球气候变暖，碳排放需要在三年内达到峰值，并在之后迅速下降。因此，我们亟需在商品的设计、制造、营销和分销等各个方面做出改变。

经济学家正在他们的学科中发起改革。雷沃思（Raworth）的甜甜圈经济学模型呼吁在“确保人类安全和公正的环境中”[9]（社会基础与生态上限之间）开展经济活动。企业应考虑员工的社会福利（在收入水平停滞几十年之后）及其产品对社会的影响（在发病率上升之后）。在评估其产品对环境的影响时，企业不仅要考虑投资者的利益，也要兼顾所有遭受环境退化影响的公民的利益。

社会学家和心理学家正对二十年来使用社交媒体的负面影响进行总结，并指出这些平台主要都是靠广告收入支撑的。社会心理学家乔纳森·海特（Jonathan Haidt）指出，社交媒体是对未成年少女造成伤害的主要原因之一。[10]曾就职于谷歌，现在剑桥大学教授哲学的技术专家詹姆斯·威廉姆斯（James Williams）写道：“无论从个人层面还是从集体层面而言，数字技术都削弱了人类的意志。”[11]

广告和营销必须以一种新的范式运作，在这种范式下：

企业要扩大设定的目标和报告的指标范围。它们不仅要继续报告自己的收入和利润等财务指标，还要报告自己的ESG影响。我们的问题是，在面临多个领域的多个目标和指标时，企业该如何调整营销规划？

企业对应的利益相关者要更加多元化。企业仍会把股东放在第一位，并且继续强调“以客户为中心”（这是亚马逊时代企业的核心任务）。但现在，企业也越来越重视员工、合作伙伴以及与之合作的广泛生产者群体的价值。ESG运动迫使企业测量它们对地方和全球公民的影响力。我们的问题是，随着多个利益相关者的出现，对营销传播应做出哪些改变？

企业要增强其复杂性和连通性。移动设备的渗透、电信技术的进步以及全球供应链的发展，使企业的运营和市场成为高度互联的网络。对于营销人员来说，这意味着影响力的驱动因素是分散的，影响是非线性的，而且结果是不可预测的，甚至往往是混乱的。我们的问题是，营销科学应如何顺应这种复杂性？

我们认为，广告和营销必须发展新的理论和新的模式，为研究创造机会。在研究这种新的理论和新的模型时，研究人员必须与上述其他领域的同行合作。

这不只是一个理论问题。事实上，广告和营销已经开始转型，并担负起了传播环境和社会责任的工作。在2022年的戛纳国际创意节上，85%的评委会创意大奖都颁给了具有公益性质或与社会意义相关的“传播战役”。对于从业者来说，ESG目标的重要性已引发了广泛争议。[12]

下文将介绍整合了ESG目标框架的下一代整合营销传播（integrated marketing communications，IMC）的案例。

三、IMC：过去和未来

我们将下一代IMC视为帮助广告与营销达成ESG目标和商业目标的关键概念。我们将简要回顾前几代IMC的情况，并描述IMC的未来愿景。

舒尔茨、坦南鲍姆和劳特伯恩（Schultz，Tannenbaum & Lauterborn）对第一代IMC进行了描述，提出需要协调多个媒体渠道的信息，包括大众广告、促销、直销和公关[13]，并提出假设：整合的主要益处是产生协同效应，而两个或多个互相协调的渠道会带来“1+1>2”的效果。

想通过必要的行为改变来应对 ESG 挑战，战略和战术协调是必不可少的，这也是我们决定将解决方案建立在 IMC 之上的一个原因。ESG 目标常常看起来与财务目标相冲突，但在新的范式下，我们认为两者可以产生协同效果。通过整合多个利益相关者的营销传播活动，企业不仅能够实现自身品牌价值的长期增长，而且还能践行自身的社会责任、履行自身对环境的承诺。

第二代 IMC 由舒尔茨夫妇（Schultz & Schultz）提出。[14] 与第一代 IMC 相比，他们最重要的进步之一是提出了 IMC 流程。这一流程将市场测量、利润指标以及通过直销获得的客户数据与品牌和广告的力量相结合。金融界对 ESG 目标表示怀疑，认为任何解决方案都只有以良好的指标为基础，才能具有可信度。他们的另一个要点是以客户为中心，主要关注客户这一利益相关群体。如上所述，我们认为，这种单一的关注点必须不断发展，以考虑和平衡其他利益相关者的效用。

2004 年，社交媒体、多向交互、触网消费者以及消费者权力的增长潜力刚刚为人所知，许多研究者将 IMC 的范围扩大到消费者参与。[15][16] 我们将此视为第三代 IMC。随着社交媒体在全球范围内的普及，我们看到人们以粉丝、合作方、联合促销方和关注 ESG 话题的公民身份参与品牌互动。

近来，传统/模拟媒体（特别是电视）与数字媒体之间的界限正在消失。随着电视的互联化和数字化，第四代 IMC 正在出现。根据 IMC 实践，平台上的数字视频（最早是 YouTube，现在是 TikTok）与联网电视（Connected TV）协调一致，模糊了过去不同媒体和渠道之间的界限。联网电视在2020年疫情暴发之初就开始成为主流。整合联网电视/视频与所有其他数字媒体/内容，实现了最早提出IMC时的愿景。

下一代IMC非常适合在推进ESG中扮演角色，因为协调信息、测量、共创和参与的理论及实践已深入人心。我们认为，IMC的范围可以扩展到这些维度，通过整合多个利益相关者、多个指标和多个领域，为广告和营销开发出一种新的范式，这是下文要讨论的内容。

我们将这种新范式称为“关注利润、人类、地球的整合营销”或“IMP^3”。我们需要调整IMC以应对眼下最棘手的挑战。表1总结了整合营销传播范式的转变，表2总结了它对实践的影响。未来将进一步深入讨论，并结合新的实践，提出应该研究的问题。

表1 整合营销的新范式总结

	前几代的整合营销传播	关注利润、人类、地球的影响力营销
利益相关者	营销传播以客户为中心	多个利益相关者：股东、客户、员工、关注者、合作方和相关公民
目标和指标	通过向客户销售取得的收入以及向投资者提供的股东价值来优化财务和广告投资回报率（returning on advertising spend，ROAS）	实现财务、环境和社会目标的共赢，为利益相关者提供协同的战略
数据来源	围绕媒体和渠道的支出/活动，为个性化和定向化提供资料数据和行为	通过销售和营销系统以外的领域扩展数据：经济、环境、社会和政府

表 2　影响力营销的新实践总结

	前几代的整合营销传播	关注利润、人类、地球的影响力营销
战略与规划	整合媒体、内容和渠道方案及投入，实现财务目标（ROAS）	整合多个利益相关者的参与、内容、媒体和渠道方案，以实现良好的财务、环境和社会效果
传播：媒体和信息	具有说服力的品牌信息以及促销优惠；以销售额为测量指标	真实的、具有说服力的品牌信息，共创的内容和对话，向所有利益相关者提供内在和外在奖励；以参与度和销售额为测量指标
洞察力、指标和测量	通过对消费者行为和市场销售的研究和分析产生	整合其他领域的测量系统：积极心理学（幸福感），环境和社会影响

营销部门一直是企业内部负责洞察客户、市场竞争和产品类别的职能部门。影响力营销扩大了产生洞察力所需要的信息来源和范围。影响力营销人员将查看市场以外的社会和环境数据，以监测、解释和制定方案。

四、多个利益相关者的战略和规划

IMP^3概念的独特之处在于，它的关注点从消费者和广告商/客户向管理多个利益相关者以及协调跨多个数据点和多个领域影响的多项活动转移。尹等人（Yun，et al.）[17]以及马特豪斯和卡普斯基（Malthouse & Copulsky）[1]确定了不同的广告利益相关者。

理解多个利益相关者的重要性已成为当前商业和品牌战略的主流。品牌所面临的挑战为研究人员提供了一些课题：

服装品牌 Patagonia 的创始人伊冯·乔伊纳德（Yvon Chouinard）

放弃了家族对品牌的所有权，并宣布地球才是 Patagonia 的唯一股东。由此可延伸出研究课题：像 Patagonia 高层这样的宣告将对消费者的行为和品牌的财务业绩产生什么样的影响？

联合利华前首席执行官保罗·波尔曼（Paul Polman）在谈到他的经历时写道："我不认为我们的受托责任是把股东放在第一位。恰恰相反，我们坚信的是，如果我们把公司的重点放在改善世界公民的生活上，并提出真正可持续的解决方案，我们就会与消费者和社会更加同步，最终为股东带来良好的回报。"[18] 由此可延伸的研究课题：如何量化联合利华等企业的传播策略对全球消费者的影响？

快速发展的巧克力品牌 Tony's Chocolonely 以零"奴工"的巧克力生产为使命。非洲的可可生产者是公司使命的核心和主要利益相关者："现在西非的可可农场存在奴役现象。这是可可供应链分配不均的结果。Tony's Chocolonely 的存在就是为了改变这种现状。非法童工和现代奴役都是违法的，必须停止。"由此可探索的研究课题：品牌对某一利益相关者（如其产品成分生产商）的承诺对其他利益相关者（分销商和消费者）有何影响？

Airbnb、阿迪达斯、苹果、亚马逊、可口可乐、Facebook、耐克、Uber、Warby Parker 和 YouTube 都向反对不平等和系统性种族主义的组织和计划捐款，或承诺向黑人拥有的企业提供资助。由此可探索的研究课题：向某一事业单纯进行资金捐赠，对品牌的主要利益相关者有什么影响？

五、多个利益相关者的传播、媒体和信息传递

行业传播也引发了研究课题。全球最大的啤酒公司百威英博，在主流大啤酒厂中首个推出有机啤酒米凯罗纯金（Michelob

ULTRA Pure Gold）时，展示了多个利益相关者的传播、媒体和信息传递。该品牌利用与消费者和有机大麦原料生产商相关的信息表现了自己的独特性。

电视和数字广告利用音乐明星代言来触达消费者。

其中一个广告是，演员兼歌手贝姬 · G.（Becky G.）晚上进入当地一家保龄球馆，她在服务员拿出米凯罗纯金啤酒后，谈到了自己对黄金的喜好。另一则广告是，歌手兼词曲作者苏加雷 · 雷福德（Sugaray Rayford）与朋友们一起参加海滩篝火晚会，与同伴一起畅饮米凯罗纯金啤酒。

米凯罗纯金啤酒最独特的营销点就是提出了一项“变革契约”的倡议。该倡议支持美国麦农在传统田地上尝试进行有机生产。该品牌为农民提供资金支持，与农学家合作，帮助他们完成有机作物种植认证的昂贵而耗时的步骤。米凯罗纯金将以高价购买过渡性大麦，支持麦农度过过渡窗口期。

Allbirds 成立于 2016 年，其商业模式从一开始就致力于为多个利益相关者服务，也就是消费者和供应商。其消费者主张体现在产品名称上，如“树风”和“羊毛跑鞋”。它还得到了合作方的支持，供应有轻微使用痕迹的二手鞋。此外，它对紧密型供应链的主张通过其对“再生农业”“可再生材料”和“负责任的能源”等方面的投资和承诺得到了体现。

这些案例提出的研究课题：当多个利益相关者得到协调一致的信息时，会产生什么样的协同效果？

成熟企业在扩大其利益相关者范围时会面临非常多的挑战，其中包括与利益相关者的沟通未能协调一致的情况。星巴克通过在消费者生活中打造一个友好和方便的“第三空间”来树立自己的品牌。星巴克堪称整合营销传播大师，通过创新的媒体和渠道

（包括会员积分和商务）来增加客户生命周期价值。星巴克宣布了“一项需要用数十年时间来实现的宏伟目标”，即到2030年将碳排放、淡水使用和废弃物排放分别减少50%，并致力于成为资源积极型企业来回馈地球。然而，虽然星巴克做出了环境承诺，但它很快发现自己又在另一条战线上面临新的挑战，即如何应对员工组建工会的要求。由此可延伸的研究课题：在就某个利益相关者目标达成积极沟通（关于环境）的同时，又在另一个目标上产生消极沟通（关于社会公平），这两者如何相互影响？这又会对第三个利益相关者目标（消费者创造财务业绩）产生什么影响？

麦当劳推出了成人“开心乐园餐”。沃克（Walker）报告说，员工认为促销活动造成的工作量过重，并在社交媒体上发布信息，恳请顾客不要点该套餐。看来，管理层在做出促销决定时，并没有考虑到对员工这一利益相关者的影响，以及塑料玩具可能造成的浪费。[19]由此可探索的研究课题：当一线员工向顾客提供服务时，品牌应如何协调他们之间的沟通？

鉴于缺乏对深色皮肤者的研究和医学知识，凡士林创建了一个网站，帮助深色皮肤者对其皮肤病进行诊断和治疗。由此可考虑的研究课题：如何衡量这一举措的效果——既包括凡士林的经济效益，也包括对其他利益相关者的影响，比如拯救的生命以及帮助政府和保险公司减少的医疗成本？

六、测量多个利益相关者的价值创造

建立正确的管理指标至关重要。如果没有衡量ESG成果的指标，那么ESG活动就不会得到企业的重视。

几十年来，直销、客户关系管理和广告一直专注于客户生命周期价值，如库马尔和古普塔（Kumar & Gupta）的研究[20]关注顾客在整个业务关系中预期现金流的折现总和。它代表了从一种关系中获得的预期利润，并用于分配营销资源和衡量效果。然而，它并没有将其他利益相关者考虑在内。

同样，营销人员也想要衡量品牌资产——消费者对品牌的想法、感受和信念所赋予产品或服务的附加价值[21]——对企业总体财务价值的贡献。这一评估办法由 Interbrand 和曾隶属于 WPP 集团的 Vivvix 公司主导。凯度的 BrandZ 和 WPP 的品牌资产评估工具（BAV）会根据品牌在消费者心目中的显著性、尊重度、意义和独特性来衡量品牌资产。

虽然客户终身价值和品牌资产仍是很重要的衡量指标，但营销人员必须扩大指标集的范畴，并考虑在不同利益相关者的目标有所竞争时做好权衡。此外，有必要对环境影响和社会福利的贡献度进行量化。我们看到业界已出现这种转变的迹象，但目前尚处于早期发展阶段。例如，Brand Finance 咨询公司一直通过传统的、以消费者为中心的指标（考虑、熟悉度、偏好、推荐）来衡量品牌资产。但现在，它们也增加了员工评分（基于审计）和声誉评分（基于投资分析师的建议）等其他衡量维度。IMP^3涵盖的范畴和价值前景令人兴奋。

通过衡量品牌（购买行为以外）对消费者生活的影响，品牌可以在消费者的生活中发挥更大、更积极的作用。我们认为，通过更好地了解人们的生活，将营销的目标扩大到重要的环境和社会沟通方面并衡量其影响，产生的协同效应将使营销更加强大。

七、多个利益相关者及协同案例

早期整合营销传播策划和模型通常侧重单个短期目标，如估计点击或购买的概率。例如，新闻机构通过销售广告和留住订阅用户来赚钱。增加页面的广告量会在短期内增加广告收入（更多的曝光量），但过多的广告也可能导致用户脱钩（例如用户不再回访该网站或安装广告拦截器），致使未来订阅用户流失、留存率和客户生命周期价值降低[22]。

设计模型时需要考虑到这些复杂的交互作用和长期的（意外）后果。对多个利益相关者进行营销规划增加了规划的复杂性，但整合营销传播的经验证明，协同效应可以帮助实现一切结果。以下示例就能说明这一点。

图1给出一个示例，说明了两个利益相关者（如客户和员工）所获得的效用。各条线代表了向两个利益相关者分配资源的不同方式。45度线代表零和博弈：利益相关者2的任何效用增加都必须被利益相关者1的等量效用减少抵消。例如，从图中的A点移动到B。但如果45度线不能反映取舍的本质，而曲线a才是对现实更好的描述，结果又会怎样？

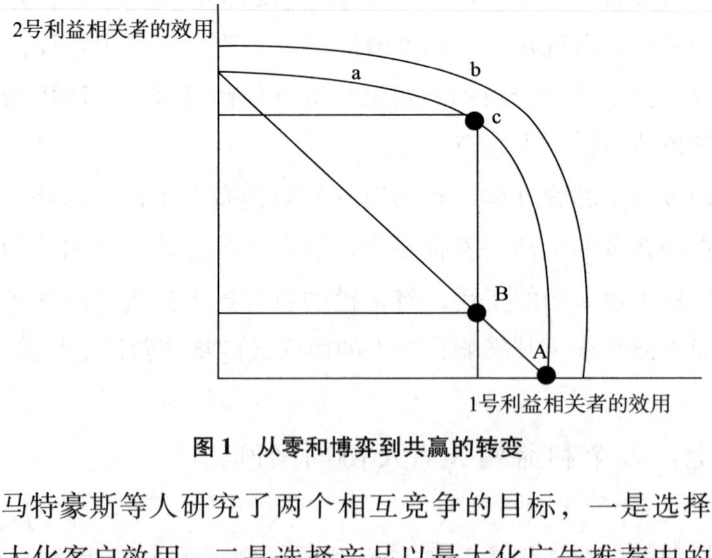

图1　从零和博弈到共赢的转变

马特豪斯等人研究了两个相互竞争的目标，一是选择项目以最大化客户效用，二是选择产品以最大化广告推荐中的广告收入。[23]他们得到一条向外弯曲的凹函数曲线（a concave curve that bows outward）。如果曲线 a 为真，那么只需要小幅减少一个利益相关者的效用（例如 A 点到 C 点），就可以大大增加另一个利益相关者的效用。综合考虑所有因素，C 点可能比 A 点更优。另一种可能性是，同时增加两个利益相关者的效用，曲线随着时间的推移向外移动，例如曲线 b。在这种情况下，两个利益相关者的情况都会明显改善。对于客户和员工这种利益相关者来说，这种转变可能通过设计完善的政府激励措施或法规来实现。

从长远来看，只有那些了解自己的行为会对多个利益相关者产生怎样影响的品牌和厂商才能胜出。这就是为什么在博弈论中，长久的赢家恰恰是懂得合作的人。我们相信，把一个利益相关者群体摆在首位，而彻底忽略其他利益相关者的行为是短视的，也是注定要失败的。

有证据表明，协调和放大一致的信息将推动多个渠道的价值。根据凯度的数据[23]，“整合战役”将品牌建设的效率提高了 31%。现在的挑战是要研究，整合多个利益相关者的 ESG 沟通是如何更有效地建设品牌以及履行 ESG 承诺的。

八、结 论

本文提出了 IMP³ 的愿景，用于说明营销如何发展以满足不断变化的市场需求，并关注多个利益相关者和多个考虑因素。我们从行业中找出了一些例子，使我们能够对这种未来的营销方式见微知著，并指出了可能的研究途径。

注 释

[1] Malthouse, E., and J. Copulsky, "Artificial Intelligence Ecosystems for Marketing Communications," *International Journal of Advertising*, Vol. 42, No. 1, 2023, pp. 128-140.

[2] Andjelic, A., *The Business of Aspiration: How Social, Cultural, and Environmental Capital Changes Brands*, Routledge, 2020.

[3] Collins, M., *For the Culture: The Power Behind What We Buy, What We Do, and Who We Want to Be*, Public Affairs, 2023.

[4] Levenson, B., *Bill Bernbach's Book: A History of Advertising That Changed the History of Advertising*, Villard, 1987.

[5] Kim, S. J., Y. Zhou, E. C. Malthouse, and Y. Kamyab Hessary, "In Search for an Audience-supported Business Model for Local Newspapers: Findings from Clickstream and Subscriber Data," *Digital Journalism*, 2021, pp. 1-21.

[6] Srnicek, N., *Platform Capitalism*, John Wiley & Sons, 2017.

[7] Ogilvy, D., *Ogilvy on Advertising*, Vintage, 1985.

[8] Sandel, M. J., *What Money Can't Buy: The Moral Limits of Markets*, Macmillan, 2012.

[9] Raworth, K., *Doughnut Economics: Seven Ways to Think Like a 21st-Century Economist*, Chelsea Green Publishing, 2017.

[10] Haidt, J., "The Dangerous Experiment on Teen Girls," *The Atlantic*, November 21, 2021, https://www.theatlantic.com/ideas/archive/2021/11/facebooks-dangerous-experiment-teen-girls/620767/, 2023 年 11 月 2 日访问。

[11] Williams, J., *Stand out of our Light: Freedom and Resistance in the Attention Economy*, Cambridge University Press, 2018.

[12] Harrison, S., *Can't Sell Won't Sell: Advertising, Politics and Culture Wars: Why Adland Has Stopped Selling and Started Saving the World*. Adworld Press, 2020.

[13] Schultz, D. E., S. I. Tannenbaum, and R. Lauterborn, *The New Marketing Paradigm: Integrated Marketing Communications*, NTC Business Books, 1993.

[14] Schultz, D. E., *IMC, the Next Generation: Five Steps for Delivering Value and

Measuring Returns Using Marketing Communication, McGraw Hill, 2003.

[15] Schultz, D., E. C. Malthouse, and D. Pick, "From CM to CRM to CN 2: A Research Agenda for the Marketing Communications Transition," *Advances in Advertising Research*, Vol. Ⅲ, 2012, pp. 421-432.

[16] Finne, Åke, and Christian Grönroos, "Rethinking Marketing Communication: From Integrated Marketing Communication to Relationship Communication," *Journal of Marketing Communications*, Vol. 15, No. 2, 2009, pp. 179-195.

[17] Yun, Joseph T., et al. "Challenges and Future Directions of Computational Advertising Measurement Systems," *Journal of Advertising*, Vol. 49, No. 4, 2020, pp. 446-458.

[18] Polman, P., A. Winston, *Net Positive: How Courageous Companies Thrive by Giving More Than They Take*, Harvard Business School Press, 2021.

[19] Walker, J., "McDonald's Workers Are Begging People to Stop Ordering Adult Happy Meals," *Kotaku*, 2022, Oct 5.

[20] Kumar, V., and S. Gupta, "Conceptualizing the Evolution and Future of Advertising," *Journal of Advertising*, Vol. 45, No. 3, 2016, pp. 302-317.

[21] Farquhar, P. H., "Managing Brand Equity," *Marketing Research*, Vol. 1, No. 3, 1989, pp. 24-33.

[22] Miroglio, B., et al. "The Effect of Ad Blocking on User Engagement with the Web," Proceedings of the 2018 World Wide Web Conference, 2018, pp. 813-821.

[23] Malthouse, E. C., et al., "An Algorithm for Allocating Sponsored Recommendations and Content: Unifying Programmatic Advertising and Recommender Systems," *Journal of Advertising*, Vol. 48, No. 4, 2019, pp. 366-379.

[24] Kantar Millward Brown, "More than Half of Marketers Miss Opportunity to Boost Brand Effectiveness by 57% by not Getting Their Multichannel Campaigns Right," *CISION PR Newswire*, Jan 16 2018.

新文科建设背景下的新闻与传播专业教育改革

——基于行动者网络理论视角*

曾丽红　张尚沐　吴　雁**

摘要： 当下世界之变、时代之变、技术之变正在以前所未有的方式展开，这为传媒教育带来了巨大的机遇与挑战。与此同时，新文科建设的学科交叉与学科融合思想为新闻与传播专业教育改革打开了一扇新的认知视窗和希望之门。那么，如何在网络智能社会中把握传媒教育的内涵特征、找准传媒教育改革的关键及破解瓶颈之道，成为当前新闻与传播专业教育改革必须直面的时代之问。本文以行动者网络理论为探照视角，系统分析传媒教育改革行动者网络中的人类行动者与非人行动者之间的动态关系与生态配位，深入探析关键行动者在教育改革网络系统中的"转译"过程，寄寓寻求纾解传媒教育痼疾之策。

关键词： 新文科建设，专业教育，行动者网络，转译

---

* 本文系广州市高等学校第十一批教育教学改革研究一般项目"'AI+'网络与新媒体专业实践教学体系改革探索"及2020年广东省高等教育教学研究和改革项目"新闻传播类专业课程虚拟仿真实践教学研究——以《新闻摄影》实践必修课程为例"（项目编号：212050205-0520170）的结项成果。感谢匿名评审与吉首大学文学与新闻传播学院陈文敏教授提出的修改意见，感谢广州大学新闻与传播学院研究生崔岷睿和章晓涵对资料的收集和整理。

** 曾丽红，系广州大学新闻与传播学院网络与新媒体系主任、教授、硕士生导师、博士后合作导师；张尚沐，系广州大学新闻与传播学院硕士研究生；吴雁，系广东财经大学人文与传播学院、网络传播学院（合署）副教授。

一、新文科建设的基本内涵

传统文科有人文科学和社会科学之分。传统人文科学偏重理论、逻辑、思辨等方面的问题；传统社会科学则主要关注对社会现象的分析，力图通过总结相关理论和规律，指导人们的社会实践。随着经济全球化、政治区域化和社会网络化的一体化发展，教育学科的体制、内容和分科都面临新的调整。正如“一切坚固的东西都已经烟消云散”[1]，学科之间的壁垒被打破、专业之间的界线逐渐消弭。2017 年，美国希拉姆学院首次提出了“新文科”（new liberal arts）概念，将新技术融入传统人文学科课程，通过文理交叉将现代信息技术与哲学、文学、语言等课程有机结合，以培养综合性强的跨学科人才，达到扩展知识和创新思维的培养目标。[2]

（一）新文科建设之政策引领

为了让新文科建设更好地服务于中国式现代化发展，党中央和国务院在 2018 年明确提出，要推动高质量发展，进一步提升教育服务能力和贡献水平，发展新工科、新医科、新农科、新文科。这是首次对新文科建设作出的顶层部署。[3]

经过五年的发展，学科交叉与学科融合已然成为推动教育改革创新的动力引擎。党的二十大报告指出，要加强基础学科、新兴学科、交叉学科建设，加快建设中国特色、世界一流的大学和优势学科。[4] 2021 年，习近平总书记在清华大学考察时也强调，要用好学科交叉融合的“催化剂”，打破学科专业壁垒，对现有学科专业体系进行调整升级，瞄准科技前沿和关键领域，推进新工科、新医科、新农科、新文科建设，加快培养紧缺人才。[5] 这些顶层设计与行动纲领为学科建设者积极推动学科交叉融合、加快推进新文科建设与发展指明了前进方向，提供了行动指南。在宏观教育政策与理念的引领下，中国高等院校的新文科建设如雨后春笋之势兴发。诚然，唯有深刻把握新文科建设教育的基本要求与根本遵循，切实推动传统文科专业的转型升级，开拓跨学科交叉融合的创新前沿高地，打破文科各个学科专业之间的分区壁垒，让新文科建设既能立足本专业基础，又能与其他学科深度交融创新发展，方能真正回应信息社会和网络社会的时代之问和教育之痛。

（二）新文科建设之社会需求

随着信息技术和智能技术的更迭，人工智能时代已经来临，社会系统面临深刻的结构性转型与人才培养断层。人文社科教育领域在学科体系建设、思维范式转变、行业生态更迭、人才培养创新等方面都迎来了新的机遇与挑战。正如社会是一个流动的实体，在当下以媒介技术为基础设施（“座驾”“集置”）的数字时代，人工智能技术已经深深融入各行各业的发展与蜕变，并不断催生出新的内容与形态，如新能源、新产业与新行业，掌握智能技术将成为未来职业发展中一项不可或缺的基本技能。在此境况下，就业市场对文科人才提出了知识更新和技能迭代等更高阶的人才培养要求，而这些进阶要求与高校目前设置的培养模式严重不兼容，当下高校培育的文科人才无法成为智能融合背景下行业市场青睐的对象，文科学子的就业竞争力下降。因此，新文科建设的教育改革创新势在必行，在视域融合视野下打造跨学科连接的增长点，是适应当下智能融合时代新文科建设人才培养的必经之路。

（三）新文科建设之具体实践

习近平总书记在2020年主持召开科学家座谈会时提出了“四个面向”[6]，这为高等教育文科人才的培养廓清了发展思路。诚然，新文科人才不但要具备完善的知识架构，还要拥有严谨的逻辑思维、计算思维和解决实际问题的能力。高校要不断推进传统文科专业的课程体系和教学内容的改革，将知识传授、能力培育与价值观塑造三者有机地结合在一起。在新文科建设的推进过程中，高等学校要从服务国家的战略需求出发，营造出一种新的教育生态和教学氛围。国务院学位委员会与教育部要通过学科建制来促进学科之间的知识交融和创新发展，指导高校推动建立规范化、独立化的创新人才培养体系，为国家培育高精尖人才。新文科之“新”在于学科之间的交叉融合可能生成新的专业增长点，促进传统文科人才培养模式的升级迭代。当下，一些综合类重点高校已经开设新文科相关专业，如数字新闻学、智能传播学、社会创新与发展等。尽管这些专业在高校教育体系中的功能权重和培育发展程度有所不同，但整体上呈现出逐渐增加的态势。如浙江大学创立了人工智能与传媒学院，该学院致力于人工智能技术和传媒学科的交叉融合培养，致力于提高学生的人工智能应用水平和传媒创新能力。清华大学在文科领域也进行了一系列学科建设与改革，譬如成立数字人文与设计创新学院，结合人文学科和计算科学的交叉学养，旨在培育学生的数字融合技能和人文创意素养。

二、新文科视域下新闻与传播专业的教育改革特征

新文科建设的口号主要是针对新工科、新医科、新农科提出

来的，新文科建设的目标要求是“推动哲学社会科学与新科技革命交叉融合，培养新时代的哲学社会科学家，创造光耀时代、光耀世界的中华文化”[7]。面对跨学科的“连接”与“碰撞”，“融合”成为新文科人才培养新要求的关键。当下新闻与传播专业与其他学科专业的交叉融合，正好体现了新文科建设的核心理念与教育精髓。在互联网加速内爆的今天，新闻与传播学科正展现出一种学科体系上的即时裂变和全方位转向，新闻与传播专业的知识体系与学科范畴也在不断拓宽与延宕，由此涌现出了许多新兴的跨学科专业交叉点，诸如全媒体传播、健康传播、环境传播等。各方行动主体聚焦向深度和广度扩展，共同发力探索新闻与传播专业和其他学科专业深度交叉融合的新特点、新格局与新趋势。

（一）新特点：技术驱动，智能技术融入文科学科建设

技术融合是新文科建设的主旨要义。在智能媒体的发展引领与技术驱动之下，新闻与传播专业和新工科领域交叉融合，智能技术融入新闻与传播专业基础学科的课程建设与教学建设，催生了全媒体传播专业教学方向。该方向聚焦数据新闻、算法新闻、智能媒体传播、全媒体发展等前沿课程与实践教学问题，关注新闻与传播行业与新科学技术手段相互融合的衍生交叉领域，同时也关注传统的新闻传播理论在技术变革新时代下的新动向与新嬗变，以及传统新闻生产流程被颠覆与重构之后的全媒体流程更新及其衍生出的一些新实践样态。在与跨学科跨专业的碰撞融合过程中，智能技术被作为学科的基础知识融入课程设计与教学流程，与新工科、新医学等领域的交叉融合也离不开基于技术融合的技能根基，课程内容均围绕以智能技术为“知识座驾”的底层逻辑，凸显出了新文科与新工科交叉融合的专业特点。因此，将

智能技术作为教育驱动引擎融入专业教学改革与学科建设，能够拓展与夯实新文科建设背景下新闻与传播专业发展的知识地基。

在当下众多新闻与传播类院校中，越来越多的院系开始将数据新闻等课程纳入专业基础教学方向，并完善了相应的人才培养机制。如广州大学新闻与传播学院结合业界最新发展实际，为网络与新媒体专业设置了“数据新闻”与“可视化新闻”等教学方向，以实现课程教学目标精准化，培养适应融媒体时代的复合人才，使之能够适应智能行业发展与传媒就业市场的需要。在媒体行业融合转型的外部压力与高校“双一流”建设的内部激励的双轮驱动机制下，不同类型新闻与传播院校的人才培养模式依托各自优势和学科资源，广泛开展各种“实战演习”，以项目导向制设计教学实验，在全媒体新闻与传播人才培养建设方面初显成效。如华中科技大学、西安交通大学等理工科院校植根其深厚的理工科基础，彰显了新闻与传播人才培养的全媒化态势。中国传媒大学、北京师范大学等院校则更加注重专业的前沿性与高端性，其智能媒体与融媒体教学改革一直走在全国高等院校前列。

（二）新格局：专业融合，拓展不同学科疆域知识体系

在新文科建设的推动下，新闻与传播专业教育改革以科技融合为基础，以学科交叉融合为重要突破路径，兼容人文主义灵韵与科学精神样貌，开始辐射至全国高等院校的新闻与传播学科教育方阵。以健康传播为例。健康传播是新闻与传播专业和新医科新医学领域交叉融合的新兴学科，也是国际传播界近年来新兴的重要专业教育方向。健康传播注重培养能够将新闻与传播经验与医学科研、临床医学和公共卫生实践相结合的复合型应用人才。其实，健康传播教育早在数十年前的北美、欧洲等地就已经兴盛发达了，而新冠疫情成为健康传播教育在中国广泛流行起来的原

因之一。在谣言传播、健身网络打卡、健康类短视频等传播现象频繁涌现的媒介化背景下，健康传播学科的教育属性与专业地位的重要性不言而喻。健康传播的专业教育既突出医疗领域的专业知识，同时也涵盖新闻与传播领域、智能技术领域、公共管理领域、社会工作领域等多重学科领域的专业知识体系。由此可见，以健康传播为代表的专业教学方向体现出了新闻与传播学科本身的融合特殊性与差异性，其教育改革中的学科融合不单是学科之间的交叉融合，也是多重学科背景与多层知识领域的纵横交错与融会贯通。

目前国内开设健康传播专业的传媒类院校并不多，最早追溯到2016年北京大学新闻与传播学院联合北京大学医学部开设健康传播方向，此外，清华大学新闻与传播学院、深圳大学传播学院也开设健康传播方向。在新文科建设背景下，需要进一步探索学科交叉融合领域，譬如在教学团队中引进拥有相关学术背景的专业师资人才，培养一批既具有健康传播专业知识，又具有新闻与传播能力与复合素质的高端人才，是新闻与传播专业未来教育改革的创新突破方向。当下建设健康中国的战略主题为“共建共享，全民健康”，这个伟大战略需要社会共治、人人参与，而“传播”作为中介始终渗透在社会系统生态领域的诸多环节，也需要不同领域的行动者与非人行动者来交流碰撞与攻关突破。2021年，广东医科大学在全国首开“医学传播学”课程，在新文科背景下率先拓展医文交叉融合课程，并将“医学传播学”课程纳入广东医科大学临床医学专业本科以及相关专业研究生的人才培养体系。通过拓展“医学”与“传播学”的学科疆域边界，培育新一批具备深度融合视野的专业性人才，将是培养社会所需人才的关键途径，将为社会发展注入新活力。

（三）新趋势：立足国情，扎根中国式现代化建设之需

在科学研究中凸显“中国特色”和“中国气派”，是中国文科学术体系建设的基本准则。然而，在借鉴西方学术体系建设过程中，存在中国传统学科架构忽视本国国情与理论本土化的适应性问题。新文科建设重新强调了立足中国国情、扎根本土实践、理论与时俱进、贴合社会发展等新要求与新趋势。中国高等院校的新闻与传播专业的教育改革过程整体呈现出紧密结合时代发问、不拘一格寻求创新突破的风貌和气象。当前，环境传播的专业建设改革便凸显出从中国出发回归到中国的本土化特色，以及从提出中国问题直至破解世界难题的智识闭环。建设社会主义生态文明是当代中国马克思主义在面对世界级生态环境难题时的绿色应对方案。习近平总书记在首个全国生态日作出重要指示，要做绿水青山就是金山银山理念的积极传播者和模范践行者。[8]因此，环境传播作为一个综合性交叉专业，顺应时代发展与国家战略之需，在当下具有极大的发展潜力与拓展空间，其涉及的前沿教学领域包括媒介与环境新闻、环境传播的修辞与叙述、环境政治与社会公平、环境危机传播与管理、环境哲学与生态批评等。在媒介叠加的风险社会语境下，任何环境问题都会牵一发而动全身，环境传播维系着人类共同的精神家园和身体栖息之地。一切围绕环境领域的信息互通、意义共享、对话协商等话语修辞和理论叙事都可构成人类生存与可持续发展的显性问题，环境传播因此也不断被拓展为独立的专业教学方向。[9]

在中国式现代化发展进程中，构建良好生态体系也是社会主义中国结合自身现代化实践所做出的理论深化，体现了中国生态文明建设的政治特色。由于环境传播是围绕环境问题而展开的信息处理、议题建构与社会互动过程，当下环境传播议题因政治体

制、社会场域、文化情境的差异而表现出巨大隔阂，因此整合国际话语场域的新闻与传播叙事与新农学专业领域的共同话题，在议题失焦状态下重新调整与对焦，实现“环境”和“传播”在实用主义维度上与国际对话是当务之急。为检视新的行为体、行动者和行动元，现有环境传播研究基本将我国环境治理话语划分为卫生治理、环保宣传、政府责任和推动多元主体共建“美丽中国”这四个阶段。[10]学界也在不断引入社会系统、场域边界、新制度主义等理论，加强对新文科背景下环境传播的跨专业阐释。不仅如此，还须从传播主体、传播内容、传播方式等层面不断发掘和拓展新闻与传播专业和社会发展领域交叉融合的创新场域，利用政府引导、高校培育、媒体实践的三维合力，在宏观的社会文化视域下讲授人与环境之间的辩证关系，继而在人才培养模式中以“环境传播”为支点，引领学生接近与把握现实世界的传播生态与意义世界，搭建并完善我国本土环境传播学的理论框架与实践基础。

三、行动者网络理论视角下的新闻与传播专业教育改革

新文科建设本质上是一场高瞻远瞩的统筹性教育理念和教育实践的实验改革,其中教育改革的各个主体、各个要素、各个节点相互联结，相互作用，互为因果，这与以拉图尔（Latour）等学者为核心的“巴黎学派”所提出的行动者网络理论一脉相承。该理论认为，社会是由许多异质性事物联系构成的复杂网络，“行动者”（actor）、“网络”（network）、“转译”（translation）是其中的三个核心。除此之外，还有生物、技术、观念、组织、思想等非人的存在和力量，各节点之间的联系越密切、越活跃，网络

的密度就越大，其所延伸的范围也就越广。[11]行动者网络理论关注技术对社会的形塑功能，若从此理论视域出发会发现，今天的新文科建设并不是单一主体的、静态的、自上而下的建设，而是多元主体的、动态的、网状联结的动态变革。新文科建设不仅需要国家教育部门的顶层设计，高校的专业设置、课程调整以及人才培养机制变革等，也需要社会环境、学界与业界之间的通力合作以及协同突破，强调关系导向与构成要素之间互相流动、互相转化的全息过程。而网络在这里是一种描述连接的方法。正如基特勒所言，“只有那些被整合进网络或者可开关（switchable）的人和物，才可以被视为是存在的”[12]。因此，当下的新闻与传播专业教育改革和人才培养模式亟待优化和升级，从行动者网络理论视域出发，须厘清技术驱动社会转型的底层逻辑，以整体性的、动态性的互构视角去审视各个行动主体之间的差异，“特别是新闻业蜕变与新闻传播职业分化重组带来的新闻与传播学科发展困境，超越一般的学科交叉融合，提升知识整合力，在深度和高度上再定位、再调整”[13]。行动者网络理论以行动者为立足点，连接了社会和技术，通过行动主体之间的联系来展现社会运行的动态过程和内在机理。事实上，行动者必须到行动的过程中去寻找，这是因为它们在行动过程中互相依存，互相影响，共同编织着一张“关系之网”。鉴于行动者之间的多元合作与冲突协同有不均衡与差异性，应以关系为导向将行动者网络引入传媒教育改革体系，烛照新闻与传播专业的教育改革实践，有效揭示系统内部各行动者之间的差异化诉求和生存逻辑，进而实现人类行动者和非人行动者的多元主体协同，从根本上提升传媒教育改革的育人成效和化人功效。在这种“中介化”的过程中，人类行动者的元素和非人行动者的元素均具备了某种“能动性”的地位，它们共同构成了教育改革实践中行动者网络系统的中介化装置。

（一）人类行动者的主体性发挥

新闻与传播专业教育改革系统可被视为一个“充满可能性的行动者网络”。恩格斯曾经说过：“在社会历史领域内进行活动的，全是具有意识的、经过思虑或凭激情行动的、追求某种目的的人；任何事情的发生都不是没有自觉的意图，没有预期的目的。”[14]当下我国高校新闻与传播专业教师是新文科建设的人类行动者，他们是传媒教育改革的先行者和主力军。在传媒教育改革的行动者网络系统中，人类（教学）行动者并不是固定的螺丝钉，他们的潜力是流动的、激情的、无限的，因此特别需要被尊重、被展现和被打开，转变新文科建设观念必须首先从人类（教学）行动者开始。对此，传媒类院校必须加大对师资行动者跨学科专业素质和教学能力的培训力度，培育出更多的“双师型”教学行动者，为培养复合型的传媒人才创造良好的环境。[15]譬如，南开大学新闻与传播学院依托综合性研究型大学的优势，文理互建，文工融合，师资建设融合发展，大力拓展了全媒体传播教学方向。诚然，高阶位（高能量）行动者的冲击和涌入是传媒教育改革行动者网络系统中的关键桥接点和强制通行点，而一旦高能量、高活跃度的人类行动者进入行动者网络格局，就会赋能与激活非人行动者（物、媒介、组织、机构等）的主体性功能，从而带来一个鲜活的、流动的行动者网络系统。在传媒类教育体系中，新闻与传播专业和多个学科专业畛域紧密相连，因此要将固定的理论教学行动者和流动的实践教学行动者无缝衔接，促其成果相互整合与协同转化，从整体格局上打开人类行动者的丰富主体性和多元能动性。

（二）非人行动者的底层变革逻辑

社会科学宰制下的行动者研究通常隐含了人类中心主义视

角，但拉图尔却看到了“非人行动者”的存在。拉图尔认为，“行动者”一词不仅是指行为人，还包括观念、技术、组织、机构等许多非人的物体（object），任何通过制造差别而改变了事物原本状态的东西都可以被称为“行动者”。[16] 当前，媒介物质性研究开始将重点从对以人为中心的符号、意义与文化的讨论，转移到由物创造的连接与行动上。其关注的焦点并非客体的“物”本身，而是“物”与人的主客体间性，乃至多重“物”之间的客体间性，这与行动者网络理论的“非人行动者”理念如出一辙。“在数字时代，物质和信息一样，也开始变得可以传输、可以编程，具有了处于物与信息之间的界面的特征。”[17] 长期以来，“非人行动者”构成了一个被隐匿和遮蔽的“中介者”，但它们均具有能动性，能够接收信息、创造条件，并制造差异。海德格尔曾经说过，“对技术的追问或技术本质表现为一种座架或集置”[18]，勒瓦古兰和斯蒂格勒也认为，“人存在于技术之中”[13]。由此可见，新闻与传播专业的教育改革必须聚焦非人行动者的技术变革底层逻辑，如平台设施、教学资源（物）与实践教学基地等中介性物质装置。

1. 非人行动者之一——基础性平台设施

在物质层面上，平台装置可以搅动“活生生的力量漩涡”，而“装置是参与者之行动的一种物理构型”[19]，它所激发的力量场域将促成人、事、物按照技术逻辑设定的互动模式来相遇或聚合，并由此开启新的经验与方法。基础平台设施的底层变革可以促进行动者网络信息的互联互通，加大对平台设施的建设力度是新文科背景下新闻与传播专业教育改革的题中要义。例如，在习近平总书记有关数字中国的指示精神的引领下，中国传媒大学积极推进信息网络基础设施的建设，实现校园网与通信专用网深度融合，为广大师生提供了“高速、便捷、绿色、安全”的网络平台服务。此外，它们构建基于“中传云”和5G传输的创新工场，打造了更多适应未来发展的智能化教学实践平台。再如，浙江传媒学院整合校内外各种技术资源，积极开展“浙传云”的平台化建设，将教学服务向云端迁移，塑造传媒教育生态圈，初步实现了实践教学媒体化，形成了“业务化+专业化+慕课化”的全媒体实践课程体系和实践培养、生产培养、创新培养三种应用场景。[20]

2. 非人行动者之二——跨学科教学资源（物）

融通物质性跨学科教学资源，推进优质资源共建共享，是新文科建设背景下新闻与传播专业教育改革的重要契机与突破口。不少高校借助理工科强势平台，对新媒体与计算机、数据挖掘、人工智能、网络空间安全等专业进行跨学科交叉，将党建、科研、教学全面融会贯通。跨学科教学资源（物）的整合可细分为校内教学资源整合与校外实践资源互通。如国内一些重点传媒类院校建设了校园App，并将其打造成为跨学科教学资源的融合传播平台与智慧校园的服务聚合平台。一方面，这可以打通资源、教研、课程、教学、实践等环节。另一方面，通过优质教学资源的共享与融通，可以大力拓展跨学科专业的数字化应用场景，如推进全媒体传播、健康传播、环境传播、舆情研究与社会治理等跨领域专业教育布局。与此同时，新闻与传播类院校要加强与各大主流媒体、互联网平台的多功能合作，强调协同融合、跨界创新、价值赋能，以实现跨学科优质教学资源（物）在技术支撑下的互联互通。

3. 非人行动者之三——实践教学基地

实践教学基地是新闻与传播专业教育改革行动者网络系统的重要中介和强制通行点，也是培养学生融合实践能力、跨学科专业素质与创新精神的重要途径。例如，浙江传媒学院通过教学模式创新，开发建设了融合媒体实验教育平台，使传媒教育课程进入“云平台”，据此搭建了传媒类实践教学体系。我国高等教育界在汲取世界传媒类院校先进经验的同时，也在探索各种实践教学改革融合模式。譬如，汕头大学长江新闻与传播学院同美国密苏里大学融合学院合作成立了国内首家融合媒体实验室等。[21]再如2023年8月，浙江大学“致远”计划传媒与国际文化学院赴阿联酋海外社会实践团前往阿联酋中东绿洲报业传媒参加座谈和揭牌仪式，这意味着，浙江大学传媒与国际文化学院-中东绿洲报业传媒海外社会实践教学基地正式启动。以实践教学基地为中介的跨学科、跨行业与跨领域的行动者联盟创新，实时更新着传媒类教育改革行动者网络中的力量对比与关系格局。

（三）转译——重塑新闻与传播专业教育改革体系

行动者网络理论包含三个核心概念：“行动者”“转译”和“网络”。“网络强调的是行动者参与其中，形成多维度的节点，构成临时的、流动的、不确定的联结。”[22]行动者在网络中的行动被称为“转译”，即“行动者对汇聚到自身的信息、条件、资源等的转化会导致网络中意义、关系和权力的改变”[23]。在这里转译是网络连接的基本方法，任何行动者都是转译者，转译过程贯穿整个行动者网络。而只有通过转译，行动者才能被联结起来，形成行动者网络。[7]正是在这些网络中，行动者才能发挥其行动影响力。通过边界的流动和物质的联结，人与物共同促成一种全新的异质网络关系。具体到中国的教育语境下，转译环节是指在传媒教育改革体系的特定国情和制度框架中，将和新闻与传播专业相关的新知识、新理念、新实践转化为可被接收和适应的新信息形式，即将跨学科的专业理念和教学实践与本专业的教育环境、教学体制和文化氛围结合起来，以找到契合中国传媒教育改革的适配路径和延续方式。

1. 传媒业态革新倒逼专业教育改革

当下技术资本迭代发展深度改变着传媒格局，在技术驱动的智能社会语境下，传媒行业正在经历大变革、大转型、大融合，传媒业态革新应该和新闻与传播专业教育改革相互促进、彼此助益。在新文科建设背景下，传媒教育改革的根本宗旨是培养学生的融合专业技能、人文社科素质和科学创新精神，最终实现传媒人才知识结构、思维方式、就业理念的高阶迭代发展。面对传媒行业产业的创新需求，新闻与传播专业教育应引导学生多维度发展，成为综合型、高能型与创新型人才，以对接社会、行业与产业的精准需求。立基于此，传媒专业教育改革应该顺势而为，在新文科建设背景下致力于将行动者的各种潜力与潜能连接打通，致力于将党建、教学、科研、实践平台的资源交叉整合、融会贯通。在做好继承与发展的基础上，推进改革与创新，洞悉并把握未来传媒态势，转变专业教育理念和教学范式，将创新精神与融合技能的培养贯穿新闻与传播人才培养的全过程，将智能创新创业教育理念与传媒人才培养理念相互融通。

2. 专业教育改革适配传媒实践需求

行动者网络中的“转译”环节要求将政策层面的刚性改革需求与操作层面的软性教学实践结合起来，这意味着，要在行动者相互连接的过程中去寻找、去衔接，确保教育教学改革理念的高效实施和精准落地。高层教育政策的颁布与践行需要多方行动者共同参与，吸纳行动者网络中多元参与者（政策制定者、教育管理者、教师、学生、家长以及专家）的意见和呼声，增进教育改革的可行性和可持续性。2023 年是国家“十四五”规划的破局之年，传媒业面临新技术、新应用与新环境的急遽变化，在关键的历史交汇节点，政府高度关注传媒业的发展现状与未来趋势，出台了一系列政策法规和意见方法，对融媒体发展、数字化出版、影视内容制作、网络视频传播和流媒体应用等均作出了新的规范和要求，力图从政策层面引领传媒业健康发展。这些传播新政策的制定和颁布，契合了新文科建设的主旨纲领与精神意涵。故此，新闻与传播专业教育改革必须围绕关键性的行业专业领域新生问题，如数字新闻、健康传播、环境传播等，培养适应传媒行业最新发展的刚需人才，塑造传媒新业态与新生态。

3. “视域融合”引领新文科建设目标

显然，行动者网络理论是一种“关于联系的社会学”，它将社会理解成为人类行动者、技术和物体之间网络化连接的结果。“它要同时依靠行动者的行为将各类元素编织成网络，又要靠网络本身去重新界定并变换其中所包含的各种元素。”[24]当今社会信息传播技术革新、人与社会连接方式重构、传媒生态剧变，这在客观上对传媒人才提出了更高、更新的要求，尤其需要他们具备新文科建设背景下“视域融合”的全新思维方式。具体体现在：首先，传媒人才需要具备跨界思维，能够运用跨界思维在多平台、多岗位、多领域协同作业；其次，传媒人才需要具备互联网思维，在大数据、人工智能等技术加持下，基于对产品思维、流量思维与整合思维的培养让学生以更加开放的视角聚焦产品生产流程与营销渠道优化；最后，传媒人才需要具备创意思维，能够生产并呈现多视角、多模态的传媒内容。这种思维和视野的培养需要行动者网络系统中各类行动者的转译与延宕，其中人类（教学）行动者自身的“视域融合”是传媒教育改革的关键“转译”流程。换言之，人类（教学）行动者对融合教育新理念和交叉教学新方法的内化接收，将最大程度上决定其对学生传授与培育的融会贯通程度与实践转化能力，并关系到传媒教育改革的宏观大局与微观细节。当然，行动者在“转译”过程中的适应性和匹配度也很重要，需要结合并考虑到政策、媒介、硬件与软件等一系列非人行动者元素的他异力量，统筹兼顾并上下贯通。唯其如此，方能实现传媒教育改革的高效推进和全面实践。

四、结语

高校新文科建设是一场颠覆传统高等教育学科体制的根本性变革,当今传媒教育创新与改革必须立足于新文科建设的逻辑起点。诚如陈龙教授所言，“强有力的整合力，可以促进学科之间、学界与业界的交叉融合，推进‘新文科’背景下的新闻与传播学学科建设”[9]。为了达到这个协同目标，高校亟须构建一个全新的新闻与传播专业教育体系，即由各类行动者共同搭建的互动网络。“各个行动者通过不断地相互嵌入，将语境、背景、社会联系起来，界定各自在网络中的角色，从而彼此影响和塑造，共同对异质性网络进行构建和运行。”[17]固然，行动者只有在网络中其他元素的作用下才会产生行动，而行动也只有在关系网中才能得到传送。因此，行动者网络是系统的、辩证的、关系的，拥有彼此因果决定的反馈回路，同时也遵循着非线性网络状的因果论和决定论逻辑。当前在新文科建设背景下，行动者网络理论对高校传媒教育体系的重构具有高屋建瓴的指导作用，我们可以将专业教育改革视为一个完整的关系网络，突出网络中人类行动者与非人行动者的主体与能动地位，最终寻求行动者之间的最大公约数，并在“转译”过程中充分保持网络的稳定性、开放性与可持续性，在动态平衡中实现新闻与传播专业教育改革的高质量发展。但也要保持清醒的反思：一旦将行动者网络中的非人行动者因素纳入新文科建设系统来考量，那么新闻与传播专业教育改革又将如何来保证文科的独立性以及新文科建设的人文主义关怀？这也是在智能时代和网络社会，人与机器交融共生发展中我们所必须直面的时代考验和学科追问。

注　释

[1] 马克思、恩格斯：《共产党宣言》，载《马克思恩格斯选集》第1卷，人民出版社2018年版，第31页。

[2] 张燕、陈良栋：《新文科：从希拉姆模式到中国模式》，《长安大学学报（社会科学版）》2022年第1期，第76页。

[3]《教育部介绍2018年教育事业发展有关情况》，2019年2月26日，https：//www. gov. cn/xinwen/2019-02/26/content_5368916. htm，2023年8月20日访问。

[4]《夺取新时代中国特色社会主义新胜利的政治宣言和行动纲领——中共中央举行新闻发布会解读党的二十大报告》，2022年10月24日，https：//h. xinhuaxmt. com/vh512/share/11171942？d=1348c60&channel=weixin，2023年8月20日访问。

[5]《一流无止境　扬帆但信风》，2022年7月7日，http：//paper. jyb. cn/zgjyb/html/2022-07/07/content_611942. htm，2023年8月20日访问。

[6]《从“三个面向”到“四个面向”——新时代推动中国科技事业发展的最新指针》，2022年9月22日，https：//baijiahao. baidu. com/s？id=1678521827099596502&wfr=spider&for=pc，2023年8月20日访问。

[7]《“六卓越一拔尖”计划2.0：打造高等教育“质量中国”的战略一招》，2019年4月29日，http：//www. moe. gov. cn/jyb_xwfb/xw_zt/moe_357/jyzt_2019n/2019_zt4/tjx/mtjj/201905/t20190506_380755. html，2023年8月20日访问。

[8]《习近平：做绿水青山就是金山银山理念的积极传播者和模范践行者》，2023年8月15日，https：//baijiahao. baidu. com/s？id=1774278209704542785&wfr=spider&for=pc，2023年10月8日访问。

[9] 纪莉、程筠瑶：《问题意识与知识自觉：环境传播研究发展脉络的回望与反

思》，《新闻与传播研究》2023 年第 4 期，第 126—127 页。

[10] 李明、曹济舟：《话语变迁、主体演进与本土化反思——中国环境传播 10 年研究综述》，《传媒观察》2023 年第 3 期，第 75 页。

[11] 王前、陈佳：《“行动者网络理论”的机体哲学解读》，《东北大学学报（社会科学版）》2019 年第 1 期，第 1—7 页。

[12] 刘海龙、谢卓潇、束开荣：《网络化身体：病毒与补丁》，《新闻大学》2021 年第 5 期，第 48 页。

[13] 陈龙：《深度媒介化趋势下新闻传播学科再定位和再调整》，《社会科学战线》2022 年第 4 期，第 178 页。

[14] 赵宏：《媒介教育的历史演进及其当代价值取向定位》，《贵州师范大学学报（社会科学版）》2015 年第 5 期，第 130 页。

[15] 郑亚楠：《师资队伍转型是融媒体教育改革的关键——兼谈黑龙江大学的传媒教育改革与实践》，《传媒》2017 年第 21 期，第 14—15 页。

[16] 吴莹、卢雨霞、陈家建等：《跟随行动者重组社会——读拉图尔的〈重组社会：行动者网络理论〉》，《社会学研究》2008 年第 2 期，第 222 页。

[17] 刘海龙：《媒介物质性之后》，《新闻与写作》2022 年第 8 期。

[18] 朱振明、付佳洁：《德布雷媒介学研究中的“物质性转向”》，《全球传媒学刊》2022 年第 5 期，第 74 页。

[19] 戴宇辰：《“物”也是城市中的行动者吗？——理解城市传播分析的物质性维度》，《新闻与传播研究》2020 年第 3 期，第 54—67 页。

[20] 袁振宁：《从融媒体实验教学平台建设看传媒教育改革的创新模式——以浙江传媒学院“浙传云”为例》，《传媒》2019 年第 12 期，第 84—86 页。

[21] 韩立新、袁婷婷：《技术知识如何融合：基于媒介实验室的考察》，《中国出版》2022 年第 18 期，第 27—32 页。

[22] 李康洁、陈玥：《网络空间中的社会运动发生逻辑——基于行动者网络理论的视角》，《新闻知识》2022 年第 11 期，第 20 页。

[23] 陈娟、陈丛波：《高校元宇宙电子商务教学行动者网络的异质建构》，《现代职业教育》2023 年第 21 期，第 74 页。

[24] 白红义、曹诗语：《重塑新闻理论？——行动者网络与新闻研究的 STS 转向》，《新闻大学》2021 年第 4 期，第 5 页。

国际传播与国家形象

▶跨域主义视域下的数字华流：国际传播的认识论转向和实践创新路径

▶古琴文化对外传播与中国国家形象建构

▶俄罗斯青年群体数字能力分析

跨域主义视域下的数字华流：国际传播的认识论转向和实践创新路径

史安斌　郑　恩*

摘要： 著名人类学家格尔茨倡导的解释人类学取向为国际传播研究的“跨域主义”认识论转向提供了理论基础，重新定义了全球—地方的动态关系。为检验这一关系，本文借用“跨域主义”作为理论框架进行个案研究，分析了以 TikTok 和《原神》为代表的“数字华流”及其多模态文化传播结构，以为国际传播的实践创新提供新的方向和路径。

关键词： 解释人类学，跨域主义，国际传播，全球化，数字华流

作为解释人类学的开创者，克利福德·格尔茨（Clifford Geertz）提出了自己的人类学视角，对整个人文社会科学产生了深远的影响。然而，关于其在媒介和传播研究方面的贡献，学术界似乎关注较少。本文旨在探讨格尔茨的“跨域主义”（Translocalism）理论在国际传播研究中的潜在价值，针对解释人类学与传播学理论的交汇点进行了详细考察，深入阐述了格尔茨对本土

---

* 史安斌，系清华大学新闻与传播学院教授、清华大学伊斯雷尔·爱泼斯坦对外传播研究中心主任；郑恩（通信作者），系清华大学新闻与传播学院硕士研究生。

意义的见解，并探索了他如何利用本土性概念建构国际传播研究的框架。进一步地，本文通过回顾格尔茨的学术立场和思想轨迹，发掘了解释人类学与传播学之间的理论联系。

基于对“本土”的建构和对“网络联结”的实证分析以及“厚描”的方法，格尔茨的研究不仅跨越了文化学派的结构主义局限，而且避开了政治经济学派对于权力与结构的过分关注。他进一步提炼出“跨域主义”，为重新审视全球—本土的动态关系提供了新的视角。

在人类学领域，格尔茨所提倡的解释性转向被誉为“认识论的革命”。此转向也使他面临来自不同学派的批评，如实证主义者指责他忽视了科学方法，唯物主义者认为他轻视了权力的作用，而后现代主义者则认为他的解释力不够。通过阅读他的著作，人们可以追溯20世纪下半叶人类学的观念变革。传播学领域关于格尔茨的学术贡献的讨论相对较少，本文通过深入挖掘其学术历程和思想，认为格尔茨的研究与传播学在以下两个方面呈现出“同频共振”的趋势。

其一，格尔茨长期倡导跨学科研究方法，这一研究方法在人类学和传播学领域均得到了广泛的应用。他指出：“在所有学科中，人类学也许最善于自我反思，其答案听起来更像是全面的世界观或信仰声明，而不仅是一个‘知识分支’的描述。”[1]这实际上是在对人类学与传播学进行比较。他进一步指出，“人类学，如同传播学，是一个‘不受约束的学科’，其中‘有太多的学者试图定义它’”[1]，这又凸显了他的跨学科观点。

其二，格尔茨的学术成果与传播学的核心研究领域存在重叠，他的文化理论便是明证。他视“沟通”为核心概念，将文化定义为“一种符号系统，通过这些符号，人们传播、传承并发展他们对生活的知识和态度，并以象征的形式表达”[1]。事实上，正如亚当·库珀（Adam Kuper）指出的，格尔茨的著作“提供了一个连贯的文化观念，使其研究定位在一个象征性的传播领域”[2]。沿着这一思路，不难在传播学者的论述中找到格尔茨思想的影子，例如多纳尔·卡布尔（Donal Carbaugh）将文化定义为“象征行为和意义的模式”[3]，詹姆斯·凯瑞（James Carey）视传播为“象征性的”和“仪式化的”文化过程。尽管格尔茨的解释人类学与凯瑞、卡布尔等学者的研究有很强的契合度，但对传播学的影响仍是零散和不均匀的。斯图亚特·霍尔（Stuart Hall）对他的解释路径表示了肯定[4][5]，而他关于民族志的“厚重描述”也受到了许多传播学者的关注。

即便如此，格尔茨深刻的学术洞察似乎还没有真正渗透到传播学的核心领域，这在国际传播的研究中表现得尤为明显。一个例证是，时至今日，他提出的“本土”（local）概念，经常被简单地看作“全球”（global）的对立面，而鲜有研究挖掘其作为动态经验和意义场域的价值。这种文本的误读是令人遗憾的。本文以格尔茨的“本土”概念为一个关键节点，试图为国际传播研究提供一种解释人类学的思考路径。

在阐述了格尔茨的“本土”概念后，本文进一步强调，他的人类学方法论为国际传播研究尤其是全球—本土关系的新认知打下了坚实的基础。与其他版本的全球—本土理论相比，格尔茨的理论强调了文化意义和社会行动在本土环境中的重叠，引入了“重叠网络”的概念，为国际传播研究提供了新的视角——“跨域主义”。本文以“数字华流”这一“反向回流”趋势中的两个典型案例为研究对象，来考察国际传播中“跨域主义”理论之表征：(1) 以 TikTok 为跨域视角下的全球媒介景观与数字流动现象，（2）以《原神》为“多模态文化”的游戏路径与数字出海模式，来检验“跨域主义”呈现出的全球—本土的新型数字沟通关系。

一、国际传播研究中的“本土分析”和“网络联结”

在格尔茨的观念中，“意义”须通过文化符号传达，并以具体的社会事件为载体。他认为，“文化”在本质上是对意义系统的界定，而这些意义系统则被编码为象征性的形式，并在“意义网络”之中相互连接。

“意义”与“文化”这两大概念始终是格尔茨学术研究的重心，同样也是传播学中无法回避的关键词。在格尔茨对这两者的剖析中，他既没有单纯采纳安东尼奥·葛兰西（Antonio Gramsci）的解释性视角——全然拒绝可证伪的功能主义，也没有完全遵循结构主义的道路——过分重视权力和社会结构的关系。相反，他综合了两者，从“本土”的意义创生着手，探索文化的“网络联结”，并基于本土生活的实际情境对其进行比较研究。这样看来，格尔茨为传播学这一基于符号与象征的交流方式，提供了更具人文气息的人类学或民族志视角。

本文探讨的是一种人类学解释性方法的路径，它可以更为深入地审视不同本土语境下所形成的“网络联结”，例如跨领域的关于意义、文化、政治及消费习惯的符号网络。格尔茨强调，此方法的价值在于：从那些细微但极为丰富的事实中抽取更广泛的结论；通过与复杂时事的精准接触，来展示文化在塑造集体生活中的角色，尤其是其对国际传播体系的建构作用。在其诸多研究中，运用本土的细节来获取关于社会网络更广阔结论的方法成为一种持续的主旨。他对行为符号与本土象征之间关联的框架的研究始终处于宏阔的社会背景中。这种方法还将传记性的细节与历史的宏观视角相结合。借助格尔茨对本土知识和超越本土问题的探讨，学者可以更为深入地理解本土与全球之间越来越复杂的关系，并重新聚焦于“本土”的意义。

受到格尔茨的启发，国际传播的认识论转向体现出了“跨域主义”的特征：对不同地域的本土生活进行比较研究，以更全面地了解国际传播的流动、过程及影响。以往的研究仅仅关注孤立的“本土”地点，将其简单标为“本土”，或者单独关注“全球”而忽略其与“本土”之间的连接，将“本土”视为与“全球”相对立的实体。在全球化的过程中，本土居民被视为全球化的潜在受害者、文化殖民的对象或是被迫的下级。相比之下，“跨域主义”的视角跳出了上述认知窠臼，重点关注本土内部的复杂权力关系，而非停留在全球对本土的权力压迫上。[6]

二、“跨域主义”的符号互动：重新定义本土—全球的动态关系

总体来看，格尔茨对传播学研究最大的贡献在于超越了由路易·皮埃尔·阿尔都塞（Louis Pierre Althusser）引领，延续至霍尔等文化研究学者的“有限结构主义”路径。这种路径常常过分聚焦于积极的受众。同时，他也避免了政治经济学派对权力和结构的过分强调，例如先验地假定地方仅是全球力量和结构的牺牲品。格尔茨的研究始于对本土的实地考察，并在解释性的指导下，通过民族志的“厚描”方法获取本土环境的比较叙述经验。他的启发式研究方法捕捉了传播研究中的“文化焦虑时刻”，并

借助对本土叙事/事件的研究，更全面地理解全球对本土环境的影响。

在此背景下，“本土”不应被理解为一个脱离历史、政治、经济或军事冲突的研究场域。相反，它应被视为全球力量在认知和实践中的意义场域。这两者之间存在适应、反抗等多重关系，有时显著，有时隐晦。只有通过深入关注本土生活与全球势力之间的互动，并采用“厚描”方法，研究者才能真正洞察它们之间的关系。

传播活动曾经被用作试图改变本土信仰和传统文化，以实现全球的“正确”发展路径的工具。特别是，E. M. 罗杰斯（E. M. Rogers）的创新扩散理论被视为媒介发展的核心思想之一。但这一理论忽略了地方的复杂性及其与跨国公司利益之间的联系。此外，基于激进的政治经济学的媒介帝国主义研究[7][8]认为，本土仅仅是全球权力结构的受害者。

在葛兰西、阿尔都塞和皮埃尔·布尔迪厄（Pierre Bourdieu）的影响下，霍尔等文化研究学者在传播理论中明确地体现了“有限结构主义”。这一路径对结构主义那种认为“社会主体仅仅是社会结构的载体”的观点进行了质疑，同时对文化自治和符码抵抗的问题持审慎态度。霍尔虽然强调日常生活的实践和常识，并远离了古典马克思主义的文化决定论，但他仍然认为，主体的形成（如种族、阶级、性别、年龄等）是在“意识形态”的物质和经济框架内完成的[4]。霍尔的编码/解码模型旨在体现霸权文化的力量，同时也阐释了人们和社群对意识形态的情境性协商。此模型提升了对积极受众研究的兴趣[9][10]，强调了受众的主体性和特殊性，进而提升了受众的文化/意义建构能力，这也使文化消费受到了更多关注。但如格雷厄姆·默多克（Graham Murdock）

所言，这些研究过于将文化创意看作身份和表达，认为文化的重塑是自由选择的过程，而非“物质和文化的产物”[11]。

同时，国际传播研究者在探索本土—全球关系时，不应拘泥于政治经济学的单一视角，也不应刻意夸大“主动的本土受众”的反馈。例如，桑德拉·布拉曼（Sandra Braman）提出的“非对称全球化”观点[12]、劳伦斯·格罗斯伯格（Lawrence Grossberg）对文化研究“新世界”的见解[10]、马万·克莱迪（Marwan Kraidy）的“本土化”研究[13]、约瑟夫·施特劳巴尔（Joseph Straubhaar）提出的“对称相互依赖”理念[14]以及乌尔夫·汉纳兹（Ulf Hannerz）对“复杂连接”概念的解释[15]，均展现了冷战结束后国际传播研究对国际关系和跨文化传播等学科领域的积极介入。其中，“有距离感的接近性”（distant proximities）这一概念得到了各个学科领域研究的广泛响应。

格尔茨指出了前述理论方法的不足，强调应更为注重实地研究的驱动分析，在广阔的结构和比较背景中揭示地方的独特性。人类学家应当摆脱功能主义的影响，聚焦于“解释”，其主要任务是撰写民族志，而非进行田野调查。这反映了格尔茨的学术理念，即主张民族志应基于深入、翔实的描述，依赖实地研究的叙事，而不是严格的科学数据。

格尔茨把文化定义为“一个组织严谨的意义和符号体系，社会互动就是基于这套体系展开的”，并视社会系统为“社会互动的固定模式”。这种对社会制度与文化的比较分析使得研究者需要思考社会整合的各种模式，为本土—全球交互的思考提供了一种“启示式方法”，从而揭示了传播学研究中的“文化焦虑点”。在这些研究中，本土的文化传统和信仰（如宗教、仪式和常识）与社会身份（如社会地位、政治参与和炫耀性消费）之间的关系往往被忽视了。这种启示式方法有助于研究者更好地关注和理解“事件”，对于洞察全球化在地方层面的渗透至关重要。

对于国际传播学者来说，这种方法提供了一个从理论和实践角度理解普遍的全球历史动态的方式。这些动态包括“民主化”进程、新自由主义经济政策导致私人对资源的控制的扩大、跨国媒体公司的崛起、消费资本主义的蔓延以及全球移民问题。同时，经济、政治和社会的同质化和标准化引发了更为深入的破裂和转变，表现为新形式的民主参与、文化创新以及本土的公民行动主义，等等。与此同时，这些动态也催动了各种宗教激进主义、部落主义和民族主义的复兴，以及政治暴力和社会冲突的增加。[16]

面对本土—全球的动态关系，国际传播研究面临的主要挑战在于如何在关注二者互动性的同时，突出对本土独特性的重视。“跨域主义”为此提供了理论框架。在此基础上，格尔茨强调的不是艺术（或其他形式）的普遍性，而是当人们讨论西非雕刻、西几内亚棕榈叶绘画或摩洛哥诗歌时，是否能够看到它们之间的某种联系。这一视角让人们能够分别关注各类本土文化现象，而不损害它们的互相关联性或它们之间的象征性连接。雷纳托·罗萨尔多（Renato Rosaido）指出，相对于大多数观察者，格尔茨更加重视文化的差异性。[17]他的研究方法拓宽了诸如“意识形态”“仪式”“事实”和“法律”等社会理论核心概念的解释范围。

对于国际传播而言，此方法论有助于破除西方中心论的束缚，尤其是对“本土与本土”之间的互动、构建“全球南方”中的“南南合作”具有一定的启发性。这一路径也为理解本土文化细节与传播政治经济结构提供了一些新的思路。比如，仅仅提供一个全球范围内某社区的比较研究的解释力是否足够？媒介民族志学者如何扩展其比较研究的视角？又如，进入中东进行田野调查的学者如何与拉丁美洲学者共享概念和素材？换言之，当研究的焦点是国际传播，但核心仍是本土文化时，学者如何确保比较研究不仅仅是对同一主题的不同角度的解读？

三、国际传播的认识论转向及其实践创新：基于“数字华流”的个案考察

格尔茨的“跨域主义”理念不仅挑战了全球对地方单向影响的观念，更揭示了两者之间的辩证和动态交互关系。本文选择了中国互联网企业“出海”的两个代表性案例。一段时间以来，中国或其他发展中国家的互联网产品总被贴上“数字山寨商品”的标签，如一些电商平台被视为对亚马逊、eBay 的“复刻”。即便在东亚文化圈，中国也被视为文化输入国，“日系”“韩流”成为中国影视、动漫、游戏等本土媒介文化模仿的对象。问题在于，数字通信工程经过基础的发展阶段后必然会在本土内生文化和互联网使用习惯中发展出适合本土的数字模型，即从“跨文化”（intercultural communication）步入“转文化”（transcultural communication）的创新阶段。这也进一步意味着，中国基于平台世界主义规则和互联网打法的数字产品，可以是本土的“制式许可”（format licensing），更可以是受全世界欢迎的数字产品。数字“出海”模式是“全球南方”本土智慧借用新的媒介载体传播本地文化和价值，它注定会产出与西方中心本位不同的差异化产品。这意味着，“全球南方”的数字智慧是原生性的、可持续的甚至是全方位的，它的动能基础是“全球南方”在物质生活充沛后的发展性传播需求，这也是数字“出海”的根本动力。

为更深入地探讨数字时代的国际传播，本文引入“数字华流”这一概念进行研究，期望通过这一新的视角更好地理解文化在各地的传播和互动方式，以及在此过程中跨域主义所起的关键作用。“数字华流”指的是源自中国的数字内容、平台和应用在全球范围内产生广泛影响力的现象[18]，体现了如何将本土文化融入全球范围内的社会力量互动，进一步发展认知的丰富性，有助于揭示中国在国际传播权力和知识架构中的新地位和作用。

（一）TikTok：跨域视角下的全球媒介景观与数字流动现象

TikTok 作为一款短视频分享平台，成功地实现了全球—本土文化相互融合。许多短视频创作者如加拿大的@ lilly、印度的@ bhuvan. bam22 和中国的@ papi 酱在 TikTok 上分享了大量具有地方特色的内容，吸引了全球范围内的关注。日本的短视频创作者@ Watanabe Naomi 以其幽默搞笑的表演风格吸引了众多关注，成功地将具有日本特色的幽默风格传播到全球。这些创作者不仅展示了本土文化，还在全球范围内引发了一系列模仿现象，形成了新时期“数字华流”在国际传播与跨文化领域特有的现象级热点。

阿帕杜莱（ Appadurai）提出了五种不同的文化流动性维度，其中包括“景观”和“媒体景观”。[19]在 TikTok 的背景下，这些景观相互交织，形成了一种跨域主义的国际传播现象。在 TikTok 上，用户可以自由地分享具有地方特色的内容，同时也能接触到来自不同国家和地区的创意作品。这种相互融合的现象为地方内容提供了国际传播的机会，也让全球用户在同一个平台上互动交流。在数字媒介时代和新平台主义时期，数据分析和智能推荐算法成为全球文化竞争力的关键因素[20]。TikTok 利用这些技术，为各地广告商与文化传媒公司提供个性化的广告投放服务，帮助组织在全球范围内拓展市场。这种以数据驱动的商业模式使得地方与全球之间的联系变得更加紧密，有助于实现跨域主义的国际传播目标。

凯瑟琳·柯比（Kathryn Kirby）等人提出了“全球数据文化”的概念，强调数据在国际传播中的重要性。[21]在 TikTok 的案例中，这种全球数据文化表现为：一方面，公司通过大数据分析了解各地用户的喜好和需求，以便为他们提供更精准的服务；另一方面，用户可以根据自己的喜好和需求筛选来自不同地区的内容，实现内容跨域的交流和互动。这种基于数据的国际传播模式为本土文化的全球化提供了可能性，同时也强化了地方与全球之间的联系。

此外，根据本土文化和结构，TikTok 平台做出了一定的跨文化调适，以更好地融入本土的动态权力关系。TikTok 在全球化进程中面临各种挑战，如数据安全、内容审查等问题。然而，字节跳动公司在应对这些问题时，始终保持与本土政府和社会的紧密合作，努力寻求跨域主义的解决方案，以实现在全球市场的可持续发展。这种策略使得 TikTok 能够更好地适应全球化的政策环境，实现其在全球范围内的成功传播。

面对印度政府对于数据安全的担忧，TikTok 承诺在印度建立数据中心，以确保用户数据的安全性。在美国，TikTok 成立了独立的美国团队，以满足本土政府对内容审查的要求。为应对全球化背景下的政策挑战，许多研究者提出了“全球治理”的概念，主张在国际层面上建立一套适应国际传播的规则体系[22]。TikTok 的跨域主义策略恰恰体现了这种全球治理的思想，强调在全球范围内寻求政策协调和合作，以实现企业的长远发展。TikTok 以跨域主义视角推动国际传播创新，通过内容生产与地方特色的融合、数据驱动的商业模式与全球市场的拓展，成功地在全球范围内传播并发展。

TikTok 在“人类命运共同体”的理念下既能够遵循平台世界主义的规范性融合型“制式”，呈现出多元包容和具有全球视野的平台潜能，又立足于本土文化的使用特征，冲破了种族、国家、区域等形而上概念的束缚，告别了基于文明和意识偏见的冲突，根植于本土人民所喜闻乐见的传播模式。其算法基于真实的人性或者人类普遍的传播需求，将传播真正融入本质的、细微的、日常的叙事，这也正是其跨域主义的数字出海模式取得成功的内核。

（二）《原神》：“多模态文化”的游戏路径与数字出海模式

《原神》是一款真正意义上横扫全球 Z 世代的“后现代游戏”，在世界范围内掀起了对文化潮流的追逐。尽管《原神》的核心玩法借鉴了日本游戏《塞尔达传说：旷野之息》，但在美术风格、角色设定、剧情背景等方面融合了多种文化元素。在游戏中，玩家可以探索名为“提瓦特”的幻想世界，其中包含了欧洲、东亚等多个地区的文化特征。这样的设计使得本土化的媒介元素在不同时空与其他地域的游戏元素碰撞出火花，从而更好地保留了本土的符号意义，也构建了一种基于跨域主义的世界主义的理想游戏范式。在此瞬间，游戏的沉浸代替了民族国家的界限，文化的交融打破了时空的界限，也使得抽象的意义在具象的媒介载体中得以绽放。通过在游戏设计中融入各种文化元素，“米哈游”公司成功地打造出了一款具有全球吸引力的游戏产品，为本土游戏产业的全球化发展提供了有力支持。

汉纳兹曾提出“全球文化生态”的概念，强调在全球化背景下，不同文化之间的互动与融合是不可避免的。[15]在传播实践中，《原神》以开放的姿态融会不同的本土文化，创新性地将全球多元文化融入游戏设计，实现了跨域主义的文化传播和碰撞。例如，游戏中的“蒙德城”以德国的建筑风格为基础，融合了中世纪欧洲的城镇风格；而“璃月区”则以东亚地区，尤其是中国和日本的文化特点为设计蓝本，呈现出一种亚洲神话般的氛围。这种在游戏设计中融合多元文化的做法，使得不同地区的玩家都能在游戏中找到自己的文化，从而提高了游戏的国际传播能力。

此外，跨域主义强调地方产业与全球市场的效能对接，在《原神》的游戏场景中，两者并不是零和博弈的关系。《原神》采用了免费“游戏+内购买”（F2P）的商业模式，吸引了全球大量玩家。游戏内的虚拟道具和角色可以通过“祈愿”系统获得，这种基于概率的抽奖机制使得游戏的盈利模式具有很强的可持续性。“米哈游”公司通过在全球范围内开展市场推广活动，成功地将《原神》推向了国际市场，打造了一款跨域主义的游戏产品。全球市场拓展是地方游戏产业实现全球化的重要途径，通过采用创新的商业模式和有针对性的市场营销策略，《原神》成功地将自身打造成为一个现象级 IP，实现了地方游戏产业与全球市场的有效对接。

国际传播的跨域主义的另一特点就是实现异质本土社区的在线数字沟通，以游戏迷和“粉丝”圈构成的数字共同体打造了跨域主义的游戏“网络社会”（游戏社群）。这一类社群跨越国界、种族和语言，形成了既具即时性又具长效性的“数字集合体”，亦是 Z 世代的数字沟通的新型典型情境，这也是未来跨域主义的“数字化社群”研究的重点对象。

为了建立全球玩家社区，《原神》在推广过程中充分利用社交媒体平台，与玩家进行互动交流。“米哈游”公司通过发布游戏资讯、举办线上活动等方式，鼓励玩家在全球范围内分享游戏体验。这种社区营销策略有助于在全球范围内建立起庞大的游戏“粉丝”群体，为全球市场的发展奠定了基础。通过建立线上社区，企业可以更好地了解消费者需求，同时还能为消费者提供个性化的服务，从而提高消费者满意度和品牌忠诚度。卡斯特在《网络社会：跨文化的视角》中精辟地指出，网络社会的形成使得全球与地方的关系变得更加紧密。[23]在《原神》的全球推广过程中，线上社区的建立及其玩家之间的互动交流，正是地方与全球之间关系的体现。如游戏官方社交媒体平台会定期发布新角色、新活动等相关信息，吸引全球玩家关注并参与讨论。此外，“米哈游”还组织了多种线上活动，如作品征集、Cosplay 大赛等，鼓励玩家在全球范围内展示自己的创意和热情。这些做法不仅拉近了玩家与游戏之间的距离，也提高了游戏在全球市场的影响力。

（三）“数字华流”：数字“反向回流”的“全球南方”传播实践

从历史角度来看，“反向回流”（contra-flow）是一种相对立于从西方核心国家向非西方边缘国家和地区的传统媒体文化“主导流动”的新趋势。这种主导流动主要体现为自冷战时期以来，美国主流文化和产品向其他国家和地区的传播和扩散，如好莱坞电影和“公告牌”（Billboard）流行音乐榜等[24]。然而，随着跨国媒体集团的崛起、移民文化的繁荣以及数字传播的普及，非美国制造、非英语的“边缘”文化和娱乐产品逐渐实现了向欧美

“核心”地带的“反向回流”，成功案例包括日本动漫、韩国流行文化、印度宝莱坞电影以及墨西哥等拉美国家制作的西班牙语“肥皂剧”等。

“数字华流”的新现象作为“反向回流”的延续出现，但与以往不同的是，它利用了更强大的传播渠道和技术手段，成为打破美西方文化垄断和英语霸权、重塑国际传播新秩序的关键力量。从平台世界主义的角度考察，自2021年以来的“数字华流”不仅是中国（区域性）的，也是世界（全球性）的媒介文化潮流，这有助于我们重新认识和界定“中国与世界”之复杂互构关系。[25] TikTok和《原神》在全球范围内拥有了庞大的用户群体，这使得它们在国际传播过程中形成了一种“雪球效应”，即用户基数的增长带动了更多用户的加入。两种产品都致力于搭建普惠的数字平台和全球网络社会，通过打造文化的多元交融，探寻适合全球南北方的数字产品。短视频和游戏作为“数字集合体”，形成了跨越国别、阶级、身份、语言的在线数字身份，这也是通过“数智传播”来弥合“数字鸿沟”的跨域主义的“南方方案”。

四、结论与讨论

由于信息和媒体技术的交互性，“本土”的概念正发生深刻的变化，这使得本土理论更加复杂，也在现实中变得更加模糊。近年来，传播学界正面临一个后西方、后秩序、后真相的新时代，在此情境下，极右翼民粹主义、孤立主义和保护主义反弹，反全球化的势力重回历史舞台。这向传统研究的全球—本土的简单线性关系提出了更多的挑战和无法回答的历史命题。受格尔茨的研究启发，本文倡导了一种基于跨域主义认知和多址比较研究的国际传播的过程研究，这种方法应具有以下特征。

其一，国际传播研究需要重新致力于实证研究。这种实证必须考虑到包含全球南方国家的本土实践和经验，同时用世界主义视角统合内部的彼此差异，建立一个坚实的认识论和本体论基础，以便解构由碎片化构成的新兴领域，也需要采用双重的比较研究方法，在各种本土之间和本土内部进行比较，同时考虑全球过程。在此，作为全球政治、经济和社会文化领域充满矛盾和竞争的现实世界的缩影，“中国之世界”（China as the world）的新愿景可将中国重新定义为连接西方与其他国家、北方与南方、东方与西方等的桥梁。

其二，这种方法不应忽视国际传播动态中固有的权力问题。相反，本文倡导一种替代性的权力观，即把权力的表现锚定在具体环境、文化规范和社会关系之中。在此，本文避免了格尔茨所说的“模糊错误”和传播的文化焦虑，即将权力及其产生的条件联结粗暴断开，而仅仅观察最终成为的那种抽象力量。传播政治经济学研究和认知权力结构是必要的，但不足以理解本土—全球的动态关系，因此把握权力在具体环境中的运作至关重要。这意味着，以中国为代表的全球南方传播模式的尝试将有助于弥补“全球媒体”“全球传播”“跨文化传播”和“网络空间治理”等关键概念的空洞和模糊性，弥合意识形态鸿沟。这将与左翼知识分子共同构建“国际信息传播新秩序”（NWICO）的长期探索相呼应。

尽管关于文化与社会结构之间的分析对部分学者来说可能有些过时，但它仍是一种实用性工具，有助于理解本土如何接受、坚持、抵抗、挪用或依赖全球性力量。本文中的两则案例表明，人们如何赋予意义以及人们和机构之间如何相互关联仍然是社会分析的关键主轴，国际传播研究亦可从中受益。更重要的是，通过跨域多址的比较研究，特别是关注不同本土情境的文化结构、意识形态和社会结构的交汇点，从中提炼有关全球化的共性内容，是一种值得借鉴的且能够超越本土—全球二元结构的解释人类学路径。如中国国家领导人提出的构建“人类命运共同体”的构想将中国古典哲学中的“天下”与源自古希腊的欧美“世界主义”概念合为一体[25]，从而超越了东方与西方、发展中国家与发达国家的二元对立模式。

基于媒体传播的中心地位，近年来传播学界提出了“虚拟世界主义”这一新概念，以适应不断变化的全球传播媒介景观。如果说世界主义被定义为一种伦理和哲学框架，通过这一框架，人们可以设想人类和媒介在一个更加人性化的世界中进行跨文化交流，那么“虚拟世界主义”可以被视为“世界主义 2.0”的升级版，与“实体世界主义”或“世界主义 1.0”相比，文化和社会资本可以在此通过社交媒体网络进行传播，使思想得到更广泛的跨国传播，这种媒介进路无缝实现了格尔茨所设想的国际传播的跨域主义模式。本文的两则案例作为“数字华流”的全球南方力量的典型，展示了在虚拟世界主义平台上如何实现文化的跨域传播。它们揭示了本土文化在全球范围内发挥影响力的潜能，以及人们如何赋予意义并在全球范围内与其他文化互动、交融和创新。本文认为，国际传播研究需要关注本土文化在全球范围内的传播力量，尤其是“全球南方”文化的传播和“反向回流”的扩散，这将有助于我们更好地理解在国际传播过程中，本土文化如何逐渐摆脱中心—边缘的传播模式，实现以“跨域主义”为核心理念的转文化传播，以及如何在数字出海中发挥关键作用。

注 释

[1] Clifford, Geertz, "La Description Dense: Vers une Théorie InterpréTative de la Culture," *Archives de la revue Enquête*, 6, 1988, pp. 73-105.

[2] Kuper, Adam, and Jonathan Marks, "Anthropologists Unite!" *Nature*, Vol. 470, No. 733, 2011, pp. 166-168.

[3] Carbaugh, Donal, "Comments on 'Culture' in Communication Inquiry," *Communication Reports*, Vol. 1, No. 1, 1988, pp. 38-41.

[4] Hall, Stuart, "The Problem of Ideology-Marxism without Guarantees," *Journal of Communication Inquiry*, 10, 1986, pp. 28-44.

[5] Moores, Shaun, "'The Box on the Dresser': Memories of Early Radio and Everyday Life," *Media, Culture & Society*, Vol. 10, No. 1, 1988, pp. 23-40.

[6] 周伟业：《符号经济视域下文化艺术生产传播的全球化与本土化》，《传媒观察》2023 年第 2 期，第 98—103 页。

[7] Mattelart, Armand, "Pasado y presente de la Sociedad de la Información: Entre el Nuevo Orden Mundial de la Información y la Comunicación y la 'Cumbre Mundial sobre la Sociedad de la Información'," *Telos: Cuadernos de Comunicación e Innovación*, No. 67, 2006, pp. 13-26.

[8] Schiller, Herbert I., "Television and the Red Menace: The Video Road to Vietnam," *Contemporary Sociology*, No. 15, 1985, p. 77.

[9] Kim, Sujeong, "Rereading David Morley's the 'Nationwide' Audience," *Cultural Studies*, Vol. 18, No. 1, 2004, pp. 84-108.

[10] Grossberg, Lawrence, "Does Cultural Studies Have Futures? Should It? (Or What's The Matter With New York?)," *Cultural Studies*, No. 20, 2006, pp. 1-32.

[11] 格雷厄姆·默多克、庞璃：《以媒体为中介的现代性：传媒与当代生活》，《学术月刊》2006 年第 3 期，第 32—38 页。

[12] Braman, Sandra, "Harmonization of Systems: The Third Stage of the Information Society," *Journal of Communication*, No. 43, 1993, pp. 133-140.

[13] Kraidy, Marwan M., "Glocalization as an International Communication Framework?" *Journal of International Communication*, Vol. 9, No. 2, 2003, pp. 29-49.

[14] Straubhaar, Joseph D., "Beyond Media Imperialism: Assymetrical Interdepend-

ence and Cultural Proximity," *Critical Studies in Mass Communication*, Vol. 8, No. 1, 1991, pp. 39-59.

[15] Hannerz, Ulf, "Cosmopolitans and Locals in World Culture," *Theory, Culture & Society*, Vol. 7, No. 2, 1990, pp. 237-251.

[16] Blankson, Isaac A., "Media Independence and Pluralism in Africa: Opportunities and Challenges of Democratization and Liberalization," *Negotiating Democracy: Media Transformations in Emerging Democracies*, Vol. 12, No. 3, 2007, pp. 15-34.

[17] Rosaldo, Renato I., "Response to Geertz," *New Literary History*, 1990, 21, p. 337.

[18] 史安斌、朱泓宇:《数字华流的模式之争与系统之辩：平台世界主义视域下中国国际传播转型升级的路径与趋势》,《新闻与传播评论》2022 年第 4 期，第 5—14 页。

[19] Appadurai, Arjun, "Disjuncture and Difference in the Global Cultural Economy," *Theory, Culture & Society*, No. 7, 1990, pp. 295-310.

[20] Verma, Jai Prakash, and Smita Agrawal, "Big Data Analytics: Challenges and Applications for Text, Audio, Video, and Social Media Data," *International Journal on Soft Computing, Artificial Intelligence and Applications*, Vol. 5, No. 1, 2016, pp. 41-51.

[21] Kirby, Kathryn R., et al., "D-PLACE: A Global Database of Cultural, Linguistic and Environmental Diversity," *PLoS ONE*, Vol. 11, No. 7, 2016, pp. 15-28.

[22] Castells, Manuel, "The New Public Sphere: Global Civil Society, Communication Networks, and Global Governance," *The Annals of the American Academy of Political and Social Science*, Vol. 616, No. 1, 2008, pp. 78-93.

[23] Castells, Manuel, "Communication, Power and Counter-Power in the Network Society," *International Journal of Communication*, Vol. 1, No. 1, 2007, p. 29.

[24] 史安斌、杨晨晞:《国际传播的变局与"元软实力"的兴起：内容·渠道·受众》,《对外传播》2022 年第 11 期，第 4—8 页。

[25] Shi Anbin, " Recontextualizing Constructive Journalism in Contemporary China: A Comparative and Intercultural Perspective," *Social Sciences in China*, Vol. 42, No. 2, 2021, pp. 184-195.

古琴文化对外传播与中国国家形象建构*

时静思**

摘要：当今世界正经历百年未有之大变局，中华民族伟大复兴正处于关键阶段，战略机遇和风险挑战并存，崛起的中国需要通过对外传播建构良好的国家形象。古琴艺术是唯一被列入世界非物质文化遗产名录的中国器乐艺术，体现了关爱自然、天人合一以及君子之道的人文精神，是中国礼乐文化的重要代表，承载着中华民族的诸多文化记忆，理应承担起建构国家形象的历史使命。本文在传播价值实现过程逻辑中的信息触达、信息解码和信息认同三个关键性传播节点，建构国家形象视域下中国古琴文化对外传播策略。首先，在信息触达环节，须加强传统媒体与新媒体协同发展，形成对外传播合力；其次，在信息解码环节，应优化传播内容与形式，减少对外传播中的“文化折扣”；最后，在信息认同环节，要强化“受众本位”意识，寻找对外传播共性。

关键词：古琴文化，对外传播，国家形象

2023 年 10 月，全国宣传思想文化工作会议首次提出习近平文化思想。习近平总书记强调：“新时代新征程，世界百年未有之

* 本文系东北财经大学2021 年度校级科研项目“中国民族音乐元素在电影音乐中的应用研究”（项目编号：DUFE202120）的研究成果。

** 时静思，系东北财经大学人文与传播学院讲师。

大变局加速演进，中华民族伟大复兴进入关键时期，战略机遇和风险挑战并存，宣传思想文化工作面临新形势新任务，必须要有新气象新作为。”[1]从国际局势看，世界百年变局加速演进，国际环境发生深刻变化，中国迫切需要不断提升国家文化软实力和中华文化影响力。国家形象是国家软实力的重要组成部分，是国家的外部公众和内部公众对国家本身、国家行为、国家的各项活动及其成果所给予的总的评价和认定[2]，良好的国家形象为国家软实力的提升提供了先决条件与内在动力。随着经济快速增长以及国际地位不断提升，中国更积极地参与国际事务，对国际社会的影响和贡献越来越大，但由于传媒话语弱势、传播能力不足、文化背景差异、国家利益博弈、自身发展不足等原因，国内外对中国国家形象存在认知差异。

世界各国积极通过挖掘与传播独特的文化元素，以使其国家形象得到广泛的国际认同。例如，美国利用其好莱坞电影、日本通过其动漫产业、韩国借助其电视剧和流行音乐等，在全球范围内进行文化传播，它们在建构各自国家形象、提升国家软实力方面取得了较好效果。同快速增长的硬实力相比，我国文化软实力发展却相对缓慢。习近平总书记指出：“中华优秀传统文化是中华民族的突出优势，是我们最深厚的文化软实力。”[3]古琴艺术作为唯一入选世界非物质文化遗产的中国器乐艺术，承载着中国传统文化的精髓，是中国礼乐文化的重要代表，理应肩负起推动中华文化更好走向世界的历史使命，成为建构中国国家形象的重要抓手。

一、古琴文化对外传播

程曼丽认为：“从学科分类角度来说，对外传播属于国际传播学的研究范畴，是国际传播中的信息出境部分。”[4]对外传播具有跨国界、跨文化、跨语言的特点[5]，面向的是国际受众，具有明确的目的性，且传播方式日趋多样化。在对外传播实践中，文化传播扮演着重要的角色。据此，本文认为，古琴文化的对外传播是指以古琴为载体，由内对外的文化传播，以外国人、海外华侨华人为受众，以建构良好的国家形象，促进古琴的传承、发展与创新为目标，由政府主导，企业、社会组织、个人等民间力量共同参与的传播活动。

（一）古琴具有深刻的文化内涵与独特的艺术价值

古琴是中国最古老的弹拨乐器之一，至今已有3000年以上的历史。关于古琴的起源无从稽考，传说众多。这些传说大多与中华古代文明之初的氏族领袖相关，如伏羲造琴、神农造琴、黄帝造琴和虞舜造琴等。虽然古琴起源到底如何无人知晓，但有一点可以确定，就是古人视古琴为中国代表性乐器，将它的起源与中国文化最优秀的奠基者联系在一起。古琴自产生以来就有着较高的文化地位，从最早的祭祀之器，到圣人之器、君子之器、信徒参禅悟道之器，古琴在中国传统乐器中始终独树一帜。

古琴位列古代四艺“琴棋书画”之首，习古琴历来被视为传统文人阶层修身养性、陶冶高尚道德情操的途径。古琴文化受到儒、释、道三家文化的影响，体现出来的是中国传统文化中对“德音”与中正平和之音的审美追求，以琴怡情、借琴抒怀的君子之道，以及讲究道法自然、天人合一的世界观。[6]与其他中国传统乐器相比，古琴历史悠久，在弹奏法、记谱法、琴史、琴律、美学等方面早已形成独立完整的体系，被称作“琴学”，内容博大精深，代表着中国古代的音乐审美观、哲学思想、文化传承和精神追求，具有突出的人文性和无可比拟的丰富性。[7]

（二）古琴文化对外传播历程

古琴早在3—4世纪便传入朝鲜，但当时并没有流传开来。直到12世纪初，古琴作为大晟雅乐的一员开始被用于朝鲜宫廷雅乐的演奏[8]。7—8世纪，古琴随遣唐使到日本。18世纪，法国来华传教士钱德明（Jean-Joseph-Marie Amiot）将古琴通过海运邮寄回法国，这是有史可考第一批抵达欧洲的古琴。他旅居北京时撰写了《中国古今音乐考》（*Memoire sur la musique des Chinois tant anciens que modernes*），这是欧洲第一部详细描述中国音乐的书籍。该书讲到了古琴，并附有琴的图形[9]。荷兰汉学家、外交家高罗佩（Robert Hans van Gulik）对近现代古琴的对外传播贡献较大，他于20世纪30年代撰写了全英文的《琴道：论古琴的思想体系》（*The Lore of the Chinese Lute：An Essay in the Ideology of the Ch'in*）一书，详细介绍了古琴的演奏技法，并把古琴与中国的哲学"道"联系在一起。[10]这本书影响深远，使人们对于古琴音乐文化的内涵有了更深入的了解，西方很多人因此开始关注并喜爱古琴。

20世纪80年代，国内琴界与海外开始频繁交流，众多琴家多次出访外国演出、举办讲座、参加会议。李祥霆先生是当今在海外最具影响力的琴家之一，他曾在许多国家和地区巡回演出演讲，举办了40多场独奏音乐会，于1989年至1994年间在英国剑桥大学从事古琴即兴演奏研究，并在伦敦大学亚非音乐研究中心教授古琴和洞箫。[10]古琴演奏家王菲2001年开始受邀于美国伯克利大学讲授古琴理论、古琴演奏法和中国文化，并创立了北美琴社，组织开展古琴音乐会、文化沙龙、雅集和培训、讲座等活动，这成为海外古琴爱好者学习交流的重要平台。

2003年，古琴文化的对外传播迎来新里程碑，古琴入选联合国教科文组织“人类口头和非物质遗产代表作”名录，古琴重获新生，并得到迅速发展。这不仅是古琴文化的幸运，也是中国音乐史上的重要事件。古琴逐渐活跃于公众视野，作为中国传统文化的标志在各大重要场合亮相。2008年，在北京奥运会开幕式上一曲《太古遗音》，向世界传递了来自3000年前的琴音。2016年，G20杭州峰会文艺晚会上古琴、中国鼓与大提琴中西合璧演奏的乐曲《高山流水》，传递出了中国与世界各国相知相近的美好寄望。2018年，中国国家主席习近平向俄罗斯总统普京赠送了古琴等礼物。古琴晋身为“国礼”，成为中外友谊的象征。2023年4月，中国国家主席习近平在广州同法国总统马克龙举行非正式会晤，其间古琴曲《流水》奏响了中法两国的友谊之乐。

纵观古琴从古至今的对外传播历程可以发现，古琴在3世纪至今一千多年的对外传播中呈现出一些鲜明的特点。一是古琴传入东西方国家的时间不同。16世纪之前，受传播条件所限，古琴传播只能到达相邻的东方国家。明末以后，随着航海贸易不断发展，古琴逐渐进入西方。二是古琴在东西方的际遇不同。古琴传入朝鲜、日本等儒家文化圈的国家后，会逐渐融入当地音乐，甚至拥有主流地位，也能够得到当地政府的支持。而古琴最初进入西方主要是由于个人对古琴文化的喜爱、撰写出版的相关书籍，并且古琴仅在西方民间小范围传播，并未融入西方音乐。三是古琴的对外传播内容日益丰富。最初单一的乐器形制、演奏技法的传播，已拓宽至文化内涵的传播。四是中外交往为古琴艺术的对外传播提供了平台。从古代使节往来、宗教活动等传播途径，到如今重大外交场合等传播平台，古琴的对外传播与中外交往活动日益密切相关。

古琴文化对外传播展现出了日益丰富的形态与功能，古琴成为促进不同文化交流和国家形象建构的重要载体。在各种对外文化交流和艺术演出中，古琴常常作为中国文化的代表之一，向世界展示着中华文化的独特魅力和博大精深。近年来，古琴也作为一种外交礼品，成为中外友谊的象征，在国家形象建构过程中扮演了重要角色。全世界越来越多的人开始关注并参与古琴文化传播活动，为今后古琴文化更广泛、更长久的对外传播奠定了坚实的基础。可以预见，古琴作为中国特有的文化符号，会在国家形象建构中发挥愈发重要的作用。

二、古琴文化的对外传播对中国国家形象建构的意义

近年来,我国文化软实力和国际影响力有一定提升。同时，我们必须清醒地看到，我国在国家形象建构方面既有亟待挖掘和放大的正面形象，也存在一些难以在短时间内消弭的负面形象。面对中国的发展，国际舆论中出现了“中国崩溃论”“中国威胁论”“中国责任论”等论调，我国国家形象被误读、歪曲甚至丑化。《中国国家形象全球调查报告 2019》显示，“历史悠久、充满魅力的东方大国”和“全球发展的贡献者”的中国国家形象得到国际社会的认可，但不同国家对中国的认知之间仍存在较大差异，相比于发达国家，发展中国家受访者对中国国家形象的期待值更高。[11] 正如乔舒亚·库珀·雷默所说：“中国的国家形象跟不上诸多变迁的步伐。其他国家对中国的看法还停留在以前那些陈腐的观念中，充斥着固执的偏见和恐惧。”[12]

习近平总书记强调：“要注重塑造我国的国家形象，重点展示中国历史底蕴深厚、各民族多元一体、文化多样和谐的文明大国

形象，政治清明、经济发展、文化繁荣、社会稳定、人民团结、山河秀美的东方大国形象，坚持和平发展、促进共同发展、维护国际公平正义、为人类作出贡献的负责任大国形象，对外更加开放、更加具有亲和力、充满希望、充满活力的社会主义大国形象。”[3]162古琴艺术是唯一入选联合国教科文组织“人类口头和非物质遗产代表作”名录的中国器乐艺术，具有悠久的历史和深厚的文化底蕴，其蕴含的天人合一、礼乐文化是历经几千年变迁和社会实践被证明有利于人类生存发展及社会进步的价值观，与中国国家形象的文明大国、东方大国、负责任大国的定位相符，应成为国家形象建构的重点。天人合一、礼乐文化中的和平、和睦、和谐的价值理念也有助于破解我国国家形象传播的困局，消除人们对国家形象的负面认知。

古琴文化的悠久历史有助于建构我国历史底蕴深厚的文明大国形象。古琴文化具有3000多年的悠久历史。目前，考古发掘最早的琴类乐器实物是2016年在湖北枣阳郭家庙出土的周朝曾国春秋早期的琴，距今2700年左右。关于琴的最早文字记载出自我国最早的诗歌总集《诗经》，在《诗经》中，“琴”往往与“瑟”一起象征着美好的爱情与婚姻，或是表达礼乐文明下的君子人格，或是作为稳固君臣关系的音乐载体。古琴文化承载着丰富的文化意义和历史价值，在其悠久的发展历程中留下了丰富的文化遗产。例如，唐至清代的琴曲有三千余首传世；有上百道工序的斫琴工艺流传千年。孔子以谦逊好学的治学态度和精益求精的治学精神向师襄学琴，伯牙鼓琴遇知音，司马相如与卓文君因琴曲《凤求凰》结缘，嵇康面临死亡操琴一曲《广陵散》等典故，至今广为流传，反映出古琴深厚的历史底蕴。古琴文化与哲学、文学也密切相关，其中蕴含的儒、释、道哲学思想，琴歌和诗词演变的关系，琴曲的文学内涵等，成为反映中国哲学、文学的一面镜子。古琴的弹奏法、记谱法、琴史、琴律、琴曲、美学与斫琴工艺、相关文献典故、哲学思想、文学内涵等众多文化符号，都应成为建构我国历史底蕴深厚的文明大国形象的重要资源。

古琴文化中蕴含的天人合一理念有助于建构我国文化繁荣、社会稳定、人民团结、山河秀美的东方大国形象。从形制到音色，从审美追求到文化表达，古琴中无不体现着中国传统文化“天人合一”的思想。古琴的形制中蕴含着当时人们对于世界的理解和认识。如古琴面板呈圆弧形，底板平直，象征着“天圆地方”；古琴琴长三尺六寸五，象征着一年有 365 天；古琴面板上共有 13 个徽位，用来标记音位，象征着一年有十二个月和一个闰月。古琴每个部件的名称都有着独特的象征含义，常以自然界的某些事物命名，体现出自然与人和谐统一。如用以架弦的横木叫“岳山”；两个出音孔分别称作“龙池”“凤沼”等。古琴的声音含蓄内敛、清和淡雅，与文人雅士修身养性的诉求不谋而合，文人抚琴可与内心对话，与天地精神相往来，传达出“天人合一”的精神文化内涵。古琴有泛音、散音、按音三种音色。泛音清丽如天籁，散音浑厚像大地，按音丰富似人声，分别象征天、地、人之和合。“天人合一”思想是我国传统文化的精髓，指出了人与自然的辩证统一关系，指明了人与自然应是和谐共处的关系。古琴文化中“天人合一”思想的对外传播有助于塑造人与自然和谐共生的中国生态形象，传播新时代生态文明建设的中国理念，对于解决当今社会人类所面临的生态危机、实现人与自然和谐共处具有重要意义。

古琴文化中蕴含的礼乐思想有助于建构我国坚持和平发展的负责任大国形象。古琴不仅是乐器，也是礼器，在礼乐文化中扮演了重要的角色。中国自古便推崇以礼治国，素有“礼仪之邦”之称。礼乐思想主张以“礼”确定人的社会身份与规范人的行为，以“乐”陶冶人的心性与沟通人的感情。孔子对琴十分推崇，强调琴乐的教化作用，提倡礼教、乐教，所以儒家以琴“约之以礼”，以达到“克己复礼”的目的。《左传》载：“君子之近琴瑟，以仪节也，非以慆心也。”[13]《白虎通义》载：“琴者，禁也，所以禁止淫邪、正人心也。”[14]《诚一堂琴谈》载：“古之圣帝明王所以正心、修身、齐家、治国、平天下者，咸赖琴之正音是资焉。”[15]可见，儒家以琴教导礼节，以琴正人心、涵养心性。古琴文化代表着在中华文明发展史上产生了重大而深远影响的礼乐文化，其所倡导的秩序、和谐理念，有助于转变国际社会对中国国家形象的负面认知，有助于保持社会和谐稳定，促进世界和平发展，有助于建构中国负责任大国形象。

三、古琴文化对外传播与中国国家形象建构策略

2018 年 8 月，习近平总书记在全国宣传思想工作会议上讲话指出：“展形象，就是要推进国际传播能力建设，讲好中国故事、传播好中国声音，向世界展现真实、立体、全面的中国，提高国家文化软实力和中华文化影响力。”[16]2023 年 10 月，全国宣传思想文化工作会议首次提出习近平文化思想，明确了“七个着力”的要求，其中包括“着力加强国际传播能力建设、促进文明交流互鉴”。这一系列重要思想论述揭示了新形势下展示良好国家形象、加强和改进国际传播工作的重要性和必要性，是新形势下开展中华文化国际传播的重要思想指引。古琴艺术作为唯一入选世界非物质文化遗产名录的中国器乐艺术，承载着历史记忆，延续

着文化血脉，是对外讲好中国故事、传播好中国声音的重要载体。为充分发挥古琴文化对外传播在国家形象建构中的积极作用，结合喻国明提出的信息触达、信息解码、信息认同三个关键性传播节点理论[17]，本文以古琴文化信息触达、信息解码、信息认同传播这三大节点为基本逻辑，分别从加强传统媒体与新媒体协同发展、优化传播内容与形式、强化“受众本位”意识三个方面建构国家形象视域下中国古琴文化对外传播策略。

（一）信息触达：加强传统媒体与新媒体协同发展，形成对外传播合力

信息触达是传播价值实现过程中的首要环节，只有首先解决了“看得到”的问题，后续的信息解码和信息认同等才能深层次发展。[18]要通过古琴文化的对外传播建构中国良好的国家形象，必须善用传统媒体和新媒体的优势，立体化、全方位传播古琴文化，实现最大化的信息触达。

新媒体拥有“短、频、快”的优点，广泛运用新媒体技术，能够让古琴文化不再受时空的限制，实现在网络上高效、海量、多形态的传播。目前，“西强我弱”的传播格局尚未得到根本改变，西方由于意识形态偏见不断打压我国对外传播平台的发展，如一些欧美国家以各种借口关停孔子学院，在一定程度上阻碍了中国文化对外传播进程。与官方主导的文化对外传播相比，民间力量在对外传播中具有形式灵活多样、内容丰富、题材广泛等优势。因此，在古琴文化对外传播的过程中，应该充分发挥民间力量的作用，构建多元协同的传播主体，形成政府主导，企业、社会组织、个人等民间力量分工协作的传播态势。政府和民间力量要合力挖掘新媒体传播平台潜力，针对各平台的传播优势和特

点，打造适合网络传播的、具有话题性的、体现中国传统文化内涵的古琴文化精品，供受众消费和分享，用特有的“中国式音乐语言”传播中国风、中国味、中国情。在我国官方媒体账号等向世界讲好中国故事、传播好中国声音，树立对外传播典范的基础上，应鼓励琴家、学者、古琴协会、琴社等媒体账号入驻国际媒体平台，突破传播主体与内容同质化局限，提升民间力量国际交流的层次和水平，增强非官方账号的国际话语传播力，带动受众积极为我国古琴文化传播内容点赞、评论和转发。例如，自得琴社在海内外新媒体平台收获了大量粉丝，其不失古风又带有逗趣风格的民乐新编作品在微博、哔哩哔哩、优兔（YouTube）等平台获得超过 5000 万点击量，为古琴文化对外传播打开了新思路。[19]

传统媒体在新媒体时代仍然是无可替代的，传统媒体的官方性质使之更具权威性、可信度，因而在释放有利信息、消解公众疑虑时必须依靠报纸、电视等传统媒体的力量。在古琴文化对外传播中，应该加强新媒体和传统媒体之间的融合，充分利用各自的优势，实现优势互补，以建立多渠道的传播模式，加大古琴文化的传播力度。中央电视台自 1992 年至 2009 年相继开办了面向海外观众的中文、英语、西班牙语、法语、阿拉伯语和俄语六个国际频道，要充分利用以央视国际频道为主的对外传播媒介来传播古琴文化，建构良好国家形象。例如，央视中文国际频道大型季播文化节目《遇鉴文明》第一期聚焦中国古琴与西方钢琴，以访谈和现场表演的形式，传递古琴和钢琴互鉴互赏之美。节目播出后收获高度关注，第一季 12 期节目电视端观众总规模突破 3 亿人次，全网跨媒体触达受众达 38. 6 亿人次。[20]

此外，海外中国文化中心、孔子学院等官方文化机构以及琴社、琴家、专家学者等民间力量要积极开展全方位、多层次的海外古琴艺术表演、讲座论坛、学术培训、文物展览等形式的人文交流活动来传播古琴文化。这类活动虽然传播范围相对较小，但传播对象大多在人际传播中较为活跃，可以对大众传播效果产生重要影响。例如，位于曼谷、柏林、巴黎、毛里求斯等地的多个海外中国文化中心和北美琴社、伦敦幽兰琴社、东京琴社等多个海外琴社积极举办古琴音乐会、文化沙龙、雅集、培训、讲座等活动，向世界展示了中国传统文化中最悠久、最具有代表性的人文音乐艺术的新时代风貌，推进了古琴文化的对外交流与传播。孔子学院是推广汉语和传播中国文化的中外人文交流品牌，其学生普遍对汉语和中国文化感兴趣，正是欣赏和学习古琴的最佳群体。应充分利用海外孔子学院传播古琴文化，通过开设古琴课程和举办古琴文化相关讲座、演出、文化节等方式，将孔子学院打造为体验古琴文化的重要基地。

（二）信息解码：优化传播内容与形式，减少对外传播中的“文化折扣”

信息解码是传播价值实现过程中的关键环节。内容产品的形成是一个信息的“编码”过程，相应地，对内容产品的接受与解读则是一个信息的“解码”过程。一个理想的信息解码过程能够最大限度地避免因“文化折扣”与用户的认知偏差而导致的原内容产品的价值耗损以及价值反转（曲解）。[17]64 1988 年，加拿大学者霍斯金斯（Hoskins）和米卢斯（Mirus）首次提出了“文化折扣”（cultural discount）的概念，最初代指国际市场中不同文化背景差异导致的文化产品贬值，如今“文化折扣”可能体现为任何由文化内容、结构等差异造成的理解障碍和价值损耗。[18]8 由于中西方语言、文化和价值观等方面的差异，海外受众在了解、欣赏、学习古琴文化的过程中产生了“文化隔阂”与“文化解码”偏差，这使得古琴文化的对外传播无法收获预期效果。古琴文化的对外传播需要提前考虑到“文化折扣”问题，应优化传播内容与形式，以减少由“文化折扣”所带来的价值损耗，让受众真正“看得懂”古琴文化。

一方面，海内外古琴演奏家和教育家要全面挖掘和梳理传统古琴琴曲资源，推进古琴曲谱打谱工作。据统计，现存的古琴曲中有三千多首是古代流传至今以减字谱记谱法记录下来的曲目，但是由于减字谱对节拍没有具体的记录，因此需要经过打谱方能演奏。打谱是指按照琴谱弹奏出琴曲的过程。五线谱和简谱在世界范围内应用广泛。在对传统琴曲进行打谱整理时，采用五线谱或简谱与古琴减字谱对照的形式，能够避免受众因看不懂古琴减字谱而产生认知偏差。目前，经过打谱能供给琴人演奏与传播的曲目只有百余首。古琴曲《高山》《流水》因取材于“高山流水觅知音”的故事、具有深刻的文化内涵而经常在对外传播中被选为演奏曲目，受到海内外受众的欢迎。接下来应继续深入挖掘传统古琴琴曲资源，推进古琴曲谱打谱工作，丰富古琴内容体系，以推出更多适合对外传播的古琴文化精品。另外，我国古琴文化对外传播内容基本以演奏为主，较少对文化内涵进行阐释与弘扬，因而影响受众全面、深刻地把握古琴文化内核。韩国对跆拳道、日本对空手道的对外传播过程注重道场礼仪文化的传播，它们不仅成为在世界范围内广受欢迎的运动项目，其所体现的文化精髓也逐渐得到了更广泛的认可，成为其起源国文化软实力的一部分。古琴文化的对外传播应借鉴上述经验，在传播古琴基本演奏技法、古琴经典曲目等基础上，对古琴的演奏礼仪和“天人合一”“礼乐文化”“君子之道”等精神文化层面的内容进行传播。

另一方面，要推进古琴文化对外传播内容的创造性转化和创新性发展。“七个着力”是习近平总书记对宣传思想文化工作提出的新要求，包括“着力赓续中华文脉、推动中华优秀传统文化创造性转化和创新性发展”。古琴文化对外传播内容的创造性转化和创新性发展要在萃取对当代社会发展有价值的文化精髓的基础上，赋予其新的时代内涵和现代表达形式，使其再度焕发生机。可以通过文化创意与影视、动漫、游戏、旅游、网络视频等多种产业融合，实现古琴文化多元跨界重构，赋予古琴文化丰富多样的表现形式。例如，在 2022 年央视春晚中，源自宋代名画《千里江山图》的舞蹈诗剧《只此青绿》惊艳全网，其配乐以古琴为主线，以交响乐为辅，二者交织，相辅相成。古琴自带的千年韵味将受众拉进这幅千里江山画卷，在海内外引起热烈反响，优兔平台上多个相关视频的播放量累计达百万次。

（三）信息认同：强化“受众本位”意识，寻找对外传播共性

信息认同是传播价值实现过程中的效应环节，信息认同的前提是实现信息触达与信息解码，即要先“看得到”且“看得懂”，才有可能解决“说与做”的协同问题。对外传播的最终目的是文化认同，传播的触达和解码只能起到基础作用，即实现知识与信息的普及，想达到文化间的互动与认同，则需要激发受众更为复杂的心理过程。[18]11 陈崇山提出：“受众本位则是把受众视为新闻传播活动中的主体，一切新闻传播活动应随受众的意志为转移。传媒则应以最大限度地维护受众的根本利益为出发点，以满足受众获取多方面信息的需要为己任，以提高受众的思想素质、政治素质、道德素质和科学文化素质为目标，全心全意地为受众服

务。”[21]在古琴文化的对外传播中，要强化“受众本位”意识，以受众为中心，在深入分析其传播受众的基础上，针对不同地区、不同类型受众的构成、需要、行为等，构建分众化、区域化古琴文化对外传播策略。

一方面，要精准划分古琴文化对外传播的受众群体，采取分众化表达。古琴文化对外传播的主要对象是喜爱中国传统音乐文化的华侨华人和外国友人。程曼丽分别从受众对传播者的重要程度、态度以及受众行为的发展过程角度，将对外传播受众划分为三种不同类型。一是根据受众对传播者的重要程度，可分为重点受众、次重点受众和一般受众。[22]179古琴文化传播者要将受众中的“意见领袖”视为重点受众，包括喜爱中国文化的政治家、企业家和艺术领域的专家学者等。他们具有较高的威望，可信度高、说服力强，可以引导社会舆论，对其所在地受众的认知与态度产生重要影响。次重点受众是留学生、海外华侨华人等。留学生以“他者”的身份传播古琴文化，能够消除传播者与受众在意识形态和文化背景方面的差异和偏见，更容易获得受众的认同。海外华侨华人在文化上仍然保持着对中华文化的认同，是中外文化交流的重要桥梁，古琴文化的对外传播也在一定程度上满足了海外华侨华人的精神文化需求。在针对海外重点受众和次重点受众传播古琴文化的过程中也会间接影响一般受众。二是根据受众对传播者的态度，可分为顺意受众、逆意受众和中立受众。[22]181《中国国家形象全球调查报告 2019》显示，海外受访民众对中国的整体印象分为 6.3 分，发展中国家对中国形象的好感度较高，得分达 7.2 分，并且呈现持续上升趋势。[11]91发展中国家对中国文化普遍持推崇的态度，尤其可以将目光投向共建“一带一路”国家，这些国家的大部分受众可被视为古琴文化对外传播的顺意受众。而由于意识形态与文化背景差异等，欧美等地区部分民众对中国文化感觉相对陌生甚至排斥，古琴文化对外传播的大部分逆意受众来自这些国家，需要通过长期不懈的努力促使逆意受众转变态度。三是根据受众行为的发展过程，可分为潜在受众、知晓受众和行动受众。[22]184 在古琴文化对外传播中，潜在受众大多是通过互联网接触中国文化或来华旅游的人，具有较强的随机性；知晓受众是愿意主动了解、搜索中国文化的海外受众；行动受众则是已经掌握一定中国文化的外国人，他们是古琴文化的受众，也愿意付诸行动成为古琴文化的传播者，如在中国工作的外籍记者等。古琴文化的对外传播者在高度重视行动受众的同时，也要努力推动潜在受众转变为持有积极态度，固化知晓受众的积极态度并促使其实施行动，这样才能真正提升古琴文化对外传播的效果。此外，可以通过组建科研团队在不同国家进行实地调研，牢牢把握不同国家以及同一国家内部不同受众群体的传播偏好，推进古琴文化的分众化表达，增强其对外传播的针对性。

另一方面，要根据不同区域文化特点有针对性地传播古琴文化，进行区域化表达。政府作为古琴文化对外传播的掌舵人，要不断加强顶层设计和研究布局能力，积极动员文化传播机构、琴社、琴家、专家学者等民间力量，在深入研究受众的心理、文化背景、思维方式、宗教信仰以及受众接收信息的特点及习惯的基础上，对不同国家、不同地区的不同类型受众采取“一国一策”“一区一策”甚至“一人一策”的传播策略，尽力贴近受众已经接受的语言和观念，在内容和形式上找出古琴文化与海外受众之间的最佳契合点。应根据文化圈层特点有针对性地传播古琴文化。如针对朝鲜、韩国、日本、越南和新加坡等儒家文化圈的国家，可重点推介古琴音乐讲求儒家中正平和、宁静致远、“天人合一”的文化内涵；针对共建“一带一路”国家，应重点将古琴文化与丝路主题相结合；针对文化背景差异较大的西方国家，可重点传播普遍性主题如古琴音色悠远沉静、曲韵平和，弹奏时要求手势和坐姿中正平和、优雅含蓄、气定神闲，因而弹琴听琴可使人内外兼修、提升气质、去浮躁、宁心神等。要开展精准化信息推广，吸引不同地区、不同类型的海外受众，以“适销对路”的产品和让受众“喜闻乐见”的形式实现古琴文化的精准传播，以更具吸引力的方式建构国家形象。

此外，在古琴文化对外传播过程中，相关政府部门和文化传播机构可以与国内外具有较强权威性的独立调研机构进行合作，持续关注受众对传播内容的评价、反响，要根据影响传播效果的各种因素，建立并不断完善古琴文化对外传播效果评价指标体系，对受众习惯的信息接收渠道、喜爱的内容及表现形式、审美需求等进行分析和评价。传播效果依其发生的逻辑顺序可以分成三个层面：认知层面、心理态度层面和行动层面[23]，据此可以将古琴文化认知力（知道与否）、古琴文化吸引力（喜爱程度或者感兴趣程度）和古琴文化行为力（有无行为、行为频度、行为量值）三个维度设为一级指标，再依次设置二级指标甚至三级指标及其权重，进行数据采样和内容分析，科学评价古琴文化对外传播效果，为古琴文化对外传播的策略调整提供依据。要充分利用大数据、人工智能等技术实现对传播效果的动态跟踪，了解不同国家、地区受众接收信息渠道习惯的差异，何种传播方式更能实现深度对外传播，受众的情感倾向等信息，然后将信息加以归纳和分析，最终汇总成相应的研究报告，及时提交给政府或相关机构，以便各传播主体及时总结、纠正、反馈信息中的问题，最大限度地保证古琴文化对外传播的最终效果。

四、结语

在世界百年变局加速演进的时代背景下,越来越多的国家把提升文化软实力作为赢得国际竞争的主动战略选择，不断提升中国国家文化软实力和中华文化国际影响力、树立积极正面的中国国家形象迫在眉睫。古琴文化作为建构国家形象的媒介既有其历史传统和历史贡献，也有当代意义和当代使命。古琴文化不单是一种音乐文化，也与中国几千年的历史、文化、哲学、美学、文学等紧密相连，承载着“天人合一”与礼乐思想，这正与我国文明大国、东方大国、负责任大国的国家形象定位相吻合，在国家形象建构中发挥着越来越重要的作用。

本文着眼于传播价值实现过程中的三个关键性环节提出：首先，要形成传统媒体与新媒体之间的协同与接力传播，立体化、全方位传播古琴文化，使信息触达最大化。其次，在推动古琴曲谱打谱工作的基础上，努力实现古琴文化的创造性转化和创新性发展，优化和创新传播内容，用兼具民族性与时代性的表达方式，减少文化符号解码过程中的价值损耗。再次，应坚持以受众为中心，构建分众化、区域化古琴文化对外传播策略，不断建立健全双向反馈互动渠道。最后，在逐步解决“看得到”“看得懂”“互动与反馈”的协同性问题过程中提升古琴文化对外传播效果，从而建构和传播良好的国家形象，促进文化交流和认同，破除壁垒和误读，在世界范围内讲好中国故事、传播好中国声音，从而增强中华文化国际传播力影响力，提升我国国家文化软实力。

注　释

[1]《习近平对宣传思想文化工作作出重要指示》，2023 年 10 月 8 日，https：//

www. gov. cn/yaowen/liebiao/202310/content_6907766. htm，2023 年 10 月 9 日访问。

[2] 管文虎主编：《国家形象论》，电子科技大学出版社 1999 年版，第 23 页。

[3] 习近平：《习近平谈治国理政》第一卷，外文出版社 2018 年版，第 155 页。

[4] 程曼丽、王维佳：《对外传播及其效果研究》，北京大学出版社 2011 年版。

[5] 郭可：《当代对外传播》，复旦大学出版社 2003 年版。

[6] 王艺璇：《中华民族音乐中的古琴艺术探析——评〈非遗语境下的古琴艺术〉》，《科技管理研究》2023 年第 9 期，第 234 页。

[7] 崔华琳：《回归心灵的净土——浅析古琴艺术中的文化内涵》，《黄河之声》2009 年第 24 期，第 121—122 页。

[8] 钟芳芳：《中国古琴东传朝鲜半岛考》，《中国音乐学》2019 年第 2 期，第 27—32 页。

[9] 王媛媛：《古琴艺术的海外传播状况及其意义》，《齐鲁艺苑》2016 年第 4 期，第 14—20 页。

[10] 吕净植：《中国古琴域外传播研究》，《吉林艺术学院学报》2009 年第 1 期，第 12 页。

[11] 于运全、王丹、孙敬鑫：《中国国家形象全球调查分析报告（2019）》，《人民论坛 · 学术前沿》2020 年第 20 期，第 91—92 页。

[12] 乔舒亚 · 库珀 · 雷默等：《中国形象：外国学者眼里的中国》，沈晓雷等译，社会科学文献出版社 2008 年版。

[13] 杨伯峻编著：《春秋左传注（修订本）》，中华书局 1990 年版。

[14] 陈立：《白虎通疏证（全二册）》，中华书局 1994 年版。

[15] 程允基：《诚一堂琴谈》，浙江人民美术出版社 2018 年版。

[16]《习近平出席全国宣传思想工作会议并发表重要讲话》，2018 年 8 月 22 日，https：//www. gov. cn/xinwen/2018-08/22/content_5315723. htm？eqid=9cc2dd0d0002e311000000066486a42a，2023 年 10 月 10 日访问。

[17] 喻国明：《跨文化交流中的三个关键性传播节点——关于减少和消除“文化折扣”的传播学视角》，《新闻与写作》2020 年第 3 期，第 62—65 页。

[18] 周敏、狄心悦、赵秀丽：《中央企业海外网络传播力建设的三个关键节

点》,《对外传播》2022 年第 3 期，第 9 页。
[19] 夏铱、王琳、王露:《跨文化传播视域下国乐类短视频伴随文本的意义生产研究——以 YouTube 自得琴社视频文本为例》,《传播与版权》2021 年第 10 期，第 89—93 页。
[20] 刘一醇:《跨文化比较视域下传统文化类节目的创新之道——以〈遇鉴文明〉为例》,《传媒论坛》2023 第 14 期，第 20—23 页。
[21] 陈崇山:《受众本位论》，社会科学文献出版社 2008 年版。
[22] 程曼丽:《国际传播学教程》，北京大学出版社 2006 年版。
[23] 郭庆光:《传播学教程（第二版)》，中国人民大学出版社 2011 年版。

俄罗斯青年群体数字能力分析*

李　玮　宋佳欣**

摘要：本研究主要通过问卷调查方法，探究了俄罗斯青年群体数字能力的整体水平与影响因素。研究发现，在数字能力的评价体系中，俄罗斯青年群体拥有较高水平的社交媒体使用能力与应用程序操作能力；但其媒介信息处理能力、进阶技能与数字安全意识仍有待提升。在数字能力的影响因素方面，人口统计学因素对俄罗斯青年群体数字能力具有不同程度的影响；俄罗斯青年群体数字能力水平受外部环境因素的影响较小；包括个人创新、个人动机在内的个人因素的影响非常显著。俄罗斯的信息通信技术产业发展速度虽快，但仍受制于投资不足与人才匮乏等问题。此外，俄罗斯各地的互联网接入水平与数字化转型发展差异较大，这也在一定程度上影响了俄罗斯青年群体的数字能力。

关键词：俄罗斯，数字能力，问卷调查，数字化转型

一、研究问题

（一）数字能力与青年群体

近年来，信息与通信技术（information and communications tech-

---

* 本文系北京大学2022年度区域与国别研究学术基金项目“中俄青年群体数字素养比较研究”（项目编号：7101602381）的阶段性研究成果。

** 李玮，系北京大学新媒体研究院副院长、教授、博士生导师；宋佳欣，系北京大学区域与国别研究院博士研究生。

nology, ICT）飞速发展，带动了全球范围内科技、经济、政治、社会领域的深刻变化。在世界大国重视发展新兴技术与数字经济、推进数字化转型的浪潮中，俄罗斯也不甘落后。俄罗斯联邦政府多次强调发展数字经济、建设数字化社会的重要性。作为推动数字经济发展的重要主体，数字公民应具备较高水平的数字能力，适应数字化社会的工作与生活方式。

《2022 网络就绪指数》（*The Network Readiness Index 2022*）显示，俄罗斯的网络就绪指数评分为 59.54 分，在参与排名的 131 个经济体中位列第 40 名[1]；中国的评分为 68.83 分。NRI 从技术、人员、治理、影响 4 个维度入手，综合分析了 ICT 在各国的发展状况。按照 NRI 的评价体系，中国在新兴技术应用、互联网商业、电子政务、经济贡献、生活质量贡献等方面的评分显著高于俄罗斯，而俄罗斯在互联网内容、互联网用户、互联网安全等方面的评分略高于中国（见图 1）。俄罗斯的互联网普及率近几年迅速增长，2022 年，俄罗斯联邦的互联网用户人数约为 1.3 亿，占俄罗斯总人口的 89.0%。[2]

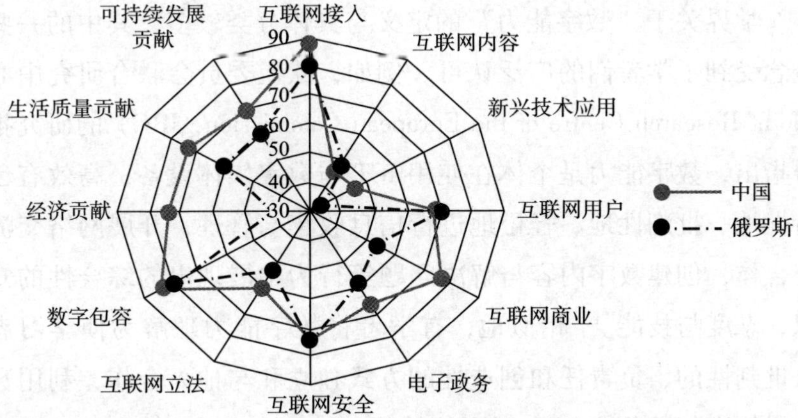

图 1　中俄两国的网络就绪指数差异①

① 数据整理自《2022 网络就绪指数》。

在ICT飞速发展的时代背景下，民众越来越多地使用互联网与数字设备解决生活中的问题。一方面，青年群体能够迅速学习使用新兴技术，通过互联网获取自身所需的信息，成为技术浪潮的引领者。另一方面，在数字互联时代，青年群体的发展现状与特点受到数字技术的巨大影响。本文将研究对象锁定为俄罗斯18—35岁的青年群体，通过问卷调查方法，探究俄罗斯青年群体数字能力的整体水平与影响因素。本研究有助于从运用科技的人的视角理解当代俄罗斯社会的数字化转型。

（二）“数字能力”的概念界定

理解“数字能力”的概念应从“能力”（competence）的定义入手。能力是指在复杂状况下使用的高阶技能或行为，包含知识、技能、态度和战略认知等要素。[3]随着技术的发展与变革，能力的概念范畴增加了以使用ICT为核心的“数字能力”，数字能力包含基本的认知能力，与在此基础上安全熟练地使用ICT完成任务的技术性能力[4]。

学界关于“数字能力”的定义与具体分类较多，其中的一些概念受到了学者们的广泛认可。例如，欧盟委员会联合研究中心（Joint Research Centre of the European Commission，JRC）的研究报告指出，数字能力是个体在使用ICT与数字媒体设备，高效有创造性地、批判性地、轻松地进行信息收集与管理，开展网络交流与合作，创建数字内容与解决问题等行为中展现出的综合性的知识、态度与技能。[5]相似地，有学者将数字能力理解为使学习者以批判性的、负责任和创造性的方式独立和与他人合作，利用数字媒体进行工作和解决问题的技能、知识和态度。[6]该理解强调数字能力的技能层面，指出数字能力包括数字责任、数字通信、数字内容创建与数字信息处理。

“数字能力”的概念与“数字素养”“媒介素养”等密切相关。联合国教育、科学及文化组织（UNESCO）将数字素养定义为通过数字技术安全和适当地访问、管理、理解、整合、交流、评估和创造信息的能力，以促进工作和创业。[7]虽然“数字能力”与“数字素养”的概念极为相近，一些研究甚至还将二者视作同义词或混淆使用，但是根据一些文献梳理可知，“数字能力”强调在具备“数字素养”的基础上，更加熟练地应用数字设备进行信息收集、实现网络交流与合作、解决问题等行为的综合性的能力。[8]此外，关于数字能力与媒介素养的关系，数字能力中包含媒介素养在数字化时代延伸出来的数字媒介信息处理能力。

二、问卷调查的研究方法

（一）调查问卷设计

本研究主要采用问卷调查的研究方法，在借鉴已有成熟量表的基础上编制了调查问卷。根据文献综述与归纳，本研究在微观层面总结了影响数字能力水平的两类因素——外部环境影响因素与个人影响因素。其中，外部环境影响因素主要包括家庭支持、学校支持与同伴支持；个人影响因素则包括个人创新与个人动机。本研究的影响因素模型如图 2 所示：

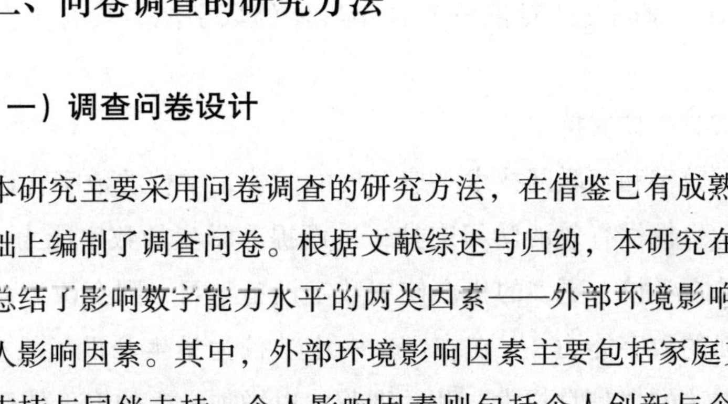

图 2　数字能力影响因素模型图

1. 外部环境影响因素

（1）家庭支持

家庭环境是青年群体成长中最重要的社会环境之一，个体对技术的认知和态度在很大程度上会受到父母的影响。父母不仅可以为子女提供使用ICT的设备与环境，也可以为子女提供技术使用帮助，规范子女的技术使用行为。近些年，儿童接触ICT和数字设备越来越早，家庭支持对儿童数字能力的发展越来越重要。在受教育阶段，青少年逐渐在课堂上频繁使用ICT服务进行学习，社会经济地位较高的家庭往往会为子女提供更好的ICT支持，父母的支持和鼓励可以促进子女更加积极地使用互联网和数字设备。[9]

基于此，本研究提出如下假设H1：

H1：家庭支持对俄罗斯青年群体的数字能力具有正向显著影响。

（2）学校支持

在数字和互联网技术飞速发展的时代，学校的数字化设施可以为学生提供有效的学习支持，进而提升学生的数字能力。[10]学生如若在学校有更多的机会使用数字设备学习，则会认为自己拥有更强的数字能力。[11]在中国，中小学校为学生开设了教授ICT使用方法的“信息技术”相关课程，以增加学生的ICT使用知识和技能。此外，越来越多的教师开始充分将学校的数字化设施服务于教学，在教学过程中积极使用ICT。教师采取传统讲授与使用数字化设备相结合的教学模式，可以正向影响学生利用数字设备查找信息与解决问题的能力，进而提升学生的数字能力。[12]

基于此，本研究提出以下假设H2：

H2：学校支持对俄罗斯青年群体的数字能力具有正向显著影响。

（3）同伴支持

同伴支持也是影响个体数字能力水平的重要因素，“同伴支持”（peer support）是同伴之间一种建立在尊重、责任和相互同意基础上的给予和接受帮助的系统。[13]无论处于求学或工作阶段，青年群体均倾向和年龄相近、共同话题更多的同辈人社交。与互联网和数字设备相关的话题是拉近同辈人社交关系的重要议题，在数字互联时代，基于互联网的有用性和易用性，青年群体对ICT的使用持有更加积极的态度。他们乐于与同辈人分享对于互联网的看法，这些具有说服性的信息在交往过程中潜移默化地促进了同伴对互联网和数字设备的使用。[14]有研究指出，相较于和家庭成员或教师一起使用ICT，同伴之间相互学习和交流ICT的使用知识对提升个体数字能力的影响更加显著。[15]

基于此，本研究提出如下假设H3：

H3：同伴支持对俄罗斯青年群体的数字能力具有正向显著影响。

2. 个人影响因素

（1）个人创新

个人创新（personal innovativeness）是指个体面对技术创新与变革的准备程度[16]，个人创新能够有效减少用户对数字设备与互联网的使用焦虑，从而促使用户形成更加开放的技术使用意愿。随着ICT的不断发展与应用，越来越多的新兴技术涌入了人们的日常生活，带动了社会生活领域一系列的技术变革。个人创新在不同个体间的差异性较大，相较于个人创新程度较低的用户，个人创新程度较高的用户往往表现出更多的对新兴技术的积极性和接受度。[17]有学者通过实证分析指出，个人创新能够直接影响个体的数字能力水平。[18]

基于此，本研究提出如下假设 H4：

H4：个人创新对俄罗斯青年群体的数字能力具有正向显著影响。

（2）个人动机

动机通常可以理解为促进个体采取某种行动的心理驱动力，某种特定的动机可以推动个体为达成计划和目标采取行动[19]，动机会对个体的学习和行为施加影响。戴维斯（Davis）等学者指出，个体的技术使用既受到外部动机的影响，如社会规范，也受到内部动机的激励，如个人的目标和欲望。[20]用户使用互联网主要出于三方面的动机：内容满足（例如收集媒体携带的信息）、过程满足（享受使用技术本身的快乐，例如浏览网站等）与社会满足（利用网络进行更丰富的人际交流）。[21]一些研究聚焦于个人动机与数字能力的相关性指出，个人动机会对个体的数字能力产生显著的正向影响。[22]

基于此，本研究提出以下假设 H5：

H5：个人动机对俄罗斯青年群体的数字能力具有正向显著影响。

（二）调查问卷发放与样本描述

本研究选择在俄罗斯互联网调查平台 Anketalog 发放问卷，按照俄罗斯 8 大联邦管区人口的大致比例，在不同地区发放了相应数量的问卷，共收回有效问卷 1007 份。在样本中，男性占比为 34.46%，女性占比为 65.54%，较符合俄罗斯整体的性别比例。18—23 岁、24—29 岁、30—35 岁与其他年龄段的样本数量分别为 101 人、259 人、595 人、52 人，占总数的 10.03%、25.72%、59.09%和 5.16%。384 人来自百万人口以上的大城市，576 人来自其他城市，47 人来自农村。在受教育程度方面，约 60%的被调查者为大学及以上，约 7.55%的被调查者为普通中学，约 25%的被调查者接受过中等职业教育。在平均月收入水平方面，约 20%的被调查者在 6 万卢布以上，超 30%的被调查者在 3 万—6 万卢布之间，超 40%的被调查者在 3 万卢布以下。在平均每日使用数字设备时长方面，2—4 小时、5—7 小时与 8 小时及以上的被调查者占比均约 30%，另有约 5%的被调查者在 2 小时以下。

三、问卷调查结果分析与解读

（一）俄罗斯青年群体的数字能力水平分析

本研究调查问卷的 15 个题项主要分为基本应用程序操作能力、媒介信息处理能力、社交媒体使用能力、进阶技能与数字安全意识 5 个部分。其中，数值 1—5 代表俄罗斯青年群体对自身数字能力的评估水平，得分越高则数字能力水平越高。俄罗斯青年群体的数字能力平均得分为 3.78 分。数字能力水平较高的群体呈现出女性、来自城市、受教育程度较高、月收入水平高的特点；数字能力水平较低的群体呈现出男性、年龄在 18—23 岁、来自农村、受教育程度较低、月收入水平低的特点。

1. 基本应用程序操作能力

俄罗斯青年群体基本应用程序操作能力部分的得分均值为 3.92 分，基本应用程序操作能力部分包括 3 个题项，分别考察俄罗斯青年群体基本的软件安装与卸载、办公软件使用、网络使用意愿 3 方面的能力。俄罗斯青年群体的 3 项得分均值分别为 3.95 分、4.16 分、3.64 分（见表 1）。俄罗斯青年群体办公软件使用题项的得分均值最高，软件安装与卸载题项的得分均值次之。俄罗斯青年群体网络使用意愿题项的得分均值最低，主要表现为他们在遇到问题时不常通过网络获取帮助或答案。

表1　俄罗斯青年群体的基本应用程序操作能力得分表

	1	2	3	4	5	均值
软件安装与卸载	7.50%	6.10%	15.20%	26.10%	45.10%	3.95
办公软件使用	5.60%	5.80%	10.40%	23.50%	54.70%	4.16
网络使用意愿	5.80%	11.30%	25.60%	27.70%	29.60%	3.64

2. 媒介信息处理能力

俄罗斯青年群体媒介信息处理能力部分的得分均值为3.87分，媒介信息处理能力部分包括4个题项，分别考察了俄罗斯青年群体信息检索方法、信息真伪性判断、信息数据库认知和不同类型信息下载的能力。俄罗斯青年群体信息检索方法与不同类型信息下载2个题项的平均得分很高，信息真伪性判断题项的得分均值为3.96分，信息数据库认知题项的得分均值仅为2.62分（见表2）。数据表明，俄罗斯青年群体的信息检索与信息下载技能较为娴熟，但其信息真伪性判断与信息数据库认知的能力稍显不足。

表2　俄罗斯青年群体的媒介信息处理能力得分表

	1	2	3	4	5	均值
信息检索方法	1.50%	3.00%	7.60%	24.80%	63.10%	4.45
信息真伪性判断	1.60%	4.60%	22.00%	39.70%	32.10%	3.96
信息数据库认知	26.70%	22.40%	24.00%	15.50%	11.30%	2.62
不同类型信息下载	2.10%	2.90%	7.70%	23.90%	63.40%	4.44

3. 社交媒体使用能力

俄罗斯青年群体社交媒体使用能力部分的得分均值为4.06分，社交媒体使用能力部分包括2个题项，分别考察了俄罗斯青年群体数字内容创作和网络交流与互动的能力。俄罗斯青年群体数字内容创作题项的得分均值为4.05分，网络交流与互动题项的得分均值为4.06分（见表3）。总体来看，俄罗斯青年群体的社交媒体使用能力水平整体较高，这可能与青年群体频繁使用多样化的社交媒体软件有关。

表3 俄罗斯青年群体的社交媒体使用能力得分表

	1	2	3	4	5	均值
数字内容创作	5.20%	6.90%	15.00%	23.50%	49.40%	4.05
网络交流与互动	2.60%	7.00%	17.50%	28.00%	45.00%	4.06

4. 进阶技能

俄罗斯青年群体进阶技能部分的得分均值为3.41分，进阶技能部分包括3个题项，分别考察了俄罗斯青年群体的云盘功能使用、电子政务服务使用以及编程能力。俄罗斯青年群体云盘功能使用和电子政务服务使用2个题项的得分均值为4.00分和4.04分，处于较高水平，说明俄罗斯青年群体能够较为熟练地使用云盘和电子政务服务。但俄罗斯青年群体编程能力题项的得分均值仅为2.18分，说明俄罗斯青年群体编程能力方面仍有较大的提升空间（见表4）。

表4 俄罗斯青年群体的进阶技能得分表

	1	2	3	4	5	均值
云盘功能使用	5.40%	7.60%	14.70%	26.60%	45.70%	4.00
电子政务服务使用	4.30%	6.20%	16.90%	27.20%	45.40%	4.04
编程能力	41.70%	22.00%	19.50%	10.30%	6.50%	2.18

5. 数字安全意识

俄罗斯青年群体数字安全意识部分的平均得分为 3.72 分，数字安全意识部分包括 3 个题项，分别考察了俄罗斯青年群体的个人版权意识、隐私防护意识和病毒防护意识。俄罗斯青年群体 3 个题项的得分均值依次为 3.07 分、4.31 分和 3.77 分（见表 5）。通过数据可知，俄罗斯青年群体具有较强的隐私防护意识，但其个人版权意识和病毒防护意识较弱。

表 5　俄罗斯青年群体的数字安全意识得分表

	1	2	3	4	5	均值
个人版权意识	15.70%	16.30%	30.90%	20.10%	17.10%	3.07
隐私防护意识	2.10%	4.00%	11.20%	25.60%	57.10%	4.31
病毒防护意识	5.70%	9.50%	21.40%	29.60%	33.80%	3.77

（二）俄罗斯青年群体数字能力影响因素分析

1. 人口统计学因素对俄罗斯青年群体数字能力的影响

性别、来源地、所在地、受教育程度、月收入水平等人口统计学因素对俄罗斯青年群体数字能力有不同程度的影响。第一，俄罗斯女性青年数字能力平均得分略高于男性。第二，相较于来自农村的青年，来自大城市的青年展现出更高水平的数字能力。第三，在所在地因素方面，俄罗斯乌拉尔联邦管区、西伯利亚联邦管区、北高加索联邦管区、远东联邦管区青年的数字能力平均得分显著低于中央联邦管区、西北联邦管区、南部联邦管区和伏尔加联邦管区。第四，受教育程度越高青年的数字能力水平越高，研究生学历青年群体的数字能力水平显著高于其他群体。第五，在平均月收入方面，6.1 万—8 万卢布青年群体的数字能力平均得分最高，而0—1.5万卢布青年群体的数字能力平均得分最低。

2. 外部环境因素对俄罗斯青年群体数字能力的影响

为分析家庭支持、学校支持、同伴支持因素对俄罗斯青年群体数字能力的影响，本研究采用多元分层回归的分析方法，将样本的性别、年龄、来源地、所在地、个人月收入水平、受教育程度、平均每日使用数字设备时长作为控制变量，分析结果如表6所示。其中，模型1反映了控制变量对因变量数字能力的影响程度，模型2体现了控制变量与外部环境因素变量对因变量数字能力的影响程度。

表6　外部环境因素对俄罗斯青年群体数字能力的影响程度

	模型1	模型2
(常量)	3.714	2.656
性别	0.023	−0.012
年龄	−0.054	−0.049
来源地	−0.004	−0.004
所在地	−0.005	−0.006
个人月收入水平	0.042**	0.039**
受教育程度	0.077**	0.092***
平均每日使用数字设备时长	0.128***	0.124***
家庭支持	—	0.026
学校支持	—	0.188***
同伴支持	—	0.084**
R^2	0.086	0.184
ΔR^2	0.086	0.098
F值	11.709***	20.398***

注：$^{*}p\leqslant0.05$，$^{**}p\leqslant0.01$，$^{***}p\leqslant0.001$。

数据显示，外部环境层面的家庭支持、学校支持、同伴支持能够在18.54%的程度上解释因变量数字能力的变化情况；F值为20.398，在p值小于0.001的水平显著。在此处的影响因素模型中，3个自变量之间不存在多重共线性；家庭支持（$\beta=0.026>0$，$p=0.187>0.05$）不能显著影响数字能力，学校支持（$\beta=0.188>0$，$p=0.000<0.05$）与同伴支持（$\beta=0.084>0$，$p=0.003<0.05$）均对数字能力有显著的正向影响。变量之间有如下的回归方程：

$$数字能力=2.656+0.188\times 学校支持+0.084\times 同伴支持$$

因此，本文提出的假设H1不成立，H2、H3均成立，即在外部环境因素中，学校支持与同伴支持能够正向影响俄罗斯青年群体的数字能力水平。

3. 个人因素对俄罗斯青年群体数字能力的影响

为分析个人创新与个人动机对俄罗斯青年群体数字能力的影响，本研究同样采用多元分层回归的方法，分析结果如表7所示。其中，模型1反映了控制变量对因变量数字能力的影响程度，模型2体现了控制变量与个人因素对因变量数字能力的影响程度。

表7　个人因素对俄罗斯青年群体数字能力的影响程度

	模型1	模型2
（常量）	3.714	2.056
性别	0.023	0.012
年龄	−0.054	−0.055*
来源地	−0.004	−0.017
所在地	−0.005	−0.003
个人月收入水平	0.042**	0.028*
受教育程度	0.077**	0.093***
平均每日使用数字设备时长	0.128***	0.085***

（续表）

	模型 1	模型 2
个人创新	—	0.268***
个人动机	—	0.191***
R^2	0.086	0.293
ΔR^2	0.086	0.207
F 值	11.709***	41.217***

注：$^{*}p\leqslant0.05$，$^{**}p\leqslant0.01$，$^{***}p\leqslant0.001$。

数据显示，个人因素层面的个人创新与个人动机能够在29.3%的程度上解释因变量数字能力的变化情况；F 值为 41.217，在 p 值小于 0.001 的水平显著。在此处的影响因素模型中，2 个自变量之间不存在多重共线性；个人创新（$\beta=0.268>0$，$p=0.000<0.05$）与个人动机（$\beta=0.191>0$，$p=0.000<0.05$）均对数字能力有显著的正向影响。变量之间有如下的回归方程：

$$数字能力=2.056+0.268\times个人创新+0.191\times个人动机$$

因此，本文提出的假设 H4、H5 均成立，即个人创新与个人动机均能够正向影响俄罗斯青年群体的数字能力水平。

四、俄罗斯的互联网与 ICT 发展

上文在微观层面建构了外部环境因素与个人因素对俄罗斯青年数字能力的影响模型，通过数据分析了不同因素对俄罗斯青年群体数字能力的影响程度。然而，青年群体数字能力的影响因素不只局限于此，俄罗斯的互联网接入水平、ICT 产业发展水平、ICT 基础设施发展状况等也应被纳入宏观层面的影响因素。

（一）俄罗斯的ICT 产业发展现状

近几年，俄罗斯的网民规模与互联网普及率迅速增长，ICT 产业在俄罗斯的经济发展中起到更加重要的作用。俄罗斯的 ICT 产业部门分为 ICT 产品批发、ICT 制造业、电信行业、其他 IT 服务业和 IT 行业。2022 年，俄罗斯 ICT 产业大中型企业的货物、工程和服务销售额超 5. 4 万亿卢布。[23] 2022 年，IT 行业的销售额大幅增长，超过 2. 1 万亿卢布，对 ICT 产业贡献最大。

在俄罗斯整个 ICT 产业员工平均数量方面，IT 行业的员工数量最多，占比超 46%；其次是电信行业的员工数量，占比近 30%。在 ICT 产业总销售额行业分布方面，IT 行业的销售额占比超 40%，对整个 ICT 产业的销售额贡献最多；其次为电信行业的销售额，占比近 30%。在 ICT 产业的固定资产投资方面，电信行业的固定资产投资占比最大，超 68%，而 IT 行业的固定资产投资仅占总投资额的 18. 9%。[24] IT 行业为俄罗斯的 ICT 产业发展做出了重要贡献，但该行业的固定资产投资额占比较小（见图 3）。

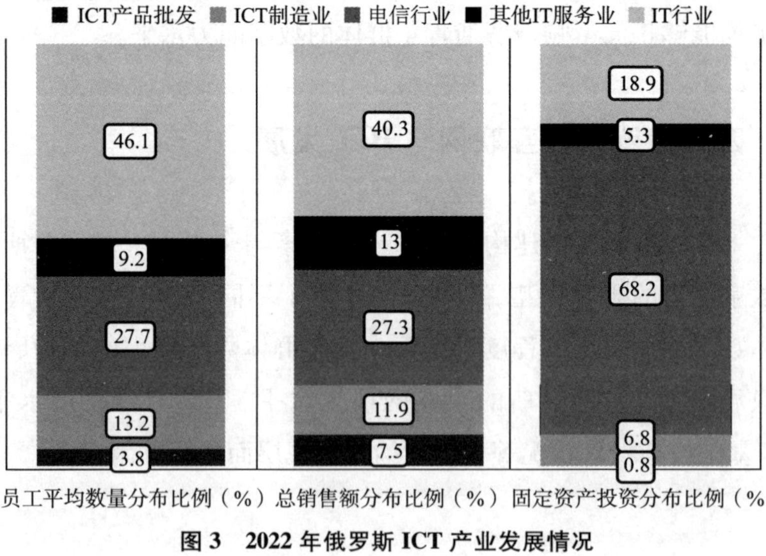

图 3　2022 年俄罗斯 ICT 产业发展情况

2022 年，俄罗斯对 ICT 产业的固定资产投资额为 9100 亿卢布，仅占总固定资产投资额的 4.3%。纵观 2017 年至 2022 年的数据可知，首先，俄罗斯在 ICT 产业方面的投资数额虽不断增加，但该部门的投资额在总固定资产投资中的比重极小，不利于 ICT 技术在俄罗斯的快速发展与转型升级，导致 ICT 产业对俄罗斯国内生产总值的贡献率极低。其次，俄罗斯发展 ICT 产业的人力资源严重不足，ICT 产业的员工数量占各行业员工总数的比例很低（见表 8）。

表 8　2017—2021 年俄罗斯 ICT 产业发展状况

		2017 年	2018 年	2019 年	2020 年	2021 年
ICT 产业员工	员工数量（万人）	110	116	120	124	129
	占当年各行业员工总数比例（%）	2.5	2.6	2.7	2.9	3.0
国内生产总值贡献	ICT 产业国内生产总值（亿卢布）	24 130	25 960	28 600	31 800	37 540
	ICT 产业占国内生产总值比例（%）	2.9	2.8	2.9	3.3	3.2
固定资产投资	ICT 产业投资数额（亿卢布）	4740	6040	7410	8250	9480
	占总固定资产投资比例（%）	3.0	3.4	3.8	4.1	4.1

（二）俄罗斯各地的数字化发展差异

俄罗斯各地的数字化发展水平具有很大差异，这在一定程度上影响了其青年群体的数字能力水平。俄罗斯联邦国家统计局 2023 年发布的数据显示，2022 年，俄罗斯联邦总体的家庭互联网接入比例为 85.5%。近几年，俄罗斯的家庭互联网接入比例增长较为显著，2019 年至 2022 年从 73.6%上升到 85.5%。[25]然而，俄罗斯各个联邦管区之间的互联网接入水平差异较大。在人口较为集中、经济技术发展条件较好的大城市及其相邻地区，互联网接入比例很高，例如莫斯科市、圣彼得堡市、列宁格勒州、图拉州、伏尔加格勒州、车里雅宾斯克州、伊尔库茨克州等。此外，一些地区的互联网接入比例远远低于俄罗斯整体的平均值：例如楚科奇民族自治区（64.4%）、犹太自治州（72.7%）和托木斯克州（73.0%），这些地区有大量偏远居民点和农村人口，基础设施极不发达，互联网接入的成本很高（见表 9）。

表 9　2022 年俄罗斯各联邦管区的互联网接入与使用状况

	家庭互联网接入比例（%）	15—74 岁使用互联网的人口比例（%）	15—74 岁使用网络购物的人口比例（%）	15—74 岁使用电子政务服务的人口比例（%）
俄罗斯联邦	85.5	93.5	53.7	86.6
中央联邦管区	87.0	94.7	61.6	90.5
西北联邦管区	83.5	92.6	59.1	75.9
南部联邦管区	86.9	94.8	51.3	92.1
北高加索联邦管区	87.7	94.4	39.4	76.2
伏尔加联邦管区	83.7	92.9	50.7	89.6
乌拉尔联邦管区	86.1	93.0	55.8	83.2
西伯利亚联邦管区	84.3	91.0	47.6	82.7
远东联邦管区	85.7	93.3	47.4	79.7

在使用网络购物和电子政务服务方面，在经济较为发达、青年群体较多的大城市及其相邻地区，居民会更加积极地使用互联网的在线服务功能。由于物流的便利性，一些大城市带动了邻近

地区电子商务的发展，例如，以莫斯科和叶卡捷琳堡为中心的乌拉尔城市集群、以新西伯利亚为中心的西伯利亚城市集群等。而在远东一些地处偏远、收入水平较低地区，居民很少使用网络购物，他们往往不愿意支付高额的运费。此外，在一些老年人口比重较高的地区（例如梁赞州、奥廖尔州、利佩茨克州、乌里扬诺夫斯克州等），老年群体使用网络在线服务的积极性较低，使用网络购物和电子政务服务的人口比例较低。

“数字成熟度”（цифровая зрелость）是评价俄罗斯各地区数字化转型发展的重要指标，主要用于评估各地区在医疗服务、教育、城市建设、公共交通、城市治理等方面的 ICT 应用水平。俄罗斯联邦数字发展、通信和大众传媒部（Министерство цифрового развития，связи и массовых коммуникаций Российской Федерации）于 2021 年发布了评估俄罗斯各地区数字成熟度的报告，该报告指出，俄罗斯各联邦主体的数字成熟度差异较大[26]。在俄罗斯 85 个联邦主体中，莫斯科市、圣彼得堡市、别尔哥罗德州、下诺夫哥罗德州、鞑靼斯坦共和国等联邦主体的数字成熟度均高于 50%；而达吉斯坦共和国、犹太自治州、印古什共和国、卡尔梅克共和国、鄂木斯克州、斯塔夫罗波尔边疆区、车臣共和国、楚科奇民族自治区等地区的数字成熟度均在 25%以下；其他 60 余个联邦主体的数字成熟度在 25%—50%之间。为此，俄罗斯联邦政府 2021 年要求 84 个联邦主体制定各自在经济、社会领域的数字化转型战略，以提高各地的数字成熟度，缩小各地之间的数字化发展差异。

五、结语

本研究通过问卷调查的方法探究了俄罗斯青年群体数字能力

水平，以及影响青年群体数字能力的不同因素。近几年，俄罗斯社会的数字化转型已成为俄罗斯研究中的重要议题，然而已有研究多从经济与政治的视角展开论述，少有从运用数字技术的人的视角展开分析。因此，研究俄罗斯青年群体数字能力对于了解俄罗斯当代社会的数字化转型具有重要意义。

在影响俄罗斯青年数字能力水平的因素方面，家庭支持对俄罗斯青年群体数字能力无显著影响，学校支持与同伴支持对俄罗斯青年群体数字能力影响程度较小。以个人创新、个人动机为代表的个人因素对俄罗斯青年群体数字能力呈正向显著影响。俄罗斯青年群体学习和使用 ICT 的积极性更多源于个体自身对技术的认知与态度，表现出更多的自发性。

俄罗斯的 ICT 技术与产业的发展仍具有一定的局限性。首先，ICT 产业部门的固定资产投资占投资总额的比重极小，不利于 ICT 产业的快速转型升级，ICT 产业对俄罗斯经济的推动作用非常有限。其次，俄罗斯 ICT 产业的员工数量占各行业员工总数的比重较小，加之俄罗斯国内的 IT 人才紧缺，制约了俄罗斯 ICT 产业的发展。最后，在俄罗斯，上至联邦政府、下至联邦主体一级虽然非常重视发展数字经济、进行数字化转型，但不可否认，俄罗斯各地的 ICT 基础设施发展差异极大，俄罗斯各地的数字不平等在很大程度上影响了青年群体的数字能力水平。

在数字与互联网技术飞速发展的时代，具备较高数字能力的青年能够游刃有余地适应俄罗斯社会的数字化转型。对于俄罗斯而言，不断提升青年群体的数字能力，持续性地加强全民数字素养教育，有利于提升社会的数字包容程度，进而缩小社会的数字鸿沟。

注　释

[1] Portulans Institute, Saïd Business School, "The Network Readiness Index 2022: Benchmarking the Future of the Network Economy," https://networkreadinessindex.org/countries/, 2023 年 7 月 23 日访问。

[2] Kemp, Simon, "Digital 2022: The Russian Federation," 15 February 2022, https://datareportal.com/reports/digital-2022-russian-federation, 2023 年 7 月 25 日访问。

[3] Westera, W., "Competences in Education: A Confusion of Tongues," *Journal of Curriculum Studies*, Vol. 33, No. 1, 2001, pp. 75-88.

[4] Markauskaite, Lina, "Exploring the Structure of Trainee Teachers' ICT Literacy: The Main Components of, and Relationships between, General Cognitive and Technical Capabilities," *Educational Technology Research and Development*, Vol. 55, No. 6, 2007, pp. 547-572.

[5] *Digital Competence in Practice: An Analysis of Frameworks*, Report by the Joint Research Centre of the European Commission, 2012.

[6] Hatlevik, Ove E., Gréta B. Guðmundsdóttir, and Massimo Loi, "Digital Diversity among Upper Secondary Students: A Multilevel Analysis of the Relationship between Cultural Capital, Self-Efficacy, Strategic Use of Information and Digital Competence," *Computers and Education*, Vol. 81, 2015, pp. 345-353.

[7] UNESCO Institute for Statistics, "A Global Framework of Reference on Digital Literacy Skills for Indicator," 19 March 2018, https://uis.unesco.org/en/blog/global-framework-measure-digital-literacy, 2023 年 8 月 1 日访问。

[8] Calvani, Antonio, et al., "Are Young Generations in Secondary School Digitally Competent? A Study on Italian Teenagers," *Computers and Education*, Vol. 58, No. 2, 2012, pp. 797-807.

[9] Vekiri, Ioanna, "Socioeconomic Differences in Elementary Students' ICT Beliefs and Out-of-School Experiences," *Computers and Education*, Vol. 54, No. 4, 2010, pp. 941-950.

[10] Goode, Joanna, "The Digital Identity Divide: How Technology Knowledge Im-

pacts College Students," *New Media & Society*, Vol. 12, No. 3, 2010, pp. 497-513.

[11] *Preparing for Life in a Digital Age: The IEA International Computer and Information Literacy Study International Report*, Report of the International Association for the Evaluation of Educational Achievement (IEA). ISBN 978-3-319-14221-0, ISBN 978-3-319-14222-7 (eBook), 2014.

[12] Aesaert, Koen, et al., "The Contribution of Pupil, Classroom and School Level Characteristics to Primary School Pupils' ICT Competences: A Performance-Based Approach," *Computers and Education*, Vol. 87, 2015, pp. 55-69.

[13] Hameed, Imran, et al., "Impact of Techno Overload on Students' Performance in Technology-Enhanced Learning: The Mitigating Role of Peer Support and ICT Personnel Support," 3 June 2022, https://osf.io/preprints/edarxiv/2rt5f/, 2023 年 8 月 5 日访问。

[14] Zhao, Ling, et al., "What Makes them Happy and Curious Online? An Empirical Study on High School Students' Internet Use from a Self-Determination Theory Perspective," *Computers and Education*, Vol. 56, No. 2, 2011, pp. 346-356.

[15] Verhoeven, Jef C. et al., "ICT Learning Experience and Research Orientation as Predictors of ICT Skills and the ICT Use of University Students," *Education and Information Technologies*, Vol. 21, 2014, pp. 71-103.

[16] Agarwal, Ritu, and Jayesh Prasad, "A Conceptual and Operational Definition of Personal Innovativeness in the Domain of Information Technology," *Information Systems Research*, Vol. 9, No. 2, 1998, pp. 204-215.

[17] Gupta, Kriti P., "Understanding Learners' Completion Intention of Massive Open Online Courses (MOOCs): Role of Personality Traits and Personal Innovativeness," *International Journal of Educational Management*, Vol. 35, No. 4, 2021, pp. 848-865.

[18] Ahmed, Waqas, Habiba Akter, and Jawad Ali, "Crafting the Digital Competence Behavior among Female Students in Developing Countries Context," paper delivered to 2021 International Conference on Innovation and Intelligence for Informat-

ics, Computing, and Technologies (3ICT), September 29-30, 2021 .

[19] Adeyemi, Adeniyi, "Self Concept and Motivation Variables as Correlates of Acquisition of ICT Competence among Social Studies Students of Obafemi Awolowo University, Ile-Ife, Nigeria," *World Journal of Education*, Vol. 4, 2014, pp. 76-82.

[20] Davis, Fred D., Richard P. Bagozzi, and Paul R. Warshaw, "Extrinsic and Intrinsic Motivation to Use Computers in the Workplace," *Journal of Applied Social Psychology*, Vol. 22, No. 14, 1992, pp. 1111-1132.

[21] Stafford, Thomas F., Marla R. Stafford, and Lawrence L. Schkade, "Determining Uses and Gratifications for the Internet," *Decision Sciences*, Vol. 35, No. 2, 2004, pp. 259-288.

[22] Habibi, Akhmad, et al., "Teachers' Digital Technology Access to Motivation, Skills and Use: A Structural Equation Modeling Study," *Aslib Journal of Information Management*, Vol. 73, No. 4, 2021, pp. 543-559.

[23] Коммерсантъ, "ИКТ-сектор остался в плюсе," 12 April 2023, https://www.kommersant.ru/doc/5927258?ysclid=lnind8hdsf489235148, 2023 年 8 月 15 日访问。

[24] Минцифры России, Федеральная служба государственной статистики, Национальный исследовательский университет «Высшая школа экономики», *Цифровая экономика: 2023: краткий статистический сборник*, Москва: НИУ ВШЭ, 2023.

[25] Федеральная служба государственной статистики, "Выборочное федеральное статистическое наблюдением по вопросам использования населением информационных технологий и информационно-телекоммуникационных сетей 2022," https://www.gks.ru/free_doc/new_site/business/it/ikt22/index.html, 2023 年 8 月 20 日访问。

[26] Мария Шувалова, "Цифровая трансформация в России: итоги 2022 года и планы на 2023 год," 30 January 2023, https://www.garant.ru/article/1605871/?ysclid=lk28yyp0xr680333247, 2023 年 8 月 25 日访问。

平台社会与认同传播

▶ 移动终端屏幕方向对短视频分享意愿的影响——心流体验视角

▶ 论平台权力的来源——一种转向“基础设施”的媒介政治社会学路径

移动终端屏幕方向对短视频分享意愿的影响

——心流体验视角*

姚　琦　于怡朗**

摘要： 本文以2022年中央广播电视总台的竖屏“春晚”为研究对象，通过两个实验，验证了移动终端屏幕方向对短视频分享意愿的影响机制及边界条件。本研究发现：与横屏短视频相比，观众更愿意分享竖屏短视频（实验1），心流体验中介了屏幕方向对短视频分享意愿的影响（实验1），弹窗广告（有或无）调节了屏幕方向对观众分享意愿的影响（实验2）。本研究丰富了短视频屏幕呈现方式领域的相关研究，可以为主流媒体和自媒体强化短视频传播效果提供实践指导。

关键词： 竖屏视频，心流体验，SOR理论，媒介可供性，分享意愿

2022年除夕，中央广播电视总台为发挥全媒体融合传播的优

---

* 本文系国家自然科学基金面上项目“消费者对AI机器人使用意愿的影响因素及作用机制研究：‘信用—体验’服务差异视角”（项目批准号：72172021）的研究成果。

** 姚琦，系重庆交通大学经济与管理学院教授、博士、博士生导师；于怡朗（通信作者），系重庆交通大学旅游与传媒学院硕士研究生。

势，首次尝试推出了“竖屏看春晚”。据统计，多达 4.39 亿人次使用智能手机“竖屏看春晚”，30 岁以下观众占比超过了 50%。[1]央视春节联欢晚会（“春晚”）是一种体现国家宏大叙事的主流艺术形态，官方层面的支持对“春晚”的影响力具有间接的推动效果，而在社交媒体时代技术的“新”对于“春晚”的影响力尤其重要。[2]

伴随着移动互联网的飞速进步，智能手机已成为与人们关系最亲密的移动终端，即时通信工具与社交媒体的更迭让人们对智能手机的依赖日渐加深。竖屏短视频是更符合手机用户快餐式、碎片化消费的方式，用户需要便捷的视听方式、急速的信息获取和直观的感官消遣。[3]竖屏视频恰好顺应了手机移动端小巧的特点，既有利于人们在手握手机的同时打字，又能维持网友较长时间的眼神接触。相较于横屏视频，竖屏视频的上述特点更有利于发挥屏幕方向的社群分享功能。

诚如保罗·莱文森（Paul Levinson）所言，从媒介演变本身的逻辑来看，媒介的使用功能势必会逐渐吻合人类感官愉悦的需求，不论其外形设计还是其操作手段，都必定会越发适合人的审美偏好[4]，可以说竖屏“春晚”是“媒介即讯息”的又一鲜活案例。英国一项调研结果显示，53%的机主不喜欢将手机转换到横屏状态，34%的机主会将手机长时间固定在竖屏模式。[5]不仅如此，《今日头条：竖屏广告创意指导手册》的数据显示，竖屏视频广告的点播完成率高达 90%，点击放映率比横屏状态下的高 15%—20%[6]；因为与点击、滑动之类的移动手势相契合，竖屏视频更能提升与用户的互动性[7]；还有数据显示，只有不足 30%的用户会将手机翻转后再观看，这部分用户只会收看约 14%的视频内容[8]。由此看来，竖屏内容已经成为社交媒体时代短视频制作的新动向[9]，亟待学界研究。

目前学术界对屏幕方向的探讨主要集中在三个领域。首先，在符号学的层面对具体的传播内容进行剖析。例如，有学者从多模态隐喻构建[10]、影像符号表意机制[11]、媒体美学[12]等视角出发，分析了横竖屏内容在表意层面的差异。其次，从媒介融合的视域出发来解读主流媒体在竖屏领域的创作策略。[13]最后，从营销的角度出发来研究竖屏短视频广告存在的商业价值，认为竖屏是短视频广告利润增长的最新驱动力，在创收方面有巨大的潜力。[14]

综上所述，尽管当前不少学者关注屏幕方向并进行了各类研究，但采用的主要方法仍囿于描述性概括和思辨式阐释，从心理学的角度出发对屏幕方向的传播形式进行量化研究的文献较为缺乏。在深度媒介化浪潮下，深入探讨网络用户横竖屏视频分享意愿的心理机制具有重要的现实意义。本文认为，目前可以用SOR理论和媒介可供性理论对屏幕方向与用户分享意愿间的关系展开分析，这一关系的建立则受到心流体验的影响，本文将集中分析这一关系，并引入弹窗广告要素作为主效应的调节变量。

一、文献回顾与研究假设

（一）刺激—有机体—反应理论

SOR（stimulus-organism-response）理论即刺激—有机体—反应理论，是现代认知心理学的元理论，该理论最开始多应用于零售环境中影响消费者购买意图的研究。[15]此后，SOR理论被应用到了多个学科领域，如经济学、教育学、市场营销、旅游管理、信息管理系统等。

SOR 理论最初由约翰·沃森（John Watson）提出的“刺激—反应”原理演变而来。20 世纪 70 年代，随着心理学的发展，行为主义学者将人的内心活动考虑在内，学界在原来的模型中增加了一个中介变量 O（organism）。[16]其中，刺激（stimulus）是指个体面对的外部物理环境，机体（organism）是指个人的内心状态，反应（response）是指个人展现出的行为。在 SOR 模型中，刺激通常是自变量，机体是中介变量，反应是因变量。

如今随着媒介技术的发展，学者对于 SOR 理论有了更加深入的研究。从刺激方面来说，赋予用户的刺激环境从以往的真实空间转变为了数字社交场景[17]。从机体来说，伴随着对用户研究的深入开展，单一考量的情感因素渐渐扩大到期望、沉浸、愉悦、专注等心理体验方面。[18]从反馈来说，最开始简单统一的亲近与规避反应逐渐精细化为其他反应，例如再次访问、用户潜水、分享意愿、流失、活跃、点赞、评论等。[19]

以上的研究都表明，SOR 理论在社交媒体领域对解释网络用户的传播动机具有显著效果。一些研究表明，竖屏视频在画面呈现方面具有更强的生动性和更高的唤起度。[20]因此本研究认为，利用 SOR 理论框架来研究网络用户分享竖屏“春晚”短视频的心理动机，在主流媒体大力推动媒介融合的当下具有重要的实践意义。

（二）媒介可供性理论

媒介可供性包括信息生产可供性、社交可供性和移动可供性三个重要组成要素，越“新”的媒介所具有的可供性水平就越高。[21]可供性理论克服了技术决定论和社会建构论二元对立的矛盾[22]，强调了生物体的主观能动性与客观物理环境之间的互动关系[23]。“稳定”是可供性评估框架的重要特点，对“新”“旧”媒介技术都具有较高的整合力度。[24]

詹姆斯·J. 吉布森（James J. Gibson）基于生态心理学的视角率先提出了“可供性”的概念。[25]在传播学领域，对可供性的分类和定义仍处在一个理论化的阶段，在不同的场景和行动中，学者们概括出了不同类型的可供性。[26]例如，施罗克（Schrock）将受众对媒介效用的主观感知与传播技术和客观实践的相互作用归纳为传播可供性[27]；赖斯（Rice）等人通过数据分析发现，普遍性、可编辑性、自我呈现、可搜索性、可见性和感知度是媒介可供性的重要组成部分[28]。

在深度媒介化的背景下，人们的日常生活以及社会结构始终处于再生产（reproduce）和再塑造（reform）的变动中。有学者认为，2022 年央视在新媒体平台首推的竖屏“春晚”不仅彰显了媒体技术融合发展的路径转向，而且转发和分享过程提升了用户的感知可供性。[29]因此，媒介可供性理论有助于本研究从生态学的视角去理解短视频用户、竖屏界面和主流文化之间的人机互动和人际互动。[30]

（三）屏幕方向与分享意愿

“横屏”（horizontal screen）通常采用的是 16∶9 或者 4∶3 的屏幕长宽比，主要是指包括电视、电影在内的主流视频格式[31]。有研究表明，横屏视频属于线性文本，吸引的是观众水平视线的流动[32]，意义相对单一和固定，观众通常不需要过多地参与意义的建构，只需要被动地接受即可。相对而言，竖屏影像的表意与横屏完全相反，主要是利用中国传统竖式山水画散点透视的方法，让观众主动地去建构影像的意义。[33]有学者认为，竖屏视频是一种交互性极强的媒介[34]，观众仅需单手便可以完成分享、滑动、点赞和跳转等操作。此外，观众在观看竖屏内容时的眼动走向常常为垂直视域，这种打破传统横屏收视习惯的方式不仅为图像接收者提供了更自由的空间，而且与横屏相比更容易让用户产生较强的在场感，而在场感能够导致更高的唤起水平[35]，在此基础上可以进一步提高用户的参与程度。而转发视频是用户参与的一种常见表现形式，因此本文假设，相比于横屏视频，竖屏视频更容易激起观众的转发意愿。

有研究表明，相较于横屏广告，竖屏广告更能够提升用户的视觉注意力。[36]此外，竖屏视频更容易凸显人物形象，将受众的注意力持续聚焦在受访者身上[37]，从而产生更大的感染力，提升视频的点击和互动效果。竖屏短视频可以提升媒介灵活性与用户赋能水平，展现媒介场景转向与智能驱动。竖屏短视频可以赋予媒介社交标签和情感属性，从而促进媒介的生产可供性、移动可供性和社交可供性。[24]39 基于以上分析，本研究对屏幕方向与分享意愿建立相关关系，从而构建了影响短视频转发意愿的模型。因此，本次研究提出假设 H1a：

H1a：相较于横屏视频，竖屏视频会对用户分享意愿产生更积极的影响。

（四）心流体验的中介效果

心理学家米哈里·契克森米哈赖（Mihaly Csikszentmihalyi）提出的“心流体验”（flow experience）是指人们在投入一项活动时所获得的一种整体感受，主要包括感知愉悦、专注和感知控制三大维度。[38]有研究表明，以中近景为主的竖屏视频更便于营造面对面交流的氛围，有助于拉近人际距离[39]，进一步提升用户的愉悦感。这种影响的结果在对竖屏视频如何讲好新闻故事的研究中也得到了验证。[40]有研究表明，用户在处于心流体验状态时，将获得愉悦感和满足感。[41]由此可见，竖屏短视频与心流体验之间存在积极的影响关系。此外，有学者认为，竖屏不仅迎合了手机移动端小巧的特点，而且更符合人体的生理结构[42]，同时会给观众带来一种“我即中心”的凝视快感[43]，这些特点有利于增强用户控制感和专注力，进一步提升用户对竖屏视频的心流体验。有研究表明，心流体验感较强的网络用户往往会产生较强的沉浸感[44]，并进一步提高参与程度[45]。对视频进行分享也是参与程度的重要表现，因此，本次研究假设，竖屏视频可以对信息分享意愿产生正向作用，并且心流体验与用户的信息分享意愿之间也存在一定的影响关系。由此推断，心流体验在竖屏短视频对用户信息分享意愿的影响中起中介效应，并提出假设 H1b：

H1b：心流体验中介了屏幕方向（横屏/竖屏）对用户信息分享意愿的影响。

（五）弹窗广告的调节作用

在所有广告格式当中，弹窗广告会让用户产生更强的愤怒感[46]，但消费者对弹窗广告的态度最为消极[47]，因为愉悦感是心流体验的重要组成部分，所以本次研究认为，弹窗广告会对心流体验产生负面影响。此外，有研究发现，弹窗广告会影响用户观看短视频时的专注度，进一步影响心流体验。弹窗广告的出现可以屏蔽页面的原始内容[48]，中断用户的浏览活动，从而削弱用户观看过程中的感知控制[49]，进一步影响心流体验的产生。由此可知，弹窗广告会对用户的心流体验产生消极影响。本次研究认为，用户在观看短视频时的心流体验和分享意愿会受到弹窗广告的不利影响。因此，本研究推测，弹窗广告可能是影响屏幕方向对用户短视频分享意愿的主要边界条件，并提出假设 H2：

H2：弹窗广告（有或无）调节了屏幕方向（横屏/竖屏）对用户视频分享意愿的影响。

H2a：当有弹窗广告时，屏幕方向对用户分享意愿的影响没有显著性差异。

H2b：当无弹窗广告时，相较于横屏视频，竖屏视频会对用户分享意愿产生更积极的影响。

最后，基于上述四个研究假设，本研究构建了一个有调节的中介效应理论模型，参见图 1。

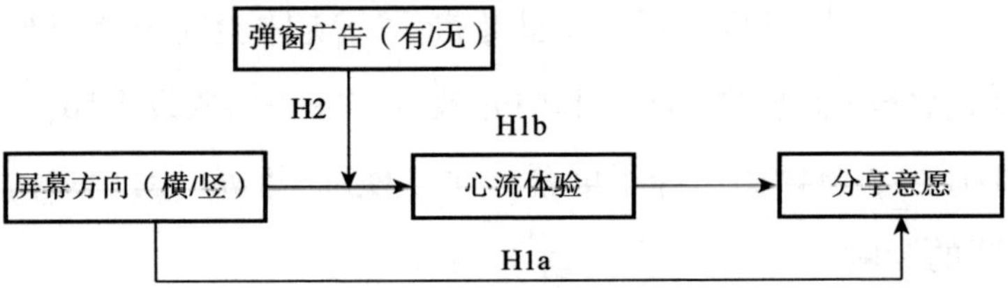

图 1　理论模型

二、数据获取与分析

本研究以2022 年中央电视总台的春节联欢晚会为研究对象，分析的节目分别是《春天的钟声》和《爱在一起》。竖屏短视频下载的渠道是微信视频号，横屏短视频下载的渠道是央视影音 App。本研究利用 Premiere 软件对横屏和竖屏版的《春天的钟声》和《爱在一起》截取了 90 秒左右的片段作为实验刺激物。

(一) 实验1：屏幕方向对分享意愿的影响以及心流体验的中介作用

1. 研究设计与过程

实验1的目的是验证单因素2（屏幕方向：横 vs. 竖）水平对用户分享意愿的影响及心流体验的中介作用。在见数（Credamo）平台招募了120名被试参与本次线上实验，最终有效样本为116份（有4份问卷因未通过注意力检测而被删除），并在实验结束后，向每名被试支付了1元作为实验报酬。其中，女性75人，约占64.65%；被试平均年龄为28.70（SD=6.871）岁，年龄跨度为18—58岁。本研究采取组间实验方式，被试被随机分为两组，分别观看横屏与竖屏版的《春天的钟声》并填写相关问卷。

问卷分为5个部分。第一部分是展示实验刺激物，被试被随机分为两组，各组观看不同屏幕方向的视频，看完视频后填写相关问卷。第二部分是测量个人对"春晚"的喜爱度和对视频中歌手的喜爱度，共两个问项："您是否喜欢看春晚?""您是否喜欢短视频中的歌手?"用李克特7分量表测量被试个人对"春晚"的喜爱度和对歌手的喜爱度，数值越接近7表明喜爱度越高，数值越接近1表明喜爱度越低。第三部分是测量个人的分享意愿，共一个问项："在大年三十的晚上，你在社交媒体上分享这则春晚短视频的可能性有多大?"用李克特7分量表测量被试个人对"春晚"的分享意愿，数值越接近7表明分享意愿越高，数值越接近1表明分享意愿越低。第四部分是测量个人的心流体验，共四个问项，改编自张等的心流体验量表[50]，包括："当观看这则'春晚'短视频时，我会沉浸其中"等题项（$\alpha=0.744$）。数值越接近7表明心流体验越高，数值越接近1表明心流体验越低。第五部分是收集人口统计学信息和致谢。

2. 研究结果与讨论

心流体验。对心流体验进行单因素方差分析（$\alpha=0.744$）发现，屏幕方向对心流体验具有显著性影响［F（1，109）= 12.659，$p=0.001$，partial$\eta^2=0.104$］。对比发现，与横屏短视频（M = 5.0455，SD = 0.98846）相比，竖屏短视频（M = 5.6607，SD = 0.82769）能让用户产生更强的心流体验。屏幕方向对“春晚”喜爱度和歌手喜爱度没有显著影响［F（1，109）= 1.267，$p=0.263$，partial$\eta^2=0.011$；F（1，109）= 2.170，$p=0.144$，partial$\eta^2=0.020$］。

分享意愿。将屏幕方向作为自变量，分享意愿作为因变量，进行单因素方差分析。结果显示，被试对竖屏短视频的分享意愿（M = 5.39，SD = 1.485）高于对横屏短视频的分享意愿（M = 4.47，SD = 1.631），且具有显著差异［F=（1，109）= 9.660，$p=0.002$，partial$\eta^2=0.081$］，即相对于横屏短视频，竖屏短视频能够让被试产生更强的分享意愿。“春晚”喜爱度对被试的短视频分享意愿的影响边际显著［F（1，109）= 11.198，$p=0.001$，partial$\eta^2=0.095$］，歌手喜爱度对被试的短视频分享意愿的影响边际同样显著［F（1，109）= 20.941，$p=0.000$，partial$\eta^2=0.164$］。

中介分析。采用海斯（Hayes）提出的引导式（Bootstrap）方法，借助过程（Process）插件检验中介效应，以屏幕方向为自变量，以心流体验为中介变量，以分享意愿为因变量，选择模型 4（Model 4）和 5000 的样本量进行中介分析。结果表明，屏幕方向对分享意愿的直接效应为 0.3349，95%置信区间 CI：［-0.1830，0.8527］包含 0 值，表明直接效应不显著，而间接效应为 0.5853，95%置信区间 CI：［0.2756，0.9071］不包含 0 值，表明间接效应显著，详见图 2。因此，心流体验在屏幕方向对分享意愿的影响中发挥了完全中介作用。然后，将心流体验替换为“春晚”喜爱度，数据分析结果表明，95%置信区间 CI：［-0.1209，0.4139］包含 0 值，表明“春晚”喜爱度的中介效应不显著，将心流体验替换为歌手喜爱度，数据分析结果表明，95%置信区间 CI：［-0.0702，0.5205］包含 0 值，表明歌手喜爱度的中介效应不显著，即排除了歌手喜爱度和“春晚”喜爱度的替代解释。实验结果支持 H1b。

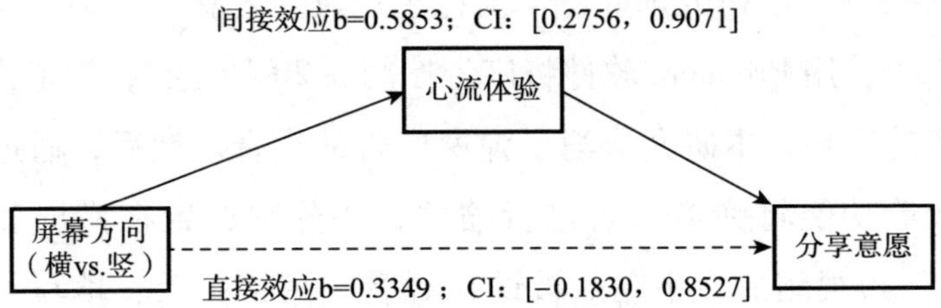

图 2　心流体验的中介作用

实验 1 结果表明，不同屏幕方向对被试用户的短视频分享意愿的影响有显著差异，相较于横屏“春晚”短视频，对竖屏“春晚”短视频的分享意愿更高，因此实验 1 验证了 H1a；与此同时，实验 1 也表明，心流体验在屏幕方向对分享意愿的影响中起到了中介作用，H1b 得到了支持。

（二）实验 2：弹窗广告的调节作用

实验 2 的目的是验证弹窗广告在屏幕方向对分享意愿的影响中起调节作用，以及在有无弹窗广告的条件下心流体验所起的中介作用。

1. 研究设计与过程

实验为 2（屏幕方向：横 vs. 竖）×2（弹窗广告：有 vs. 无）

的组间实验。在见数（Credamo）平台招募了240名被试参与本次线上实验，经过注意力检测筛选，最终有效样本为236份。其中，女性119人，占50.42%；被试平均年龄为27.88（SD=7.507）岁，年龄跨度为18—56岁。实验结束后，向每名被试支付了1元作为实验报酬。

首先，让被试随机观看一则短视频（横屏vs.竖屏），短视频选自《春天的钟声》或《爱在一起》。不同的是，在被试的短视频（横屏vs.竖屏）观看过程中，会随机出现两种情况（有弹窗vs.无弹窗）。本研究选取“洋河蓝色经典梦之蓝”作为实验2的弹窗广告，用Premiere软件将广告控制在20秒左右，为了排除广告声音的影响，本研究取消了弹窗广告的声音。然后，通过等比例缩放等功能将弹窗广告进行缩放，并分别放置在横屏和竖屏“春晚”短视频的左下角。被试在观看完短视频后，填写关于心流体验[①]和分享意愿的相关量表。

2. 研究结果与讨论

心流体验。本研究用方差分析的方式测量被试在2（屏幕方向：横vs.竖）×2（弹窗广告：有vs.无）中的心流体验。结果显示，屏幕方向与弹窗广告的交互效应显著［$F(1, 232) = 5.794$，$p = 0.017$，$\text{partial}\,\eta^2 = 0.024$］。对于没有弹窗广告的短视频，竖屏短视频的心流体验显著强于横屏［$M_{横} = 5.099$，$SD = 0.132$；$M_{竖} = 5.805$，$SD = 0.131$，$F(1, 232) = 14.382$，$p = 0.000$，$\text{partial}\,\eta^2 = 0.058$］。对于有弹窗广告的短视频，竖屏短视频的心流体验与横屏的差异不显著［$M_{横} = 5.004$，$SD = 0.131$；$M_{竖} = 5.079$，

① Ya Ping Chang, and Hong Zhu Dong, “The Role of Perceived Social Capital and Flow Experience in Building Users' Continuance Intention to Social Networking Sites in China,” *Computers in Human Behavior*, Vol. 28, No. 3, 2012, pp. 995-1001.

SD=0.130，F（1，232）=0.165，p=0.685，partialη^2=0.001］。

分享意愿。本研究以屏幕方向和弹窗广告为自变量、以分享意愿为因变量进行方差分析，结果显示（见图3）：屏幕方向的主效应显著［F（1，232）=13.566，p=0.000］；弹窗广告的主效应显著［F（1，232）=7.006，p=0.009］；屏幕方向和弹窗广告的交互作用显著［F（1，232）=4.553，p=0.034，partialη^2=0.019］。对交互作用进行简单效应分析发现：在有弹窗广告的情况下，横屏对分享意愿的影响与竖屏对分享意愿的影响没有显著差异［$M_{横}$=4.576，SD=0.187；$M_{竖}$=4.867，SD=0.186；F（1，232）=1.211，p=0.272，partialη^2=0.005］，实验验证了H2a。相比之下，在没有弹窗广告的情况下，竖屏对分享意愿的影响显著大于横屏对分享意愿的影响［$M_{横}$=4.672，SD=0.189；$M_{竖}$=5.763，SD=0.187；F（1，232）=16.777，p=0.000，partialη^2=0.067］，实验验证了H2b。

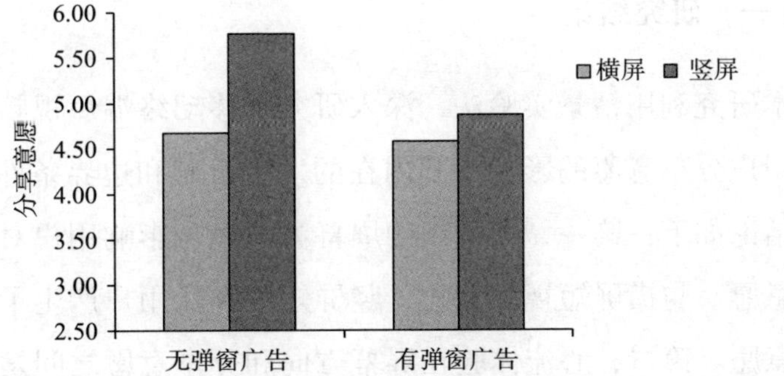

图3　弹窗广告的调节作用

中介分析。本研究采用海斯（Hayes）提出的引导式（Bootstrap）方法，借助过程（Process）插件检验中介效应，以屏幕方向为自变量，以心流体验为中介变量和以分享意愿为因变量，以弹窗广告为调节变量，选择模型7（Model 7）和5000的样本量进行中介分析。结果显示：弹窗广告对中介效应产生了显著的正向影响，95%置信区间 CI：[-1.1792，-0.0997]。具体而言，在没有弹窗广告的情况下，心流体验的中介效应显著（B＝0.7325，CI：[0.3768，1.0771]），在有弹窗广告的时候，心流体验的中介效应不显著（B＝0.0777，CI：[-0.3237，0.4885]），即弹窗广告调节了屏幕方向对分享意愿的影响。

实验 2 结果表明，弹窗广告在屏幕方向对分享意愿的影响中起调节作用。当存在弹窗广告时，屏幕方向对用户分享意愿的影响没有显著性差异，实验验证了 H2a；当不存在弹窗广告时，相较于横屏视频，竖屏视频对用户分享意愿会产生更积极的影响，实验验证了 H2b。

三、结论与讨论

（一）研究结论

本研究利用情景实验法，深入研究了移动终端短视频屏幕方向对用户分享意愿的影响及其内在的发生机制和边界条件。主要研究结论如下：第一，短视频的屏幕方向显著影响用户对内容的分享意愿。与横屏短视频相比，竖屏短视频让用户产生了更强的分享意愿。第二，心流体验在屏幕方向和分享意愿之间发挥了完全中介效应，竖屏短视频的心流体验显著优于横屏。第三，弹窗广告是调节屏幕方向对用户分享意愿影响效应的边界条件。在没有弹窗广告的情况下，竖屏短视频的心流体验和分享意愿显著优于横屏；在有弹窗广告的情况下，横屏和竖屏对分享意愿和心流体验的影响没有显著差异。

（二）理论贡献

第一，基于 SOR 理论模型，本研究推断并证实了屏幕方向与用户分享意愿之间的关系。以往研究发现，在新闻报道和广告中，短视频的屏幕方向会对接收者的视觉轨迹和接收模式产生影响。[51]本研究表明，屏幕方向也会因影响用户心流体验的差异而在对短视频分享意愿的影响方面产生差异，拓展了短视频传播效果领域的相关研究。此外，基于 SOR 理论模型的现有研究较多关注社交媒体中的消费情境，如 Instagram 商店特征对用户消费行为的影响[52]等。而本文认为，竖屏（vs. 横屏）更容易让用户产生心流体验和分享意愿，由此将 SOR 模型的研究情境延伸到了非网络购物情境，启示未来更多“短视频特征对用户的影响”研究应将屏幕方向这一因素纳入理论框架的整体考虑。

第二，本研究为屏幕方向研究领域内“心流体验”的影响提供了新的证据。屏幕方向会导致个体心流体验的差异，而心流体验会中介屏幕方向对用户分享意愿的影响。本研究以 2022 年中央广播电视总台的“春晚”短视频为研究情景，从实证的角度验证了横屏与竖屏对用户心流体验影响的差异，也部分解释了屏幕方向影响用户分享意愿的内在心理机制。

第三，基于媒介可供性理论，本研究打破了媒介技术与用户/社会的二元对立，从生态学的视角出发考察了屏幕方向与用户分享间的动态效应。本研究证明，竖屏的确是一种交互性极强的媒介，用户主动分享竖屏“春晚”的过程体现了信息生产的可供性。研究还发现，竖屏界面更易增强视频内容的感染力，竖屏“春晚”调动了用户与主流文化的情感互动，并进一步彰显了竖屏媒介的社交可供性。此外，竖屏界面既吻合了手机的竖屏设计，又便于用户进行操作，这种独特的界面特征不仅可以增强用户的控制感，而且有助于主流文化的跨场景传播，由此体现了竖屏传播的移动可供性。

第四，本研究提出并证实了弹窗广告的调节作用，为移动终端“屏幕方向影响用户分享意愿”找到了有效的边界条件。以往有关弹窗广告的研究强调，相比于其他类型的广告，弹窗广告被用户评为最具干扰性的广告[53]，并且让用户产生了更强的愤怒感，而这进一步会削弱用户的愉悦感、专注度和控制感。本研究表明，弹窗广告对心流体验具有调节作用，进而降低用户短视频的分享意愿，对弹窗广告的现有研究形成了有益补充。

（三）管理启示

本研究结果对主流媒体的融合发展具有一定的实践参考意义，因此主流媒体在利用短视频进行“跨屏”传播时，无疑需要重点了解用户的观看习惯和视觉偏好。[54]由于竖屏短视频被证实能够显著影响用户的分享意愿，因此采用竖屏的方式来制作和传播短视频，不仅能够增强手机用户的愉悦感、专注度和控制感，而且能够进一步延伸内容本身的吸引力，由此来增强新型主流媒体在虚拟空间中的传播力、影响力、引导力和公信力。

本研究结论对传播者提高传播内容的关注度具有一定的启示作用。在互联网时代，点赞、留言、分享、评论、发送“弹幕”等行为被视为衡量作品质量以及商业价值的重要指标，而这些指标正是竖屏媒介社交可供性、移动可供性和信息生产可供性的体现。当前已有文献指出，竖屏直播的确能够缩小视频博主与手机用户间的距离。[55]因此，在社交媒体领域，机构媒体和自媒体都需要主动适应网络用户竖屏传播的视听习惯，在利用移动终端进行一次创作和二次创作时，要有针对性地采取竖屏形式，进一步使用户对传播内容产生更优的心流体验，以提升视频内容的流量指标。

正如曼诺维奇（Manovich）所言，以报纸、广播、电影和电视为代表的“旧媒介”和旧技术并没有消失，而是在数字化浪潮的背景下被整合到了当前的媒介技术当中。[56]借助竖屏进行内容生产和交互，央视“春晚”等传统主流文化产品的生命活力再次被激活，产品的生命周期得到了更好的延续。竖屏“春晚”拓展了传播渠道，适应了广大年轻用户的视听场景，大小屏融合联动的传播矩阵在重塑主流意识形态呈现方式的同时，也激活了年轻用户对主流价值的参与意识和情感认同。因此，在深度媒介化时代，新型主流媒体要善于借助竖屏等新兴的生产工具来进行信息加工，唯有如此，方能在“去中心化”的潮流下进一步增强主流文化产品和主流意识形态的解释力、凝聚力、感召力和亲和力。

本研究结果表明，对于竖屏短视频用户来说，利用弹窗广告来进行营销的方式是不明智的。因为弹窗广告具有极强的干扰性，在短视频中添加弹窗广告会干扰手机用户的心流体验，进一步阻碍了视频内容本身在社交领域中的二次传播。另外，实验数据同样显示，竖屏短视频在有弹窗的情况下的传播效果仍然优于横屏，因此主流媒体在进行商业化运营时仍须考虑商业广告与屏幕方向的适配性，而对于“春晚”来说，在提升内容质量的同时，也应该充分挖掘“春晚”的商业价值，让用户在欣赏节目的同时接受推送的广告。

（四）研究局限与未来研究

本研究也存在诸多不足之处。例如，与“快手”“抖音”流行的 UGC 竖屏不同，主流媒体的竖屏内容生产更加强调专业性和艺术性[57]，所采用的横竖屏内容均为全屏状态，因此未来有必要对 UGC 生产的内容以及横屏竖内容和竖屏横内容等“非全屏”状态进行实证研究，以更全面地了解不同拍摄条件下短视频屏幕方向在传播效果方面的差异。另外，本研究的因变量为分享意愿，而在社交媒体领域用户参与互动的方式越来越多元，因此未来有必要将横竖屏之间的传播效果直接落实到点赞、评论、“弹幕”等互动方式上，以更为直接地了解不同屏幕方向之间的效果差异。

值得一提的是，竖屏视频并不是横屏视频的替代者和挑战者，两者具有不同的叙事逻辑和表达方式，竖屏视频是横屏视频传播方式的有益补充。因此，今后有必要对横竖屏适应的场景和景别进行深入探讨。另外，本研究采用随机抽样的方式进行数据收集，无法较高程度地代表中国移动短视频用户的整体构成情况，未来研究可重点扩大样本选取量，以期提高样本的代表性。

注　释

[1] 刘阳：《今年春晚获海内外观众和媒体广泛关注》，《人民日报》2022 年 2 月 2 日，第 4 版。

[2] 赵立诺：《技术力量下的剧场新景观——以 2021 年央视春晚为例》，《中国文艺评论》2021 年第 6 期，第 62—73 页。

[3] Xiao, Yani, Lan Wang, and Ping Wang, “Research on the Influence of Content Features of Short Video Marketing on Consumer Purchase Intentions,” 4th International Conference on Modern Management, Education Technology and Social Science, Atlantis Press, October, 2019, pp. 415-422.

[4] Richardson, Ingrid, “Mobile Technosoma: Some Phenomenological Reflections on Itinerant Media Devices,” *Fibreculture Journal*, No. 6, 2005.

[5] Waterhouse, D., "News Corp and Moat Partner to Bring Viewable Vertical Video to Advertisers," Unruly Review, June 20, 2016, https://unruly.co/news/article/2016/06/20/unruly-news-corp-moat-partner-bring-viewable-vertical-video-advertisers.htm, 2023 年 9 月 1 日访问。

[6]《今日头条：竖屏广告创意指导手册》，2018 年 8 月 31 日，http://www.shujuju.cn/lecture/detail/4813，2023 年 9 月 1 日访问。

[7] Bedrina, O., "Your Guide to Vertical Video: The Techniques, Examples, and Ideas to Get Started," Wave.video Review, December 3, 2020, https://wave.video/blog/vertical-video.html, 2023 年 9 月 1 日访问。

[8] Graham, J., "Vertical Video Pays off for Snapchat," USA Today Review, September 23, 2015, http://www.usatoday.com/story/tech/2015/09/23/vertical-video-pays-off-snapchat/72661508.htm, 2023 年 9 月 1 日访问。

[9] 张媛、李福森：《竖屏传播：快手短剧的颠覆与创新》，《未来传播》2021 年第 5 期，第 91—97 页。

[10] 刘丹：《视觉语法视域下竖屏微电影广告的多模态隐喻构建——以华为广告〈悟空〉为例》，《华侨大学学报（哲学社会科学版）》2020 年第 1 期，第 154—160 页。

[11] 张骋：《从"横屏"到"竖屏"：论影像符号表意机制的变革》，《现代传播（中国传媒大学学报）》2022 年第 1 期，第 111—117 页。

[12] Ryan, K. M., "Vertical Video: Rupturing the Aesthetic Paradigm," *Visual Communication*, Vol. 17, No. 2, 2018, pp. 245-261.

[13] 李冰、王如诗：《媒介融合背景下主流媒体的竖屏创作策略研究》，《中国电视》2021 年第 1 期，第 19—22 页。

[14] 常春梅：《竖屏短视频的瓶颈问题及突破路径》，《青年记者》2018 年第 36 期，第 44—45 页。

[15] Lee, Y. Y., and C. L. Gan, "Applications of SOR and Para-Social Interactions (PSI) Towards Impulse Buying: The Malaysian Perspective," *Journal of Marketing Analytics*, Vol. 8, No. 2, 2020, pp. 85-98.

[16] Mehrabian, A., and J. A. Russell, *An Approach to Environmental Psychology*,

The MIT Press, 1974.

[17] Luqman, A., et al., "Empirical Investigation of Facebook Discontinues Usage Intentions Based on SOR Paradigm," *Computers in Human Behavior*, Vol. 70, pp. 544-555.

[18] Judge, T. A., and R. J. Larsen, "Dispositional Affect and Job Satisfaction: A Review and Theoretical Extension," *Organizational Behavior and Human Decision Processes*, Vol. 86, No. 1, 2001, pp. 67-98.

[19] Chang, C. H., S. Shu, and B. King, "Novelty in Theme Park Physical Surroundings: An Application of the Stimulus-Organism-Response Paradigm," *Asia Pacific Journal of Tourism Research*, Vol. 19, No. 6, 2014, pp. 680-699.

[20] 喻国明、杨颖兮：《横竖屏视频传播感知效果的检测模型——从理论原理到分析框架与指标体系》，《新闻界》2019 年第 5 期，第 11—19 页。

[21] 潘忠党、刘于思：《以何为"新"？"新媒体"话语中的权力陷阱与研究者的理论自省——潘忠党教授访谈录》，《新闻与传播评论》2017 年第 1 期，第 2—19 页。

[22] 胡翼青、马新瑶：《作为媒介性的可供性：基于媒介本体论的考察》，《新闻记者》2022 年第 1 期，第 66—76 页。

[23] 蒋俏蕾、陈宗海、张雅迪：《当我们谈论媒介共情时，我们在谈论什么——基于可供性视角的探索与思考》，《新闻与写作》2022 年第 6 期，第 71—85 页。

[24] 喻国明、赵睿：《媒体可供性视角下"四全媒体"产业格局与增长空间》，《学术界》2019 年第 7 期，第 37—44 页。

[25] Gibson, J. J., "The Ecological Approach to the Visual Perception of Pictures," *Leonardo*, Vol. 11, No. 3, 1978, pp. 227-235.

[26] 曾培伦、朱春阳：《可供性框架下县级融媒体中心建设效果评估体系创新》，《新闻与写作》2022 年第 9 期，第 100—110 页。

[27] Schrock, A. R., "Communicative Affordances of Mobile Media: Portability, Availability, Locatability, and Multimediality," *International Journal of Communication*, Vol. 9, 2015, p. 18.

[28] Rice, R. E., et al. "Organizational Media Affordances: Operationalization and Associations with Media Use," *Journal of Communication*, Vol. 67, No. 1, 2017, pp. 106-130.

[29] 吕婷、俞逆思、陈昌凤:《可供性视角下新型主流媒体技术融合的生态发展路径转向》,《中国出版》2022 年第 13 期，第 5—12 页。

[30] 黄淼、黄佩:《媒介可供性视角下短视频电商的实践特征》,《编辑之友》2021 年第 9 期，第 47—53 页。

[31] Sanchez, C. A., and R. J. Branaghan, "Turning to Learn: Screen Orientation and Reasoning with Small Devices," *Computers in Human Behavior*, Vol. 27, No. 2, 2011, pp. 793-797.

[32] Roberts, S., and R. Philip, "The Grammar of Visual Design," *Australasian Journal of Educational Technology*, Vol. 22, No. 2, 2006.

[33] 宿志刚:《竖式观赏的勃兴 短视频竖屏与中国画竖轴共向心理与视听制作研究》,《北京电影学院学报》2018 年第 4 期，第 52—58 页。

[34] 喻国明、杨嘉仪、曹楚:《竖视频广告效果：分析框架与测量指标》,《广告大观（理论版）》2020 年第 2 期，第 4—14 页。

[35] Detenber, B. H., and B. Reeves, "A Bio-Informational Theory of Emotion: Motion and Image Size Effects on Viewers," *Journal of Communication*, Vol. 46, No. 3, 2010, pp. 66-84.

[36] Brasel, S. A., and J. Gips, "Breaking through Fast-Forwarding: Brand Information and Visual Attention," *Journal of Marketing*, Vol. 72, No. 6, 2008, pp. 31-48.

[37] Canella, G., "Video Goes Vertical: Local News Videographers Discuss the Problems and Potential of Vertical Video," *Electronic News*, Vol. 12, No. 2, 2018, pp. 75-93.

[38] Bilgihan, A., "Gen Y Customer Loyalty in Online Shopping: An Integrated Model of Trust, User Experience and Branding," *Computers in Human Behavior*, Vol. 61, 2016, pp. 103-113.

[39] Ryan, K. M., "Vertical Video: Rupturing the Aesthetic Paradigm," *Visual*

Communication, Vol. 17, No. 2, 2018, pp. 245–261.

[40] Manjoo, F., "Vertical Video on the Small Screen," The New York Times Review, August 13, 2015, http://www.nytimes.com/2015/08/13/technology/personaltech/vertical-video-on-the-small-screen-not-a-crime.html, 2023 年 9 月 5 日访问。

[41] Leung, L., "Exploring the Relationship Between Smartphone Activities, Flow Experience, and Boredom in Free Time," *Computers in Human Behavior*, Vol. 103, 2020, pp. 130–139.

[42] Sampath, A., et al., "Assessment of the Effect of Smartphone Usage on the Range of Motion and Fatigability of the Joints and Muscles of the Thumb among Users: A Cross-Sectional Study in Central India," *Cureus*, Vol. 14, No. 3, 2022.

[43] 彭兰：《场景：移动时代媒体的新要素》，《新闻记者》2015 年第 3 期，第 20—27 页。

[44] Michailidis, L., E. Balaguer-Ballester, and X. He, "Flow and Immersion in Video Games: The Aftermath of a Conceptual Challenge," *Frontiers in Psychology*, Vol. 9, 2018, p. 1682.

[45] Rivkin, W., S. Diestel, K. H. Schmidt, "Which Daily Experiences Can Foster Well-Being at Work? A Diary Study on the Interplay between Flow Experiences, Affective Commitment, and Self-Control Demands," *Journal of Occupational Health Psychology*, Vol. 23, No. 1, 2018, p. 99.

[46] Harms, B., T. H. A. Bijmolt, and J. C. Hoekstra, "You Don't Fool me! Consumer Perceptions of Digital Native Advertising and Banner Advertising," *Journal of Media Business Studies*, Vol. 16, No. 4, 2019, pp. 275–294.

[47] Liu, W., X. Liang, and F. Liu, "The Effect of Webpage Complexity and Banner Animation on Banner Effectiveness in a Free Browsing Task," *International Journal of Human-Computer Interaction*, Vol. 35, No. 13, 2019, pp. 1192–1202.

[48] Hsieh, A. Y., et al., "Do not Allow Pop-Up Ads to Appear Too Early: Internet

Users' Browsing Behaviour to Pop-Up Ads," *Behaviour & Information Technology*, Vol. 40, No. 16, 2021, pp. 1796-1805.

[49] Chatterjee, P., "Are Unclicked Ads Wasted? Enduring Effects of Banner and Pop-Up Ad Exposures on Brand Memory and Attitudes," *Journal of Electronic Commerce Research*, Vol. 9, No. 1, 2008.

[50] Chang, Ya Ping, and Dong Hong Zhu, "The Role of Perceived Social Capital and Flow Experience in Building Users' Continuance Intention to Social Networking Sites in China," *Computers in Human Behavior*, Vol. 28, No. 3, 2012, pp. 995-1001.

[51] 闫玉荣、陈梓鑫、刘柯瑾：《用竖视频讲好新闻故事：基于眼动实验的新闻报道呈现方式研究》，《新闻爱好者》2019 年第 5 期，第 84—87 页。

[52] Jayadi, E. I. P., and I. A. Murwani, "The Implementation of SOR Framework (Stimulus, Organism, and Response) in User Behavior Analysis of Instagram Shop Features on Purchase Intention," *Scholars Journal of Engineering and Technology*, Vol. 4, 2022, pp. 42-53.

[53] Kariyawasam, K., and S. Wigley, "Online Shopping, Misleading Advertising and Consumer Protection," *Information & Communications Technology Law*, Vol. 26, No. 2, 2017, pp. 73-89.

[54] Che, L. Y., and C. H. Chen, "A Study on the Cross Screen User Experience of Watching Live Streaming News," paper delivered to International Conference on Human-Computer Interaction, Springer, Cham, 2020, pp. 619-634.

[55] Jing, D. U., and Z. Television, "Research on the Innovation of Vertical Video Communication in the Era of Mobile Media," *Video Engineering*, 2019.

[56] Manovich, L., *The Language of New Media*, MIT Press, 2002.

[57] 陈闽璐、柏涛：《融媒体时代短视频广告的变革与创新——以华为竖屏宣传片〈悟空〉为例》，《传媒》2020 年第 5 期，第 68—69 页。

论平台权力的来源
——一种转向“基础设施”的媒介政治社会学路径*

刘金河**

摘要：平台权力的崛起带来诸多社会挑战，也给传播学提出了新课题。针对平台权力的来源，在传统的以“权力来源于传播”为核心观点的传播学既有理论之外，本文提出了一种转向“基础设施”的媒介政治社会学解释路径，指出了基于基础设施（infrastructure-based）的权力发生逻辑。基于架构性、连接性、跨国性，平台搭建了信息社会、网络社会、全球社会，同时数据和算法使这三个层面的社会融为一体，形成一个完整的数字社会空间。在这个过程中，基础设施赋权完成了微观展开，最终，平台建设者在每一个维度上都获得了对平台的支配能力。基础设施赋权的深层逻辑是当今社会正在发生的一种深刻变化，即数字化和网络化正在改造社会逻辑，呈现出基础设施媒介化趋势，同时媒介本身成为基础设施的一部分，呈现出媒介基础设施化趋势。

---

* 本文是北京大学数字与人文专项课题“面向数字文明的媒介治理理论体系建构研究”（中央高校基本科研业务费）的阶段性成果。感谢北京大学新闻与传播学院硕士研究生杜毓涵和郑博予以及北京大学出版社编辑对文稿的仔细校对。

** 刘金河，系北京大学新闻与传播学院助理教授、研究员、博士生导师。

媒介与基础设施的相互融合是数字时代的整体逻辑之一，由此产生了关于权力形态乃至社会形态变化的后果。

关键词：互联网平台，平台权力，基础设施，媒介化，政治社会学

人类社会已经进入一个平台化生存（platformizational being）的时代。平台已经深深地嵌入了社会结构，在一定程度上接管了社会运行，我们生活在一个平台社会里。[1][2] 在现实立法进程中，大型平台公司被赋予了特殊的法律地位。① 平台作为一种社会现象，除了具有技术属性和遵循经济规律之外，其所承载的社会关系和社会意义需要被审慎地考察和分析。平台是互联网的具象化，是传播在数字时代最重要的出入口之一。私营平台公司往往建造和运营着这些重要的出入口，拥有举世瞩目的权力。这种权力基于传播，但不限于传播，而是在社会基础设施的更深处生成。因此，本文将平台（媒介）放在传播学理论探索的前沿，用交叉学科的方法，尝试用政治学和社会学的理论工具拓展传播学的理论视野，用媒介政治社会学的理论路径探寻平台的权力来源。

一、平台权力来源解释的传播学挑战

在某种程度上，数字社会已经离不开数字歌利亚巨人（digital

① 《中华人民共和国个人信息保护法》第58条规定了平台公司在处理个人信息时的特别义务，欧盟在备受瞩目的《数字服务法》《数字市场法》中专门提出了针对大型平台的“守门人”概念，并设置了专门的监管规则。

Goliath)①，这些数字巨人犹如数字社会的物理支柱，支撑起庞大的数字系统和数字空间，承载了无数人的行为活动。这种对经济和社会的塑造能力同时也是一种社会权力关系塑造能力，权力往往和能力紧密结合在一起，平台也因此承载了权力。一般而言，权力通常是指一个人或集团和机构操控并塑造人们观点和行为的能力。[3]2权力具有多种面相，在韦伯意义上是一种支配能力，在福柯意义上是一种意志规训能力，在约瑟夫·奈的论述里是一种影响力。在微观上，权力是一种对他人的行为和观念的支配能力；在宏观上，权力是一种根据主体偏好塑造社会形态的能力，即拥有权力的主体具有定义社会意义的能力。“平台权力”（platform power）是指平台具有为社会行为体赋权的属性，控制平台的主体拥有极大的社会权力。从另一个角度来说，平台权力也可以理解为平台上聚集了权力。权力聚集带来了原有权力的分散，进而可以产生新的社会权力结构。[4]

在既有传播学理论视野中，权力来源于传播，来源于对信息传播的控制性力量。传播是社会得以形成的前提，对信息传播的控制是权力的一种来源，这是传播学经验学派和批判学派的共同前提。传播学研究围绕传播对现实社会的影响展开，无论是经验学派还是批判学派的研究议题都始终与赋权纠缠在一起。[5]传播是信息的传递，归根到底是意识的传递。意识的传播可以改变人的心智，因此可以塑造观念。掌握传播渠道的人便掌握了权力。这种权力机制集中体现为传播学的功能论和效果论，在大众传媒

① 歌利亚是传说中的著名巨人之一。据《圣经》记载，歌利亚是腓力士将军，带兵进攻以色列军队，他拥有无穷的力量，所有人看到他都退避三舍，不敢应战。布鲁斯·施奈尔在著作《数据与歌利亚》（*Data and Goliath*）中将大公司和政府比喻为操控着人们的数据和隐私的歌利亚巨人。参见 Bruce Schneier, *Data and Goliath: The Hidden Battles to Collect Your Data and Control Your World*, W. W. Norton and Company, 2015。

时代形成了以“第四权力”“第四阶级”和“无冕之王”为代表的媒体权力。传播政治经济学指出，资本经由对传播的控制掌握了权力，形成了剥削性的权力关系。传播政治经济学的解释路径虽然指出了平台权力背后的逻辑，但其特定视角并不足以解释平台引起的社会主体间的复杂权力互动关系，而且往往没有对私有力量的建构意义给予充分的重视。

互联网平台是媒介，同时又远远超越了媒介的传统功能。平台是数字虚拟社会的具象化表达，是对现实生活的复制。在经历了将网络空间与现实空间分开的“数字二元论”之后，人们开始认识到人类变得越来越电子化，随着时间的推移，在线和离线生活相互混杂在一起，这种新的认识论被称为“交互作用论”。[6]内嵌于社会（integral part of society）的属性是平台所具有的影响更为深远的特性[1]，因此，探寻平台上所聚集的权力来源必须将平台（媒介）放回到社会本身。

传统传播学在大众传播时代中产生和发展，在数字传播时代需要进一步丰富，特别是需要进一步开拓对信息技术的底层逻辑的解释。格雷厄姆·默多克（Graham Murdock）指出，现有媒体和传播研究所创造的“学术议程”在很大程度上忽视了当代通信系统的物质基础，权力的物质基础同样需要被考察。[7]平台不仅是一个信息传播系统，也是一个经济社会系统。从更深层次来看，平台权力的根本来源是对基础设施系统的拥有和对其运行过程的控制。

二、转向“基础设施”的媒介政治社会学路径

权力关系被嵌入空间和时间的社会建构，同时受到社会特征形成的所在时空的限制。[8]工业时代，社会基础设施往往由政府

建设和运营，但与此不同的是，数字时代，网络空间的基础架构基本上由商业力量建构。互联网治理资深学者劳拉·德拉迪斯（Laura DeNardis）等人认为，互联网治理需要将焦点从“治理基础设施”转向“经由基础设施治理”（governance *by* Internet infrastructure rather than governance *of* Internet infrastructure），并呼吁一种“转向基础设施”（turning to infrastructure）的研究视角。[9] 对平台权力发生基础的理解同样要求我们转换视角，探寻基础设施生成权力的总体逻辑和微观机制。

媒介历史与新闻传播学科的演变过程显示了媒介对于重组传播和社会关系、引发学科和学术研究的变动，起着根本性的作用。[10] 将媒介而不仅仅是内容作为传播学研究的核心是数字时代传播研究的重要拓展。传播学研究一方面需要有自己的身份定位，但另一方面又要将自己的分析置于更广阔的社会背景之下。[11] 传播学的理论视野需要由传统范式进一步拓展到新的路径，媒介政治社会学是一个重要的创新方向。政治社会学在方法论上假定政治现象的本质是社会性的，同时社会现象亦具有政治性意义，其核心议题讨论的是权力和权威的社会性来源。[12] 媒介政治社会学关注媒介中所蕴含的政治和社会因素，即以媒介为对象，分析其所蕴含的权力关系和治理安排，并在社会结构中探索媒介现象背后的因果关系。

社交媒体已经深刻地影响了社会的组织和公众的形成方式，甚至被认为是一种新的基础设施①。推特联合创始人埃文·威廉

① 早在 2015 年，在学术期刊《社交媒体+社会》（*Social Media+Society*）的专题“社交媒体与公共空间”的序言中，重要的平台研究者何塞·范·戴克（José van Dijck）和托马斯·普尔（Thomas Poell）就认为，社交媒体已经是一种新的基础设施，并指出学术界正在追踪的是一种重要的变化：社交媒体已经对社会进行了全面渗透，社会文化活动与社会平台的技术商业基础深深地交织在一起。参见 José van Dijck, and Thomas Poell, “Social Media and the Transformation of Public Space,” *Social Media + Society*, Vol. 1, No. 2, 2015。

姆斯（Evan Williams）曾接受英国广播公司采访称：“推特将成为人们与政府互动的基础部分，而且无论是从各种其所关注的机构组织，还是从本地咖啡馆到政府或者从政客到家庭和朋友，这将是人们获得个性化的、定制的信息的基本方式。”[13]他所描述的是一种信息社会的基础设施，是数字生活不可或缺的一部分。事实上，互联网平台是一种基础设施并非一个不言自明的结论①，但平台正以一种基础设施的逻辑对社会产生持续影响是一个愈发明确的事实。“基础设施”意味着对社会发展的重要性，这个词本身蕴含强烈的社会性和政治性，在用以形容平台的时候更是直接指向了其内在的社会属性和政治属性。

那么何为“基础设施”以及何为“基础设施的逻辑”？“基础设施”（infrastructure）一词起源于西方语境，最初是指作为军事设施的机场。《大英百科全书》对“基础设施”的定义是，一个国家、地区或者组织正常运行所需的基本设备和架构（如公路、桥梁）。[14]此时，基础设施指向的是支撑人类社会的底层物质。“基础设施”一词首先指的是人类组织和活动所必需的大量材料，如建筑物、道路、桥梁和通信网络。[15]在传统观点中，基础设施主要是指为社会生产和居民生活提供公共服务的工程设施，是用于保证国家或地区社会经济活动正常进行的公共服务系统，是社会赖以生存发展的物质基础条件。作为重要的概念，“基础设施”中存在两个维度的理解。世界银行在1994年的《世界发展报告》中，首次对“经济基础设施”与“社会基础设施”做了明确的区分，但是基础设施往往首先被理解为经济性的基础系统，考虑的是经济效应。[16]

---

① 基础设施运营者的法律责任和义务往往高于一般主体，因此在立法和公共政策层面，目前将商业平台直接认定为基础设施是一个需要慎重对待的问题。

从发展历史来看，基础设施是一种逐渐普及的思维逻辑，特别是从对经济基础设施的强调转向了对社会基础设施的强调。[17] 从经济基础设施到信息基础设施①，再到新型基础设施②，“基础设施”的概念弥散在社会各个领域。传统基础设施主要包括铁路、公路、机场、港口、水利设施等建设项目，是国民经济的基础，往往被简称为“铁公鸡”，而当前处于政策焦点的新型基础设施则包括以5G、数据中心、人工智能、工业互联网、物联网为代表的新型基础设施，主要是指信息数字化的基础设施。正在兴起的云计算技术里的基础设施即服务（infrastructure as a service，IaaS）更直接地体现了基础设施的逻辑：把IT基础设施作为一种服务通过网络对外提供，并根据用户对资源的实际使用量或占用量进行计费的一种服务模式。无论是经济性的还是社会性的基础设施的核心要素都在于支撑性和不可或缺性，这构成了社会正常运行的基础。但基础设施并不必然是公共物品（utility），其所有权和运营权也可能由私营企业所掌握，乃为私人财产。甚至从经验来看，世界上实行市场经济的国家的基础设施主要由私营企业建造和运营。

在哲学意义上，基础设施是为促进货物、人员或思想的流动并允许它们在空间中交换而建立的网络。以物理形式，它们塑造了网络的性质、移动的速度和方向、时间性以及易崩溃性。它们

① 《网络安全法》中首次明确了关键信息基础设施的原则性范围：“公共通信和信息服务、能源、交通、水利、金融、公共服务、电子政务等重要行业和领域，以及其他一旦遭到破坏、丧失功能或者数据泄露，可能严重危害国家安全、国计民生、公共利益的”网络设施和信息系统。此后，《关键信息基础设施安全保护条例》也采用了同样的定义。

② 2018年12月19—21日，中央经济工作会议在北京举行，会议重新定义了基础设施建设，把5G、人工智能、工业互联网、物联网定义为“新型基础设施建设”。2020年4月20日，国家发改委将新基建进一步划分为信息基础设施、融合基础设施和创新基础设施三类。参见 https：//www. ndrc. gov. cn/fzggw/jgsj/gjss/sjdt/202111/t20211129_1305567_ext. html，2023年9月15日访问。

构成了流通的架构，实际上提供了现代社会的基础，并创造了日常生活的环境。直到最近，人类学对基础设施几乎没有什么可说的，但在过去的十年里，该学科的新的知识方向开始把基础设施问题放在中心位置。[18]

从平台现象的底层逻辑出发才能准确理解当前平台垄断和失序等治理困境，基础设施逻辑就是一种重要的视角和进路。本文强调了媒介研究的物质性向度，提出了一种“基于基础设施”的赋权逻辑，即数字社会的权力经由控制社会基础设施对使用基础设施的人具有直接的支配能力，同时对整个社会具有某种支配性的影响力。由此，一种以基础设施为对象、以权力来源为分析客体的政治社会学解释路径便逐渐清晰起来。媒介政治社会学解释路径的意义在于，在巨大的社会变革过程中发现和分析媒介—权力的复杂互动关系，并建构出面向新变革的理论体系。

三、基础设施赋权的微观展开

在媒介政治社会学的视野里，媒介与权力之间的互动关系具有核心地位。平台层作为互联网架构的特殊层级，在网络空间中处于承上启下的位置，对底层代码技术来说是一种显现化表达，对上层社会应用来说是一种物理性承载基础。[19]这种特殊的技术结构决定了平台所承担的网络空间的基础设施角色，它也就因此具有了赋权属性。具体来说，平台上，在搭建数字社会空间的过程中，信息社会、网络社会、全球社会三个层面也被同时建构，这三个社会的底层逻辑分别是架构性、连接性、跨国性，由此形成了基础设施的三个微观逻辑。

在实践经验中，平台搭建者同时就是平台拥有者。平台拥有者——私有企业同时也拥有海量数据，因此通过算法将上述三个社会融为一体。在每一个维度上，平台拥有者都有对平台上行为者的支配能力。这就是平台权力来源于基础设施的微观机制，本文将其总结为三横一纵的权力生成结构（见图 1）。下文将进一步打开这个机制的内部结构，呈现每一层的发生逻辑以及互相之间的联系是如何构成一个动力整体的。

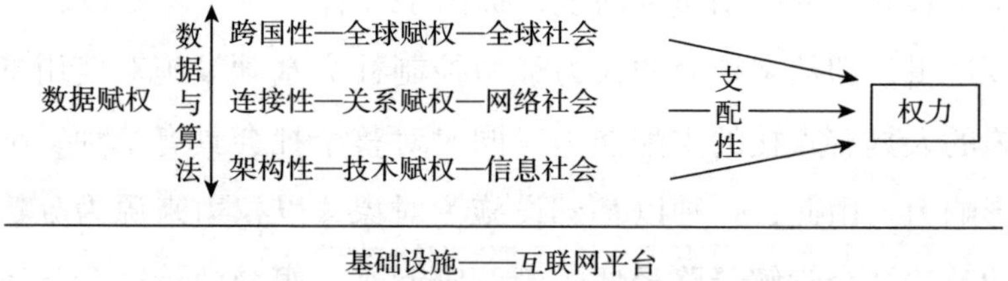

图 1　平台权力来源的发生机制

（一）技术赋权：平台建构信息社会

互联网平台是人们在网络空间中实现行为的直接载体，或者可以理解为操作界面，也就是底层信息技术的具象化。因此，作为互联网的显现，平台是社会互动行为最为直接的承载体之一，是社会关系的直接匹配者（matchmaker）。[20] 互联网平台拥有者搭建起了网络空间的基本结构，它是一种技术架构，就像现实社会中的房屋建筑、水电路桥设施一样，让网络空间具有了可感知、可承载的实体。因此，平台拥有者通过技术搭建起了数字空间，为数字社会提供了物理信息架构，形成信息社会。这种技术架构能力也成了平台建设者权力的基础，即技术可为平台建设者赋权。同时有学者进一步提出，信息技术及其催生的网络已经形成了一种新的权力形式，即元创权力（meta-power），是指信息技术制造出新的行为体并制造出新的议题和新的利益。[21] 从这个意义上讲，技术能力创造了权力，是平台权力的最基本来源。

技术赋权在技术与社会的语境下强调技术对社会关系的影响。从哲学意义上讲，技术与社会的关系呈现出复杂的交缠特征，技术与社会的关系是一种共同进化关系①。从务实角度分析，并非技术决定社会，而是技术具化了社会，也并非社会决定技术发明，而是社会利用技术。[22]6这里我们所关注的是技术对社会行为体中私营部门进行的赋权。对平台来说，这种技术是指传播意义上的媒介技术。

（二）关系赋权：平台建构网络社会

权力是对行为和观念的支配。那么编织网络的人便有了对行为和观念进行干预和支配的可能性。② 权力生成于网络编织者，而这种网络编织者就是平台拥有者。平台的核心功能是提供人与人的连接。这种连接形成了在线人际关系，进而形成了网络空间的关系网，也成就了现实社会关系网的重现，甚至进一步加深和拓展了这张网。平台拥有者通过信息技术搭建起基本架构，在这种架构的数字社会，提供了人与人的连接，通过编织人际关系网引导行为和塑造观念，进而实现对权力的支配。这个过程的核心

① 著名科技思想家凯文·凯利（Kevin Kelly）在其著作《失控》《科技想要什么》中提出了著名的观点：科技系统具有自我意识，是客观世界的“第七生命王国”。在考察了科技演变的浩瀚历史和科技内部的自我组织机制之后，凯文·凯利最后给出这样一幅图景：科技正将所有生物的思维缝合在一起，技术元素与生物界交织、缠绕，共同进化。参见凯文·凯利：《失控》，东西网编译，新星出版社2011年版；凯文·凯利：《科技想要什么》，熊祥译，中信出版社2011年版。

② 这种逻辑是技术赋权在社会关系层面上的延伸。掌握技术的人控制了传播渠道，而掌握传播的人便有机会影响人们的心智。这种逻辑的依据一方面来源于心理学的研究，即传播通过激活心理来分享意义；一方面来源于传播学的研究，主要体现为传播效果研究成果中的有限效果论的说服、使用与满足以及宏观效果论的议程设置和框架理论，等等。关于心理学中传播与权力的研究，参见卡斯特：《传播力（新版）》，汤景泰译，社会科学文献出版社2018年版，第三章“心理与权力网络”。

是“关系网”的实现，权力来源于关系网的编织。因此，本文将这种赋权机制描述为关系赋权。

社会网学派的先驱巴里·威尔曼（Barry Wellman）曾提出论断：“互联网即社会网。”[23]从人际关系角度看，互联网是让人际关系网络化的新工具。在一个个互不搭理的“低头族”低头的时候，他们的人际关系不是被“原子化”了，而是在另一个虚拟空间中被串联成了社交网络，并结合成了网络社群。[24]5年轻一代受众甚至被称为“C一代”，C代表“connection”，即“连接起来的一代受众”。[25]这种社会关系网络化的能量在Web 2.0时代得到了极大的释放。Web 2.0技术最核心的特征在于提供了交互式的交流方式，人与人之间的连接得到了最大化的实现。Web2.0技术使得互联网的基本单元从过去承载内容的网页演变成连接关系的个体，也就是人的连接，“关系”成为重要的生产力。[26]这里的“连接”指的是社会性连接，也就是中国人所说的“关系”，而非物理性连接，这正是信息社会的本质。[24]

关系是一种资源，社会网是一种工具。在社会关系结构网中处于有利位置的人将获得更多的社会资源和更优的社会地位，因此处于这种有利地位的关系网络编织者也就拥有了更强的能力。互联网平台让传播回归个体价值层面的最大意义在于关系的建构。[27]这种建构使得平台社会呈现为一个网络化社会的样态，而平台拥有者处于其中非常关键的核心节点。由此，关系作为一种权力的来源，赋予编织社会网的平台公司以极大的支配能力。

（三）全球化赋权：平台建构全球社会

全球化赋权是指，全球化带来了权力转移，其中一个重要的转移方向是从主权国家转移到了跨国公司。这种权力转移的机制是，在无政府状态的国际社会中，跨国性带来了统治的权力真空。私营企业承担了跨国数字基础设施的建设任务，进入了这种权力真空地带，表现为对全球社群（global community）进行打造和对全球规范进行定义的能力。在没有最高权威的情况下，从某种意义上讲，没有比这种跨国公司的权力更具有可操作性的了。跨国性让平台权力得以顺利穿透国境并增强了其效力。[4]

跨国企业运营着全球生产网络，掌握着这种网络权力。在全球化形成过程和劳动力的国际分工中，跨国公司处于经济全球化的核心。世界贸易组织发布的报告显示，2014 年世界贸易总量的五分之四是通过跨国公司进行的。[28]当生产结构发生变化时，社会权力也随之发生变化。当各国的生产结构不再牢牢处于各国政府的主要控制之下时，跨国公司获得的权力正在增加。[29]这种权力变化中很重要的一个因素是信息技术带来的革命性影响。[30]信息技术让全球网络社会得以形成，而“网络企业”是最适应这种全球性信息经济的组织形式，并形成了广泛而强大的全球力量。[22]214-215在全球化的语境里，“网络”是指某一群体以特定的形式组织起来以便相互识别，依此进行货物或思想交流，从而达到全球协调性的标准。跨国公司那种能够让大家遵从并依赖全球协调性标准的能力本质上是一种对全球性规范的塑造能力。从经济到规范，跨国公司在全球化浪潮下成为全球权力的重要主体成员。

早在 20 世纪 70 年代初，著名的跨国公司问题专家雷蒙德·弗农（Raymond Vernon）便断言，跨国公司在世界性生产结构中的地位对国家主权构成巨大威胁，跨国公司的挑战使国家主权的作用日渐式微。[31]事实证明，这种威胁逐渐转化为现实，跨国公司获得的权力是实实在在的，甚至在全球很多地区逐渐发挥了“影子政权”的功能。[32]总的来说，我们应该拒绝过早地宣布民族国家即将终结，同时也要承认，民族国家已经越来越难以履行它的一些传统功能。

（四）数据赋权：数据与算法作为工具

平台公司通过信息技术架构起数字空间，通过编织关系网实现了对行为和观念的塑造，通过全球化获得了跨国治理的权力。打通这三个看似相互独立的层面的是海量的数据流。平台公司正是凭借对数据的掌握和对算法的使用，才完成了权力从上到下的贯穿。数据是权力结构的基础，按照尤瓦尔·赫拉利（Yuval Harari）的观察，人类政治结构归根到底是数据处理系统，处理数据的方式直接决定着政治制度。[33]数字时代，生产方式转向数据驱动，社会组织方式也逐渐数据化。数字空间中每一个行为、每一条信息都在被数据化，进而也对人完成了比特化。平台公司拥有海量数据，通过算法实现对平台上的人的引导与规制。由此，数据是一种权力来源，通过算法可实现权力运作，故被称为数据赋权。

免费模式往往是互联网公司的商业模式，是一种典型的注意力经济。[34]社交网络中受众的信息变成了一种更加高级的可以被买卖的产品，精准推送背后的逻辑是对用户隐私数据的二次售卖，大数据技术使得网民置身于一个“全景敞视”的数字监狱中。[35]用户用自己的注意力交换各种各样的互联网服务，这种交易就是通过数据完成的。2013 年，曾任谷歌 CEO 的埃里克·施密特（Eric Schmidt）在著作《新数字时代》中描述：数据作为一种革命性的力量，能够创造出无限的收益。[36]用户帮助互联网战胜了传统利益群体，同时也将自己牢牢捆绑在新经济的机器上，通过集体行为像农民一样不断为领主生产粮食，或者更不恰当地，像蜜蜂一样不断为养蜂人生产蜂蜜。[37]有学者将这种情景比喻为封建领主和农奴的关系，用户（农奴）在互联网平台（封建领主的土地）上源源不断地生产数据以供售卖。[38]数据因为这种私人占有关系变成了数字资本，而数字资本为数字资本家在今天赢得了巨大的权力，让他们成了数字资本主义社会呼风唤雨的英雄。[39]

早在 1945 年，弗里德里希·哈耶克（Friedrich Hayek）在《知识在社会中的运用》里充满睿智地提醒：我们不断地利用我们不理解的公式、符号和规则，以使我们能够得到那些我们个人所未掌握的知识的帮助。[40]如今，技术的极大发展让这种知识不再是人类所需要掌握的知识，而是机器要掌握的知识，在当下往往归拢于“算法”。人们利用那些不理解的算法，获得了想要的东西。

四、基础设施赋权的底层逻辑

基础设施为平台赋权并不是一个孤立事件，其底层逻辑蕴含于社会形态正在发生的总体变化之中。当前世界各国忙碌于为数字媒介制定各类越发细致的法律规则，但是人们对数字媒介底层的政治社会逻辑的认识却不够充分，而理论家必须关注到现象背后的整体逻辑。媒介正给当今社会带来一场深刻的改造，即数字化和网络化正在改变社会运行逻辑。基础设施越来越依赖数字技术，呈现出基础设施媒介化趋势。同时，媒介本身正超出原来的信息传播系统，成为全面支撑社会运营的基础设施，呈现出媒介基础设施化趋势。从传统基建到新基建就是典型的例子，媒介正在进入其他系统，包括经济系统、生活系统乃至政治系统。

媒介与基础设施的相互融合是数字时代的整体逻辑之一，由此造成了关于权力乃至社会形态变化的现实后果。媒介越来越成为重要的社会基础设施，而社会基础设施越来越呈现为媒介逻辑。互联网平台是数字时代主流的媒介形态，其所引发的平台权力现象的底层逻辑在于媒介—基础设施双向强化，即媒介基础设施化和基础设施媒介化（infrastructuralization of medium and mediatization of infrastructure）。在二者双向融合的过程中，平台越来越走向社会权力集散中心的地位，对社会权力的分配起着越来越核心的作用。

这里的“媒介”是狭义上的“媒介”（medium），即以信息传播为目的的物质系统，而非广义上的“中介性”（mediation）。媒介逻辑的核心在于承载信息的传递，在数字时代主要体现为以数据流动为载体，实现数字化信息的传递。基础设施媒介化可以理解为，社会经济的基础设施高度依赖信息—数据的流动，进而逐渐演变为整个社会的信息传递和处理系统。传统的基础设施系统也在数据化、计算化，在物联网、人工智能等数字技术的改造下越来越具有信息媒介属性。另外，正如前文所分析的，基础设施逻辑的核心在于对经济社会活动的支撑性和不可或缺性。除了传统的广播电视等传媒系统本身就是信息传播基础设施外，媒介基础设施还包括，支撑数字社会的社交系统、交易系统、商业服务系统、金融系统、云计算系统、工业互联网系统等正以信息媒介的方式为建构起点和发展逻辑，基于对互联网的系统性应用，远远超越信息传播之功能，成为经济和社会的基础设施。在媒介化研究的视野里，一种以媒介为动力的新型社会结构正逐步到来。[41]约翰·彼得斯（John Peters）甚至提出“媒介即基础设施”，将媒介作为现实的最底层逻辑。[42]随着现实社会对数字技术的依赖加深，媒介与基础设施双向融合的过程正在以一种系统性的方式加速演化。

在媒介—基础设施逻辑双向融合的过程中，互联网平台起着关键的作用。无论是经济模式还是技术体系乃至思维方式，平台都在全方位地推进双向融合的进程。就平台经济来说，在新自由主义思潮的政治经济环境下，数字技术的兴起同时促进了基础设施的“平台化”和平台的“基础设施化”。[43]平台的基础设施赋权正是媒介—基础设施双向融合的整体社会变化逻辑的结果。平台建设者承担着数字社会架构建设者的角色，因此捕获了某种公共性。作为网络空间平台层中的主要建设者，平台公司不仅搭建起了互联网平台，而且正向上和向下渗透。平台承载了人的行为，因此也承载了大量的内容生产，而生产者是无数的用户（“网民”更为贴切）。为加强这种提供内容生产的核心能力，大型平台公司往往加强了对底层互联网技术的投入和控制，典型如谷歌和脸谱网从2010年开始大举进军海底电缆投资和建设，同时这两家公司还发起了免费互联网接入服务，以为落后地区提供上网的机会。这种对技术基础设施的直接建设，进一步强化了平台公司对线上社会的支配性能力。

同时，平台本身承载的社会性，天然地让它深深地嵌入社会的结构。特别是平台开放了应用程序编程接口（API），让其他各种系统和应用都可以接入其平台，社会内嵌的进程前所未有地深入展开，典型如微信架构出了百万量级的小程序，脸谱网的开放平台上搭建了各类应用。因此，这种上下渗透在某种程度上导致了平台公司已经“接管互联网”的事实。① “接管”是一个夸张

① 正如有评论者从谷歌开发“购买按钮”（buy button）和脸谱网推出“即刻汇文”（instant articles）两个功能的角度指出，互联网被几家主要的公司接管了。参见 Fredric Paul, “It's Google and Facebook's Web, We Just Surf in It,” *Network World*, May 18, 2015。

的用词，但这确实表达出了一种巨大的权力。平台公司搭建起了一个以社交平台为核心的数字行为空间系统。这个系统的运营需要一套从技术代码到行为规范的完整的规则体系，这套规则体系就如现实世界中的交通规则一样，时时刻刻规范着每一个网民的在线行为。而这个规则体系并不是由某一个国家政府创建的，其设计者正是平台拥有者。何塞·范·戴克指出，如果世界让脸谱网定义线上社会性的规范，那么将会形成一个由脸谱网提供的世界。[44]

五、结　语

在数字时代，对社会产生深远影响的不再是传播中的内容，而是传播媒介本身。承载着信息传播功能的媒介已经成为社会的主要基础设施，由此引发了社会权力结构变迁。现代国家治理和社会治理已经展示出高度的政治、资本、技术、传媒权力既交相融合又有所竞合的景观。[45]权力经由数字技术对当代社会的渗透无处不在。在传统传播学的权力研究视角之外，强调媒介—权力复杂互动关系的媒介政治社会学正在不断拓展数字传播研究的新空间。对平台权力来源的基础设施维度进行考察对于揭示遮蔽于传播现象之下的更复杂、更深层的社会逻辑，不仅是理论创新的重要路径，也是回应现实数字治理挑战的前置性理解方式。

注　释

[1] van Dijck, José, et al., *The Platform Society: Public Values in a Connective World*, Oxford University Press, 2018, p. 2.

[2] Kloet, Jeroen de, et al., "The Platformization of Chinese Society: Infrastructure, Governance, and Practice," *Chinese Journal of Communication*, Vol. 12, No. 3, 2019.

[3] 安东尼·奥勒姆、约翰·戴尔:《政治社会学(第五版)》,王军译,中国人民大学出版社 2018 年版,第 2 页。

[4] 刘金河:《权力流散:平台崛起与社会权力结构变迁》,《探索与争鸣》2022 年第 2 期,第 118—132 页。

[5] 黄月琴:《新媒介技术视野下的传播与赋权研究》,《湖北大学学报(哲学社会科学版)》2016 年第 6 期,第 140—145 页。

[6] 约翰·R. 苏勒尔:《赛博人:数字时代我们如何思考、行动和社交》,刘淑华、张海会译,中信出版社 2018 年版,第 32 页。

[7] 格雷厄姆·默多克等:《媒介物质性:机器的道德经济》,《全球传媒学刊》2019 年第 2 期,第 93—102 页。

[8] 曼纽尔·卡斯特:《传播力(新版)》,汤景泰译,社会科学文献出版社 2018 年版,第 27 页。

[9] DeNardis, Laura, and Francesca Musiani, "Governance by Infrastructure," in Musiani, Francesca, et al., eds., *The Turn to Infrastructure in Internet Governance*, Palgrave Macmillan, 2016, p. 4.

[10] 黄旦:《新闻传播学科化历程:媒介史角度》,《新闻与传播研究》2018 年第 10 期,第 60—81 页。

[11] 吴飞:《传播学研究的自主性反思》,《浙江大学学报(人文社会科学版)》2009 年第 2 期,第 121—128 页。

[12] 张静:《政治社会学及其主要研究方向》,《社会学研究》1998 年第 3 期,第 17—25 页。

[13] "Evan Williams says Twitter Fundamental to Government," BBC, March 12, 2010.

[14] The Britannica Dictionary, "Infrastructure," https://www.britannica.com/dictionary/infrastructure, 2023 年 9 月 15 日访问。

[15] Bowker, Geoffrey C., et al., "Toward Information Infrastructure Studies: Ways of Knowing in a Networked Environment," in Hunsinger, Jeremy, et al., eds., *International Handbook of Internet Research*, Springer, 2010, p. 97.

[16] World Bank, *World Development Report 1994: Infrastructure for Development*, Oxford University Press, 1994, pp. 2, 13.

[17] 赖金良：《作为社会基础设施的民生保障体系建设》，《浙江社会科学》2012 年第 5 期，第 65—72 页。

[18] Larkin, Brian, "The Politics and Poetics of Infrastructure," *Annual Review of Anthropology*, Vol. 42, 2013, p. 328.

[19] 崔保国、刘金河：《论网络空间中的平台治理》，《全球传媒学刊》2020 年第 1 期，第 86—101 页。

[20] Evans, David S., and Richard Schmalensee, *Matchmakers: The New Economics of Multisided Platforms*, Harvard Business Review Press, 2016.

[21] Singh, J. P., "Information Technologies and the Changing Scope of Global Power and Governance," in Rosenau, James N., and J. P. Singh, eds., *Information Technologies and Global Politics*, State University of New York Press, 2002, pp. 12-15.

[22] 曼纽尔·卡斯特：《网络社会的崛起》，夏铸九等译，社会科学文献出版社 2001 年版。

[23] Wellman, Barry, "Computer Networks as Social Networks," *Science*, Vol. 293, No. 5537, 2001.

[24] 罗家德：《复杂——信息时代的连接、机会与布局》，中信出版社 2017 年版。

[25] 杭敏：《传媒生态变革与创新的思考》，《传媒》2019 年第 15 期，第 17—18 页。

[26] 彭兰：《"连接"的演进——互联网进化的基本逻辑》，《国际新闻界》2013 年第 12 期，第 6—19 页。

[27] 谭天：《媒介平台论》，中国人民大学出版社 2016 年版，第 101 页。

[28] World Trade Organization, *World Trade Report 2014*, October 2014.

[29] 苏珊·斯特兰奇：《国家与市场（第二版）》，杨宇光等译，上海人民出版社 2012 年版，第 88 页。

[30] 约瑟夫·奈：《权力大未来》，王吉美译，中信出版社 2012 年版，第 158、188 页。

[31] Vernon, Raymond, *Sovereignty at Bay: The Multinational Spread of U. S. Enterprise*, Basic Books, 1971, p. 231.

[32] 黄河：《全球化转型视野下的跨国公司与全球治理》，《国际观察》2017年第6期，第122—136页。

[33] 尤瓦尔·赫拉利：《未来简史：从智人到神人》，林俊宏译，中信出版社2017年，第338页。

[34] Wu, Tim, *The Attention Merchants: The Epic Scramble to Get Inside Our Heads*, New York: Knopf, 2016.

[35] 李唯嘉、杭敏：《社交媒体中的隐私困境：隐私边界与大数据隐忧》，《编辑之友》2019年第1期，第55—60页。

[36] Schmidt, Eric, and Jared Cohen, *The New Digital Age: Reshaping the Future of People, Nations and Business*, Knopf, 2013, p. 31.

[37] 胡凌：《大数据革命的商业与法律起源》，《文化纵横》2013年第3期，第68—73页。

[38] 布鲁斯·施奈尔：《数据与监控：信息安全的隐形之战》，李先奇等译，金城出版社2017年版，第87页。

[39] 蓝江：《数字资本、一般数据与数字异化——数字资本的政治经济学批判导引》，《华中科技大学学报（社会科学版）》2018年第4期，第37—44页。

[40] Hayek, Friedrich A., "The Use of Knowledge in Society," *The American Economic Review*, Vol. 35, No. 4, 1945.

[41] 戴宇辰：《走向媒介中心的社会本体论？——对欧洲“媒介化学派”的一个批判性考察》，《新闻与传播研究》2016年第5期，第47—57+127页。

[42] 约翰·彼得斯：《奇云：媒介即存有》，邓建国译，复旦大学出版社2020年版，第17页。

[43] Plantin, Jean-Christophe, et al., "Infrastructure Studies Meet Platform Studies in the Age of Google and Facebook," *New Media & Society*, Vol. 20, No. 1, 2018.

[44] 何塞·范·戴克：《互联文化：社交媒体批判史》，赵文丹等译，中国传媒大学出版社2018年版，第61页。

[45] 金兼斌：《权力的游戏：资本、技术及其他》，《人民论坛·学术前沿》2019年第14期，第6—16页。

数字基础设施建设与社会平等

- 从城乡到终端：数字基础设施的适老化改造研究
- 算法规训与“弱者的武器”：算法时代人的自主性
- 追求平等——对智能传播时代算法公共性重构问题的研究

从城乡到终端：数字基础设施的适老化改造研究

胡　泳　朱政德*

摘要：新型基础设施建设规划在全国推行以来，以云计算、网络管路、智能终端为主的数字技术不断普及、迭代并与社会环境缔结多元关系，由此衍生了渐趋泛在的数字基础设施。该过程伴随的老龄少子走势加剧，迫使数字基础设施转向适老化。本文梳理并评析了数字基础设施适老化的三类改造议题，即数字城乡适老化、智慧社区适老化、终端界面适老化，指出其根本意图是实现全世代的数字包容，以支撑中国式现代化创造文明新形态。

关键词：数字基础设施，适老化，智慧养老，数字包容

2018年中央经济工作会议将人工智能、工业互联网、物联网等技术纳入基础设施范畴后，新型基础设施建设开始全面推进。[1]此后不到4年，全国建成584万个4G基站，地级以上城市开通96.1万个5G基站、3.65亿户5G终端连接点，数字基础设施日趋介入大众生活，造就了以信息技术常态应用为标志的数字社会。[2]尽管数字社会常被视作青少年跃居主导力量的后喻社会，

---

* 胡泳，系北京大学新闻与传播学院教授；朱政德，系北京大学新闻与传播学院博士研究生。

但国内青少年人口比例却在全国生育率跌破全球警戒线（1.5%）的趋势下岌岌可危[3]，相反，第七次全国人口普查显示，60岁及以上老年人口达2.6亿，较2010年骤增5.44%，占全国人口的18.7%[4]。其中，非网民的老年人占全国非网民人数的41.6%，他们在高度数字化的出行、消费、就医等日常事项方面几乎寸步难行。[5]方此之际，力求弥合老年、青少年群体数字技术体验差异的“适老化”概念迅速得到重视，成为政府引导数字基础设施向善发展的关键议题。[6]

不过，若要索解数字基础设施适老化从何入手，须索解一个前提性问题：何谓数字基础设施？国内学者惯于把数字基础设施当作纯技术产品，把适老化等同于套用老年人体工学装饰网站、App界面并普及操作技能。[7]诚然，这种取向关注到了数字基础设施最明显的构件，但着眼点过于微观、零散，忽略了数字基础设施归根结底是关系性的——它不是某个或某些孤立的工具，而是囊括了多元要素和不断促成这些要素互化的人/非人力量。[8]换言之，数字基础设施应被更全面地理解为云计算、网络管路、智能终端及其与人、自然结成的全部图底关系过程，它接合并渗透在数字社会的各级尺度中。[9]因此，数字基础设施的适老化改造是一项远不止于人机交互界面的复杂工程，改造范围要兼顾数字社会从宏观城乡系统、中观社区—家庭系统到微观个体活动的所有空间结构。具体而言，可细分为三大改造议题：数字城乡适老化、智慧社区适老化和终端界面适老化。

一、改造议题Ⅰ：数字城乡适老化

在数字社会的宏观尺度上，数字基础设施若要实现适老化，一个亟须满足的条件是弥合城乡、城际数字化差距。在国内，城市数字化覆盖率领先乡村20%以上[10]，直辖市、省会城市的数字化指数又领先多数地级市达20分以上[11]，这意味着全国老年人使用数字基础设施的便利度从少数发达城市的中心向边缘跌落。例如，北京在2019年建成市级指导、区级统筹、街乡落实、社区连锁的智慧养老体系，服务设施在以西城为首的主城区的覆盖率达80%，在远郊的覆盖率跌到15%（0.2个设施/社区）。[12]而与此同时，在欠发达的中部人口大省河南，多数地级城市尚未形成智慧养老服务制度的说明。[13]

因此，跨区域推动数字城乡一体化是实现数字基础设施全面适老化的大前提。2021年，《"十四五"数字经济发展规划》首次提出了数字城乡融合发展，既要求不同等级智慧城市一体化，又要求加快城市智能设施向乡村延伸，实现以城带乡、共建共享的数字城乡融合发展。[14]这项顶层设计意在说明，数字城乡是智慧城市、数字乡村合成的新空间形态，它意在协同优化数字基础设施提供的城际、城乡公共服务，尽可能使数字技术释放带动城乡基本公共服务均等化的溢出效应，缩小不同区域的数字化发展差距，打造全民共享的新型数字生活。如此，数字基础设施适老化问题在宏观尺度上便成为数字城乡适老化建设问题，融入了数字社会的区域协调发展与共同富裕议程。

在上述背景下，若干省市开始做出数字城乡适老化尝试。例如，《江苏省乡村振兴战略实施规划（2018—2022年）》发起智慧乡村行动，建立全面覆盖、动态跟踪、联动共享、功能齐全的社会管理与服务平台，推动城市优质养老服务资源覆盖农村，实现了城乡养老资源共建共享、特困供养标准城乡一体。在浙江省，杭州临安区借农文旅融合项目帮带月亮桥村，打造"养老+

医疗+生活”智能模式，在老年人口占26%的月亮桥村建澡堂、食堂、医务室和配备了5G云诊等数字装置的未来养老中心，同时布置基于高空鹰眼球机、视频AI算法和定制手环的危机监控系统，针对老年人提供跌倒报警、走失定位、数据监测等服务，缩小了城乡间的老年数字鸿沟。在湖南，常德引进深圳三春晖数字养老服务平台，向石门、临澧等县和边远山区、革命老区、民族地区下沉技术，设立13家线下智能养老服务点，为3万老年人提供了健康监测、外出看护、助餐助行、居家安防等公益性数字养老服务。在湖北，恩施向二官寨村投入40余万元，新增了4座4G基站、400个有线宽带端口来援建数字养老平台，等等。

但总体来看，数字城乡适老化在全国刚刚起步，未形成成熟的可持续发展模式。有调查发现，国内打出智慧养老口号的地方政府很多，但往往各自为政，极少联合制定技术标准、管理规范和量化指标，这使技术方案跨省市衔接的可操作性大打折扣，难推广并保证养老产品、服务及其质量。因此，当务之急是制定全国统一的养老信息基础设施层标准、信息数据资源层标准、信息服务平台层标准和信息应用系统接入层标准。[15]

在后续实践中，要让数字城乡适老化真正成为全国统一的社会政策，把适老化技术和管理标准作为数字基础设施核心要素纳入数字中国战略，关注软性的顶层设计、硬性的技术逻辑如何互动并统一于各省市的养老实践，让先发地区帮扶后发地区完成数字城乡适老化有章可循。

二、改造议题Ⅱ：智慧社区适老化

宏观尺度的数字基础设施适老化侧重跨空间边界，但在中观尺度上，适老化更聚焦对应特定空间单元内的技术和社会实践。2012 年后，国内通行的多层次养老服务体系意在营造居家为基础、社区为依托、机构为补充、医养有机结合的良性循环，按地缘邻近性分片汇集家庭住宅的城乡社区成为养老单元。在这些单元内部，数字基础设施适老化表征为晚近兴起的智慧社区适老化工程。

“智慧社区”由美国圣迭戈大学国际传播中心在 1993 年提出，指的是这样一种邻里关系：居民、社会组织、政府和技术公司借传播基础设施合作改造日常环境，最大化共同利益。[16] 21 世纪初，西方人居环境学科领域涌现了智慧社区运动，倡议把 5G、传感器、嵌入式计算作为手段，激发城乡社区创造力并产生了技术、制度创新，高效增进了集体福利。[17] 在我国，首次阐明智慧社区建设布局、执行细则的文件是 2014 年住房和城乡建设部发布的《智慧社区建设指南（试行)》，该文件为智慧社区赋予了本土化权威定义——通过综合运用现代科学技术，整合区域人、地、物、情、事、组织和房屋等信息，统筹公共管理、公共服务和商业服务等资源，以智慧社区综合信息服务平台为支撑，依托适度领先的基础设施建设，提升社区治理和小区管理现代化，促进公共服务和便民利民服务智能化的社区管理和服务的创新模式。[18] 与之对应，智慧社区适老化是这样一组创新活动：借数字技术和环境设计，优化居家养老背景下住区空间的适老性能，保障老年生命健康，提供精细化人机交互，改善老年居住体验。上述活动的主旨彰显于 2020 年发布的《关于开展示范性全国老年友好型社区创建工作的通知》强调的“提高社区为老服务信息化水平、利用社区综合服务平台、有效对接服务供给与需求信息”[19]。

目前，国内智慧社区适老化项目普遍围绕家庭住宅和邻里展开，兼顾改造物理空间及其附带的社会关系，牵涉三方面的改造。

（一）智慧家居适老化

智慧家居适老化，即在家庭住宅的私人空间中除了安装大众化数字设备，还要遵循老年人起居习惯，增加自动护理床、智能药盒、多种助行器、洗浴/如厕助理机器人等专门帮老年人自理生活的数字设备。它们可以在局域网支持下实时进行智能调节、监控、识别和交互，替子女照看老年人的室内活动，保障老年人居家生活安全，满足老年人心理需求。

2021年，中国家用电器研究院联合20余家电器公司制定了国内首批《智能家用电器的适老化技术》系列团体标准，为美的、格力、海信等10余家公司的产品颁发了国内首批智能适老家电合格证，阐明空调、电冰箱、洗衣机、电视机、马桶盖等产品如何通过增加智能元件、功能模块趋于适老化，基本覆盖了老年人日常生活的必备家电。[20] 半年后，中国家用电器研究院联合157家来自康复辅助、医疗器械、信息技术等领域的行业组织起草了《智慧养老家居产品通用技术要求》，承诺2023年议定国内最全面的智慧家居适老化标准，强调智慧家居产品不是越先进、繁复、时尚越好，而是要为处于自理、半自理、失能、失智等不同状态的老年人配置差异化住宅空间场景。[21]

在上述标准的制定过程中，国内诸多智慧家居适老化产品问世，如美的推出国内首个适老化家电“颐享套系”、海尔推出“智家·三翼鸟智慧场景适老方案”等，但这些产品售价高昂，对住宅地段、户型、保修条件要求高，不足以彰显数字基础设施的普惠性。因此，智慧家居适老化的发展趋势应和宏观尺度的数字城乡适老化共进，结合住宅区位差异，改良家用智能产品适老化标准，建立和完善智能服务型社会组织管理机制，让更多家用智能产品易被老年人接受和应用。[22]此外，由于智慧家居生产商普遍初涉适老化这一精专门类，因此往往会出现生产规模和能力不均、产品劣质且同质、市场定位不准、创新不足、市场认可度低等问题，这使预防市场失灵的引导、调控显得尤为重要。

（二）邻里公用设施适老化

邻里公用设施适老化，即在居委/业委会服务范围内所有家庭住宅外的公共空间中，除了要布局 LAN 宽带、Wi-Fi 无线网络等常规装置，还要增加本地邻里共享的“互联网+基层养老服务平台”。此类平台由政府、技术公司与居委/业委会合作开发，可通过物联网搜集本地老年居民的身份特征、出行习惯、健康档案等信息，建立数据库，再用算法和人工智能优化老年居民融入社区集体生活的办事流程，精准提供上门护理、跟踪救援、物业管理、朋辈社交/娱乐和参与基层民主自治等服务。

2011 年，《社会养老服务体系建设规划（2011—2015 年）》倡导要采取便民信息网、健康档案、社区呼叫系统、有线电视网络等形式，构建社区养老服务信息网络和平台，该文件较早为邻里公用设施适老化提出了政策指引。[23]

随后 10 余年，我国多地进行了有益尝试。例如，武汉武昌区政府与武汉电信合作，在积玉桥街凤凰社区建成全市首个智慧养老管理平台，汇集了街道、社区养老服务机构与志愿队信息，便于基层政府和社会工作者向社区老年居民提供无障碍服务；重庆沙坪坝区政府依托 58 个社区的养老服务站建立敬老档案，构筑了智慧养老大数据管理平台，既可主动分析老年居民的服务需求，又可让各社区老年居民通过智能呼叫中心自发表达服务需求；深圳福田区政府以元宇宙大数据方案辐射上千社区长者中心，提供让老年居民一键出行的“慧打车”服务，把“智厨娘”机器人引入社区共享的长者饭堂，用“天威管家”云平台随时响应老年居民的个性需求，可调配上万人提供走街串巷的点对点应急服务；等等。

此类地方实践在帮扶老年居民获得健全社区身份之余，也提高了基层政府向老年居民输送公共服务的专业性、多方协调性和精准性。未来，邻里公用设施适老化工程应继续加大政府购买社区养老服务的力度，理顺政府、服务商、老年居民的关系，从服务队伍、资金供应、信息资源获取等方面支持并监督技术公司，实现服务投资主体多元化，缓解养老服务供需矛盾，推动老年居民可在距家 500 米步行范围内的生活圈享受智慧邻里生活。

（三）社交关系适老化

社交关系适老化，即无论是在家庭住宅内的私人空间，抑或家庭住宅的邻里空间，都不应放任青少年“数字原住民”的后喻文化独尊或制造厌老氛围，而应发挥数字技术协调社交关系的作用，增益代际联系，制造跨世代团结氛围，从而既促进家庭住宅内以血缘为纽带的代际互助，又促进邻里以地缘/业缘为纽带的守望相助、共同敬老，使老年居民在公共文化生活中找寻群体归属感，重获社会认可，巩固自我肯定感、安全感和方向感。

早在 2016 年，全国老龄办就牵头制定了《关于推进老年宜居环境建设的指导意见》，强调智慧社区适老化绝不应停留在使数字技术嵌入住宅内外空间，因为适老化的本意是营造支持老年人社会参与的环境，让各世代发自内心、靠行动应对人口老龄化，弘扬敬老、养老、助老风尚，增强世代间的文化融合、社会认同，稳妥解决社区内的责任分担、利益调处、资源共享等问题。[24]随着老年友好型社区建设理念的普及，社交关系适老化已成为不可或缺的智慧社区配套措施。例如，重庆两江新区礼嘉街道联合重庆有线电视网，在建设智慧社区过程中开通了适老专属的有线电视频道，可指引社区老年居民以该频道为平台联系同辈、社区服务机构、派出所，及时办理民政救助手续、参加社区老年大学、了解社区文化及公益活动；宁波北仑区政府打造了区、街道和社区（村）三级互通、数据共享的智慧养老平台，把13236名老年居民与社区医院、志愿队、艺术团相连接，使之可获得生活照料、安全守护、康复保健、文化娱乐服务；等等。

但迄今为止，智慧社区中的社交关系适老化改造往往把老年人定位为被服务对象、制造诉求式主体，尚难彰显技术赋权向主体增权的飞跃，后续实践应着力培养社区老年人自组织解决问题的能力，支持老年人通过线上与线下的社会关系重组，成为发现问题或动员群众的主体，全程参与社区治理。

三、改造议题Ⅲ：终端界面适老化

在数字社会的微观尺度，数字基础设施适老化改造范围细化到智慧社区内的个体，聚焦于老年居民随身携带、接触的媒介终端。随着万物皆媒趋势被5G技术增强，以私人电脑、智能手机、可穿戴设备为主的媒介终端愈发精密并渗透入日常生活，老年人若要让这些终端为我所用而非平添障碍，需愿意并有能力操作自身与终端间的界面。目前，终端界面适老化在国内引发广泛讨论，不啻为最受关注的数字基础设施适老化议程，其中包含两方面内容。

（一）根据老年人体工学设计图标

最早表达再设计终端界面意向的政策是2016年发布的《“十三五”国家信息化规划》，该规划建议用移动终端发展网络公益，向以孤寡老人为代表的特殊人群提供精准、优质、高效的公共信息服务。[25]新冠疫情暴发后，鉴于老年人难适应依赖扫健康码、挂号码、团购付款码、通信行程卡等App图标的生存模式，2020年《国务院办公厅印发关于切实解决老年人运用智能技术困难实施方案的通知》建议，智能手机等终端应具备大屏幕、大字体、大音量、大电池容量、操作简单等方便老年人使用的特点。[26]为落实上述建议，工业和信息化部（工信部）制定《互联网应用适老化及无障碍改造专项行动方案》，要求针对老年人推出有大字体、大图标、高对比度文字等特点的产品，鼓励企业设计简单界面，实现一键操作、文本输入提示等无障碍功能，提升方言识别能力，而后将8类115个网站、6类43个App列入了《首批适老化及无障碍改造名单》[27]。

总体上，2020年出台的改造方案停留在宏观引领层面，相关落地措施直到2021年工信部印发《关于进一步抓好互联网应用适老化及无障碍改造专项行动实施工作的通知》方成体系。该通知附带了《互联网网站适老化通用设计规范》《移动互联网应用（APP）适老化通用设计规范》和《互联网应用适老化及无障碍水平评测体系》，把适老化设计终端界面的方法细化为禁止广告插件和诱导按键、网页布局扁平化等56条指标和加权评估法。[28]

随后半年，国内主流互联网公司相继调整旗下产品界面。例如，淘宝长辈模式除了可以简化图标、放大字体，还将购物外的功能删减为领水果、消消乐、金币抵钱等几项，添加了智能助手，允许老年人用语音搜商品；抖音发起“老友计划”，听取老年网民调整图标的建议，联合中国人口学会成立了“银色闪耀专家顾问团”，邀请老年学、心理学专家设计老年界面；百度地图开发了老年关怀版，增设无障碍读屏功能，让终端界面自识别方言；微信也在设置栏嵌入关怀模式，方便老年用户浏览，若用户视力不佳，可点击“听文字消息”开启浏览辅助；等等。

不过，据新华社调查，较多国产 App 的老年模式有应付检查的嫌疑，切换入口隐藏太深，字体仅在老年模式首页被调到适宜阅读的大小，一旦跳转至二级界面，图标布局、字体大小又恢复到非老年模式。[29] 有信息管理学者选出微信、QQ、支付宝等 12 款宣布完成界面适老化的 App，通过深度访谈老年用户发现，这些 App 缺乏对老年模式的引导，90%的受访者从未知晓适老界面；当他们被指导开启老年模式时，70%的受访者认为此模式仅调大了字号，仍未规避广告、剔除冗杂功能。[30] 如《数字技术适老化发展报告（2022 年）》批判的那样：老年模式去除开屏广告、弹窗广告的诉求会损害流量带来的利润，使互联网公司改造动力不足。[31] 因此，若要落实重新设计界面图标，一方面，有待政府出台科技、产业、金融优惠政策，支持科研部门协助互联网公司清除技术壁垒、成本包袱；另一方面，有待互联网公司提升社会责任感并着眼长远利益，把推广适老界面视作营造美誉度、积累无形资产的公关活动，让获利与公益并行。

（二）向老年人讲授终端界面操作流程、注意事项

重新设计图标只是终端界面适老化的起点，即便互联网公司

已推出老年模式界面，但若老年人对使用新界面缺乏兴趣与技巧，任何新界面都注定沦为陈设。晚近有针对智能电视的调查发现，老年界面仍未解绑广告营销、会员付费墙和“流氓”App，其点击步骤足以激发“老年人不配看电视”的愤懑，因为操作老年界面需要跨屏兼顾多个遥控器和App，耐心等开机，遵循特定顺序点击图标获取不同服务，等进度条变化，进入若干子目录按关键词搜剧名……凡此种种，远非充满抽象术语的说明书能说明，但互联网公司只负责改造图标，却把理解图标的任务分摊给了用户。[32]

向老年人讲授终端界面的操作流程、注意事项格外重要，唯有如此，方能提高老年人的媒介素养，让界面产生赋权效果。最早表达上述意向的顶层设计是《老年教育发展规划（2016—2020年）》，其中第三条要求用信息化手段，为老年人提供导学服务、个性化学习推荐等支持[33]。不过直到2020年，《关于切实解决老年人运用智能技术困难的实施方案》才较为具体：建议行业培训机构、专家学者和老年用户周边的亲友、村（居）委会、老年协会、志愿者联合提高老年人操作终端界面的能力，同时引导厂商制作老年模式的简易使用手册和视频教程，推动老年大学、养老机构、社区教育机构针对老年人研发全媒体课程，线上线下结合，提高老年人的媒介素养。[34]2021年，《提升全民数字素养与技能行动纲要》要求开展数字助老助残，推动社会各界帮助老年人、残疾人融入数字生活，构建全龄友好包容社会[35]；2021年，《“十四五”国家信息化规划》发起全民数字素养提升行动，要求对老年人实行常态化数字技能帮扶，使其有效使用数字设备、获取在线服务、开展数字消费、防范网络欺诈，到2023年初步建成全民数字技能教育教学资源体系，让老年人的数字素养明显提升，到 2025 年普及全民数字技能培训，让老年人充分享受信息化发展成果[36]。

为响应上述顶层设计号召，用终端界面操作流程反哺老年群体的活动已在各地频繁展开。例如，宁波从 2017 年开始布局智能手机操作技能普及工程，为 136 万户移动家庭宽带电视用户上线“智能手机操作教你学”板块，培训老年家庭成员。中国人寿广东分公司向全省派出政策保险服务专员，至 2021 年 9 月，围绕操作智能产品、网络购物、餐饮外卖、家政预约、打车出行、网络金融知识等主题，举办了超 1600 场立足社区或村的老年人使用智能手机培训。2022 年，《安徽省加强新时代老龄工作实施方案》确立了智慧助老常态培训模式，并组织各级老年大学编纂智能终端操作教材，从医疗、交通、通信、保险等相关单位征募 18.9 万名志愿者，走进城乡社区开展了 4.8 万次培训，内容从接打电话、编发信息、拍照、发朋友圈开始，拓展到购物、订票、挂号、移动支付和网上打车，等等。[37]

随着防疫政策的转变，越来越多的面对面活动将为老年人讲授界面操作，这些活动可以和智慧社区适老化工程中的社交关系适老化互补，以预防、减少老年人在数字社会的技术排斥处境、恐惧心理。当前主要由老年大学、后辈亲属提供的反哺培训偏初阶技能，尚难达到授人以渔的增权效果。未来，相关培训须关注管理信息、交流、交易、解决问题、身份验证和填表、自我保护等高阶技能。总之，围绕终端界面操作流程、注意事项展开的适老培训若能稳步提升初、高阶数字技能，老年人即便退休仍可增加收入，提高再就业能力，便利购物，改善沟通，通过在线服务节省时间。因此，政府须动员更多社会组织和老年群体的后辈加入培训，生产终端界面的互联网公司也应该积极参与，把适老培训作为售后服务，从而彰显负责任、创新的企业家精神。

四、结语

从宏观城乡通信网络到微观媒介终端，作为关系性存在物的数字基础设施统御着持续迭代的数字产品及其转换、生成、桥接、分隔的社会纽带，创造了变动不居的社会风貌。任何公民无论老幼都已置身于时代之变，但“以人为本”仍是万变不应离弃的宗旨。数字城乡适老化、智慧社区适老化、终端界面适老化构成了数字基础设施“以人为本”的必要条件，它们殊途同归，要求数字社会迈向包容发展——给每个人带来更全面、公平的生存和发展机会，在破解数字困境和缩窄数字鸿沟的过程中，促进更好的社会参与以及发展成果可持续共享。一个包容发展的数字社会不再有数字原住民/移民/难民的等级划分，它将建成全世代的数字包容：任何年龄群体无论接入、使用数字基础设施早晚，均可在自己方便的时间、地点访问物美价廉且易使用的数字设备和服务，均可拥有足够的动力、技能和信任去用互联网追求并实现有意义的社会、经济成果，甚至均可在无损生活质量的状态下随时随地选择非数字化生活，因为数字基础设施在维持自身运作的同时，为它提供的所有服务预留了非数字化替代品。

归根结底，全世代的数字包容彰显着中国式现代化希望开创的文明新形态：摒弃西方以资本为中心、放任两极分化和物质主义膨胀的现代化，坚持以人民为中心，实现物质、政治、精神、社会、生态文明的协调发展。技术的资本化是西式现代化道路崛起后肆意蔓延的趋向，它一度裹胁数字基础设施服务于效率至上的资源吸纳过程，只给最有精力、智力优势去辅佐数字技术增殖利润的年轻人授予权宜性的公民身份，把不具备这些优势（无力充当伺服系统）的老年人视同赘余。与之相异，数字基础设施的适老化改造力求限制资本对数字技术的占有与滥用，迫使数字技术重新嵌入、赓续仁爱孝悌的华夏文脉，让自身创造的利润服务于代际公平与和谐。从历时性角度来看，适老化改造有望推动老龄少子化问题严峻的中国可持续发展，因为今日青年人即为明日老年人，当他们目睹数字基础设施让每个人都能在数字社会坦然迎接终将到来的迟暮岁月时，将会重获本体性安全感，不再终日被赶不上技术新潮的恐惧笼罩。如此，他们将摆脱朝不保夕、不如“躺平”的犬儒状态，重振自身对未来命运的勇气与信心——这不仅利于劳动力再生产，而且利于整个数字社会的长治久安。

注 释

[1] 林火灿：《“新基建”到底新在哪》，《经济日报》2020 年 3 月 20 日，第 1 版。

[2] 侯新烁等：《数字基础设施建设如何影响城市创新？——基于“宽带中国”战略的准自然实验》，《湘潭大学学报（哲学社会科学版）》2023 年第 1 期，第 37 页。

[3] 邹多为：《当“老龄化”遇上“少子化”，中国如何破“一老一少”困局?》，《中国妇女报》2021 年 3 月 22 日，第 4 版。

[4] 国家统计局：《第七次全国人口普查公报》，2021 年 5 月 11 日，http：//www. gov. cn/guoqing/2021-05/13/content_5606149. htm，2023 年 2 月 1 日访问。

[5] 中国互联网络信息中心：《第 50 次中国互联网络发展状况统计报告》，2022 年 8 月 31 日，https：//www3. cnnic. cn/n4/2022/0914/c88-10226. html，第 28 页，2023 年 2 月 1 日访问。

[6] 陈平等：《数字普惠金融、数字鸿沟与多维相对贫困——基于老龄化的视角》，《经济问题探索》2022 年第 10 期，第 173 页。

[7] 马玥：《推进数字经济与银发经济融合发展》，《宏观经济管理》2022 年第

3 期，第 56 页。

[8] Tilson, David, et al., "Digital Infrastructures: The Missing IS Research Agenda," *Information Systems Research*, Vol. 21, No. 4, 2010.

[9] 朱政德、胡泳：《重思数字基础设施及其与人、自然之关系——以图底关系为方法论的本土化考察》，《华中科技大学学报（社会科学版）》2023 年第 1 期，第 75 页。

[10] 胡莹：《乡村振兴背景下城乡数字鸿沟审视》，《中国特色社会主义研究》2022 年第 4 期，第 60 页。

[11] 舒晓东：《2022 中国城市数字化发展指数 TOP30》，《决策》2022 年第 12 期，第 43 页。

[12] 谭日辉等：《中国社区发展报告 2018—2019》，社会科学文献出版社 2019 年版，第 20 页。

[13] 代利凤：《河南省智慧养老服务综合体发展现状、实践困境及出路》，《开封大学学报》2019 年第 2 期，第 37 页。

[14]《"十四五" 数字经济发展规划》，《人民日报》2022 年 1 月 13 日，第 1 版。

[15] 吴韬等：《实施积极应对人口老龄化国家战略　加快推动智慧养老落地普及》，2022 年 10 月 24 日，http://www.rmlt.com.cn/2022/1024/658738.shtml，2023 年 2 月 1 日访问。

[16] Kumar, Vinod, *Smart Environment for Smart Cities*, Springer, 2020, p. 15.

[17] Wilhite, Rob, "Smart All Over," *Public Utilities Fortnightly*, Vol. 157, No. 3, 2019.

[18]《住房城乡建设部办公厅关于印发〈智慧社区建设指南（试行）〉的通知》，2014 年 5 月 20 日，https://www.mohurd.gov.cn/gongkai/zhengce/zhengcefilelib/201405/20140520_217948.html，2023 年 2 月 1 日访问。

[19]《关于开展示范性全国老年友好型社区创建工作的通知》，2020 年 12 月 9 日，https://www.gov.cn/zhengce/zhengceku/2020-12/14/content_5569385.htm，2023 年 2 月 1 日访问。

[20]《智能家用电器的适老化技术　第 1 部分：通用要求》，2021 年 6 月 3 日，

https：//www. ttbz. org. cn/StandardManage/Detail/50575/，2023 年 2 月 1 日访问。

[21]《行业标准〈智慧养老家居产品通用技术要求〉等 2 项适老领域重要标准研讨会在京召开》，2022 年 9 月 29 日，http：//www. clii. com. cn/ReDian-JuJiao/TouTiaoXinWin/202209/t20220929_3955075. html，2023 年 2 月 1 日访问。

[22] 贾丽：《建立智能家居适老化改造示范区》，《证券日报》2022 年 3 月 2 日，第 A04 版。

[23]《国务院办公厅关于印发社会养老服务体系建设规划（2011—2015 年）的通知》，2011 年 12 月 16 日，https：//www. gov. cn/zwgk/2011 - 12/27/content_2030503. htm，2023 年 2 月 1 日访问。

[24]《关于印发〈关于推进老年宜居环境建设的指导意见〉的通知》，2016 年 11 月 25 日，https：//www. gov. cn/xinwen/2016-11/25/content_5137617. htm，2023 年 2 月 1 日访问。

[25]《"十三五"国家信息化规划》，《人民邮电》2016 年 12 月 30 日，第 5 版。

[26]《国务院办公厅印发关于切实解决老年人运用智能技术困难实施方案的通知》，2020 年 11 月 15 日，https：//www. gov. cn/zhengce/content/2020-11/24/content_5563804. htm？eqid = 953af38e000d25090000000364619055，2023 年 2 月 1 日访问。

[27]《工业和信息化部关于印发〈互联网应用适老化及无障碍改造专项行动方案〉的通知》，2020 年 12 月 24 日，https：//www. gov. cn/zhengce/zhengceku/2020-12/26/content_5573472. htm，2023 年 2 月 1 日访问。

[28]《工业和信息化部办公厅关于进一步抓好互联网应用适老化及无障碍改造专项行动实施工作的通知》，2021 年 4 月 6 日，https：//www. gov. cn/zhengce/zhengceku/2021 - 04/13/content _5599225. htm，2023 年 2 月 1 日访问。

[29] 田中全等：《手机 App 适老化改造助"银发族"共享数字生活》，《新华每日电讯》2022 年 10 月 5 日，第 3 版。

[30] 金燕等：《信息无障碍背景下的 App 适老化改造研究》，《现代情报》2022

年第 8 期，第 96 页。

[31] 数字适老化及信息无障碍联盟：《数字技术适老化发展报告（2022 年）》，中国信息通信研究院 2022 年版，第 11 页。

[32] X 博士：《老人已经不配看电视了吗》，2023 年 2 月 6 日，https：//mp. weixin. qq. com/s/aBJrbt8q_GHTF6kGGHUxXQ，2023 年 2 月 1 日访问。

[33]《国务院办公厅关于印发老年教育发展规划（2016—2020 年）的通知》，2016 年 10 月 19 日，https：//www. gov. cn/zhengce/content/2016 - 10/19/content_5121344. htm，2023 年 2 月 1 日访问。

[34]《国务院办公厅印发关于切实解决老年人运用智能技术困难实施方案的通知》，2020 年 11 月 24 日，https：//www. gov. cn/zhengce/content/2020-11/24/content_5563804. htm？ eqid = 953af38e000d25090000000364619055，2023 年 2 月 1 日访问。

[35]《提升全民数字素养与技能行动纲要》，2021 年 11 月 5 日，http：//www. cac. gov. cn/2021-11/05/c_1637708867754305. htm，2023 年 2 月 1 日访问。

[36]《“十四五”国家信息化规划》，2021 年 12 月 28 日，https：//www. gov. cn/xinwen/2021-12/28/content_5664873. htm，2023 年 2 月 1 日访问。

[37]《〈安徽省加强新时代老龄工作实施方案〉解读新闻发布会》，2022 年 8 月 26 日，https：//www. ah. gov. cn/zmhd/xwfbhx/554163771. html，2023 年 2 月 1 日访问。

算法规训与“弱者的武器”：算法时代人的自主性[*]

马爱芳[**]

摘要： 随着算法在人们生活各个领域广泛铺开，算法对公民的规训作用无孔不入，对公民的自主性形成巨大挑战。本文从詹姆斯·斯科特的“弱者的武器”理论入手，探讨算法时代算法和公民规训—反规训的力量博弈。本研究认为，算法对公民的规训有间接规训和直接规训两条路径，分别对公民产生同化和异化作用。根据公民和算法的不同关系，即公民为供应方面主体或需求方面主体，公民反抗被算法规训的方式和动机也有差异。然而，作为两个方面主体的公民在反抗算法规训方面存在共同点：第一，公民的反抗行动大多是在遵守算法规则的前提下开展的个人层面的行动；第二，公民的反抗行动一般是对算法规则的微调，不能从根本上颠覆算法和公民的不平等关系。

关键词： 算法规训，弱者的武器，同化，异化

---

* 本文系中国博士后科学基金面上资助项目“中国、美国和欧盟 2020—2023 年数字经济反垄断监管比较研究”（项目编号：2023M730104）的阶段性研究成果。

** 马爱芳，系北京大学新闻与传播学院在站博士后。

1985年，詹姆斯·斯科特（James Scott）出版了《弱者的武器：农民反抗的日常形式》一书，在学术界引起巨大反响。[1]基于他在马来西亚长达数年的实地调研，斯科特揭示了当地农民为反抗地主压榨，采取了各种看上去微不足道但却可以使农民获得实际好处的反抗方式：偷懒、装糊涂、开小差、假装顺从、偷盗、装傻充愣、诽谤、纵火、暗中破坏等。为确保这些反抗方式不被地主发现，可以长久存续下去，马来西亚农民通常会降低其反抗行动的可见度，这就是为什么如果没有斯科特这部著作，人们会误认为在农民与地主的力量关系中，农民是完全处于下风、毫无抵抗能力的。斯科特关于“弱者的武器”的论断是建立在统治者和被统治者力量不均衡的基础上的，力量不均衡的突出表现在于被统治者的反抗必须采取隐蔽的方式。斯科特指出，地主对农民的压迫可以以公开的方式开展，农民反抗地主压迫的行为却必须采取隐蔽的方式。农民的反抗行动一旦被公开，极有可能遭到地主更严厉的镇压，所以隐蔽性是农民反抗获得成功的必要条件。

斯科特描述的马来西亚地主和农民的抗争让人联想到当前算法时代平台和公民规训—反规训的力量博弈。算法无孔不入，它的触角延伸至人类活动的各个领域，这在人工智能发展水平较高的欧美和中国尤其如此。同时，公民规避算法规训的努力也在不断涌现。[2][3]研究认为在算法时代，“弱者的武器”理论为探究算法和公民双向关系提供了十分有益的视角。从“弱者的武器”角度入手，本文分析了在当前算法规训的时代背景下，算法的应用如何压缩了公民的自主性，个体又将如何反对算法规训，保持其自主性。

一、算法时代的技术规训

法兰克福学派代表人物赫伯特·马尔库塞（Herbert Marcuse）指出，在技术较发达的国家，技术的力量会转化成统治的力量，技术带来的便利容易造成人的消极怠惰心理，使人失去批判性思考的能力。马尔库塞预言，技术的发展最终会使公民成为单向度的公民，人与人的差异性逐渐消减。[4]技术造成人的单一向度是对技术规训作用的有益阐释。20世纪70年代以来，在芝加哥学派经济学家的推动下，新自由主义思想迅速蔓延世界，以美国和英国为首，各国纷纷开展经济自由化改革，削减社会福利性支出，这为20世纪80年代以来世界范围内的财富不平等埋下了祸根。[5]新自由主义思想的全球传播实质上也是一场技术进步背景下影响深远的思想同化运动，排除那些可能会阻碍企业自由经营的障碍因素成为当时绝大多数国家政策制定者的共识，可以说新自由主义思想的传播造就了单一向度的公共政策制定者。人工智能的发展根植于新自由主义思想流行的时代，新自由主义倡导的“大社会小政府”理念被人工智能企业的创始人奉为圭臬，以牺牲公民权益为代价追求技术进步和商业利益最大化为算法规训公民埋下了伏笔。

算法规训公民可以通过间接和直接两种方式展开，这两条规训路径产生了不同的规训效果。

（一）间接规训与同化作用

在间接规训框架下，算法对公民的规训假以第三方之手实现，第三方有十分明确的目标，在第三方操纵算法的过程中，算法产生同化公民的效果，即公民之间的无差别。目前各级政府部门广泛采用的算法决策就是算法间接规训公民的一个例子。在算法决策过程中，算法使得决策者的决策方式出现同化趋势。2010年以来，人工智能对公共决策的介入呈现为一个由浅到深、由边缘到核心的过程。[6]196算法决策提高了决策的精准程度，实现了大数据驱动的议程设置信息化、备择方案讨论全民化、决策执行自动化、决策评估实时化和全过程跨领域综合集成化。[7]然而，算法决策的风险也是多重的，包括算法偏差、算法错误、算法歧视和算法不可解释性造成的算法审查难等问题。[8][9]具体来说，决策者更加关心算法输出的结果，相对忽视其属地范围内公民的实际处境。算法同化的结果体现为决策者的怠政，即以算法代替调研，重数据轻实践。研究表明，人工智能的自动化能力可以帮助工作人员在处理基本行政任务（记录信息、处理文档表格等）时节省30%的时间[10]，算法决策带来的便利性会加深决策者对算法的依赖。

（二）直接规训与异化作用

算法对公民的规训也可以直接发生，这表现在它可以有效预测并引导公民的偏好和行为。学界已广泛讨论了算法如何侵害公民利益，包括算法侵蚀公民隐私权、算法歧视困弱群体和有色人种、算法加深社会不平等，等等。[11]对公民个人更深层面的侵害在于算法对个体自主性的侵蚀。人的自主性，即人在不受外部限制的条件下进行自由决断的权利，是构成个人完整身份的必不可少的因素。“自由决断”的概念源自古罗马帝国时期天主教思想家奥古斯都（Augustus）。奥古斯都指出，人是其原罪的唯一责任人，与上帝无关，即个体的行为只受个体意志的影响。公民如果不能按照自己的本心做出选择，那么人就是不自由的，就不能要求公民对其行为负责任。师曾志指出：“以承诺个体获得自主性为主基调的现代性，在个体获得自由的同时却在个体自我内部产生了分化和错位，人被抛向的外部世界与自我的内部世界都产生了双重不稳定性，从而导致自我与外部世界的异化。”[12]8算法给公民生产生活带来的便利本属于现代性产生积极影响的方面，然而随着算法代替人做选择的范围逐渐扩大，这种看似便利的反面却使人逐渐失去自主性，失去对个体生活方式乃至生活意义的控制。算法呈现的世界五彩缤纷，充满诱惑，导致的后果就是“可能会让人陷入更大的空洞感与无意义感中，甚至会发生自我身心失调，人们在失衡中更加依赖虚幻体验以寻求身心和谐之道，殊不知堕入的却是更大的混乱与无助”[12]7。

算法对人的自由决断造成困扰这一问题的根源在于，算法可以引导公民的喜好朝着资本希望发展的方向发展[13]，公民在网上看似不起眼的一些活动生成的数据被平台悉数虹吸，融入各大平台的数据池，成为平台预测消费者喜好、向用户精准投放广告的重要依据。智能手机的地理定位功能加深了算法对用户的规训。在旅行中，当你从法国到葡萄牙时，你会看到你的智能手机上显示的广告悄无声息地从法语变成葡萄牙语；如果你在谷歌上曾搜索过几次《甄嬛传》，那么当你打开 YouTube，你会发现它已经给你准备了好几部类似题材的电视剧，如《金枝欲孽》；如果你曾经追过中国女演员袁立主演的《母亲，母亲》，那么当你下次打开 YouTube，你可能会遇到平台给你推荐的《当家主母》。平台向用户推送同类型题材的电视剧，投用户之所好，实质上是算法规训的一种表现，平台希望挽留用户的注意力，保持并增强用户原有的喜好或行为，固化用户的行为模式。

算法对平台工人（如外卖骑手和网约车司机）的规训作用十分明显。在火遍全网的《2022 年冬，我在临沂城送外卖》中，山东临沂大学文学院的邢斌教授讲述了外卖骑手如何在算法压力下，冒着生命危险争分夺秒送外卖的悲惨状况。他写道："然后继续送的过程中，软件提示说上一个订单没有点击送达。你只好停下来点击。第二天就会被罚款：异地点击送达，或者超时点击送达。可以投诉说，没有超时，而且当时已经点击了送达，这是软件又跳出来的问题。投诉无效。还有一次申诉机会。再次申诉也秒回，无效。打人工客服电话，一个小时内能联系上就是幸运的。联系上了，还是同样的回复。"[13]

在这些例子中，算法规训作用的形成建立在持续监视的基础上，没有监视就没有数据，没有数据就没有利润，这就是为什么平台在收集用户数据这个环节投入巨大。哈佛大学商学院教授祖博夫讽刺地指出了平台的虚伪性。她认为，互联网最初迸发的自由开放精神在算法为主导的世界已经变质，平台以捍卫言论自由为名逼退政府监管，看似是在维护用户利益，实际上是因为政府监管会降低平台收集用户数据的便利程度，所以平台并非为言论自由而战，而是为其商业利润而战。[14]对平台而言，被转化成监视对象的用户的唯一用途就是在网络世界生产数据，扩充平台的数据池。在算法世界里，客户不是上帝，而是平台的免费打工人，每天以无限多的方式给平台免费生产数以亿万计的原材料数据：在微信上发朋友圈，在闲鱼上做二手交易，在B站上浏览视频，在知乎上发帖，等等。

二、算法规训下公民弱势地位的形成

平台广泛围猎用户数据以及公民无力抵抗被围猎,造成了平台和公民力量对比的不均衡。结合算法控制和半算法式的管理技巧，平台对公民形成平台管控（platformic control）[15]。在平台和公民的力量角逐中，后者的弱势地位由多重因素共同作用而成。首先，公民接受被算法规训的补偿就是他们可以免费享受平台提供的服务，在一些不需要付费的网站上尤其如此。用户由此获得的便捷和免费服务是他们没有动力反抗算法规训的重要原因。无论是谷歌地图还是高德地图，它们都允许用户快速获取到达目的地的路线，用户无须向谷歌缴纳任何费用就可以畅享其强大的搜索引擎检索出的结果。其次，用户的弱势地位源于他们的技术劣势。不光是用户，不少计算机专业出身的程序员也缺乏关于数据结构和算法的知识。平台高薪聘请的高级算法工程师深谙算法驭人之术，他们对技术的掌握远超绝大多数平台用户，可以在用户不知情的情况下收集数据，给用户画像，然后又以提供个性化服务为由获得用户好感，削弱用户反抗算法规训的动机。由于算法规训大多时候不可见，所以用户难以知晓自己在哪个时刻的个人数据被算法截获，引发用户的“控制危机”[16]。

再次，用户的弱势地位也和平台以违法方式收集用户数据有关。当前，尽管各国的平台监管趋于严格[17]，然而需要看到的是，这些监管措施并不能从根源上改变用户和平台的不平等关系，因为平台并不会严格遵守与用户签订的服务协议。有时尽管用户在隐私协议上勾选了不允许 cookie 跟踪本人浏览记录的选项，但平台还是会“一丝不苟”地跟踪用户，用户签订的协议变成一纸空文，不能起到有效保障用户权益的目的。[18]最后，公民的弱势地位也和大型互联网平台强大的游说政府能力有关。平台的集中游说促使议员很难制定出从根本上对平台不利的监管政策，导致对平台的监管往往雷声大雨点小。在美国，谷歌、亚马逊和 Meta 等超级平台每年投入的游说费用数额惊人，且花样层出不穷：直接游说国会议员，资助智库、资助研究员发表对公司有利的研究论文[14]，政府和企业间的“旋转门”效应等[19]。在游说美国政府的各大公司中，谷歌的游说力度一直名列前茅。2018 年，谷歌用于游说政府机构的费用高达 2120 万美元，超过其在 2012 年创下的 1822 万美元的纪录。[20]美国的超级平台善于通过笼络用户的做法给监管者施压。出于对平台免费服务的依赖，用户往往和平台“同仇敌忾”，抵制那些有可能使用户难以获取便捷服务的监管措施。[21]普尔曼（Pollman）和巴瑞（Barry）将平台利用各种非正式措施与监管机构周旋、将监管规则转向于己有利的方向的过程称为“监管的企业家精神”（regulatory entrepreneurship）[22]。

算法规训公民的路径不一而足。在间接规训层面，算法借政策制定者和执行者之手作用于公民，同化了政府决策方式，使受政府决策影响的公民有时只是决策者眼中的一个数字。自动化决策有可能弱化决策者眼中公民处境的差异性，有可能弱化解决群众实际困难的工作所具有的针对性和及时性。在直接规训层面，算法直接作用于公民个人，算法预测公民的喜好和行为，并将其朝着资本希望的方向引导，以提高广告商投放广告的准确率。算法的直接规训会对公民产生异化作用，即公民本身生活和工作需要的满足不是平台提供服务和产品的目的，而是平台资本积累和资本再生产的手段。表 1 总结了算法规训公民的两条路径及其发生机制：

表 1　算法规训公民的路径总结

	间接规训	直接规训
规训方式	同化	异化
规训路径	通过算法决策作用于个体	直接作用于个体
后果	公民成为决策过程中的数字；公民差异性减弱	公民成为平台的免费打工人；公民利益成为手段，而非目的

三、“弱者的武器”与公民反抗算法规训的行动

在算法规训大行其道的今天，公民反抗算法规训的斗争值得学界给予特殊关注。尽管公民与算法的斗争表面上看是人和机器的斗争，但本质上是人和人的斗争，因为机器是由大型互联网平台企业即人操纵的。互联网诞生早期，互联网公司曾以网络无国界为由，推卸其法律责任，最终惨遭“打脸”，因为法庭证实，互联网公司可以按照国别为用户提供有区别的服务。[23]在算法时代，算法的不可解释性尽管也被认为是算法不可控的原因之一，但是并非所有算法都是不可控的，算法的可控性意味着公民可以通过与平台协商的方式减少算法歧视和算法偏见。公民是否可以战胜由强大资本和技术加持的算法？公民的反抗精神虽然可贵，但是否终因敌人过于强大，只能以失败告终？

斯科特的“弱者的武器”理论对传统社会运动理论进行了修正。斯科特认为在社会压迫和霸凌的条件下，弱势人群对强势人群的反抗不一定要通过有组织的方式进行，其反抗行动的结果也不一定非要让社会现实产生惊天动地的改变。相反，公民的反抗可以是缺乏组织性和系统性、在机会主义动机的诱导下采取的个人行为，即使公民的反抗仅仅在较小范围内改变了社会现实，或

者没有改变社会现实，也不能否认公民反抗的意义。[1]29 正如斯科特所指出的那样，农民反抗地主的行动几乎不需要事前协调或计划，它们通常以个人自助的形式出现，避免和权威或社会精英制定的规范发生任何直接的、象征性的对抗。[1]29 在反抗行动开展的过程中，农民表面上服从权威，但他们仅有服从的表象（impression），并无服从的实质（substance），农民放大象征性服从的目的恰恰是在给实际中的不服从行动创造条件。[1]26 斯科特描述的这种“火力较低、打完就撤”的类似游击战的农民日常反抗形式[1]241 也适用于网络时代和算法时代网民的反抗行动。传播学学者杨国斌指出，网络时代公民在网络空间组织的社会行动较之没有互联网的时代，表现出诸多新特点，社会行动表现出了去中心化的特征，即没有明确的领导者，以反对社会不公正为核心诉求的社会行动在组织方式上变得灵活多样。[24]

在算法时代，网民抗争的对象由贪腐官员扩展为算法。和传统权力（本文将传统权力理解为机构或占据权威地位的个人所拥有的权力）相比，算法权力内嵌在技术之中，具有较强的不可见性。鉴于算法的内嵌性，公民反抗算法规训的方式和方法也具有新特征，即公民的反抗行动必须以公民接受算法规训为前提。公民对算法的反抗是一种“共谋形式的反抗”，它并不否认算法拥有的权力，而是在算法规定的框架内开展行动。[3]535 在这一点上，“弱者的武器”理论对解释公民反抗算法规训具有重要意义，二者的相通之处有两点。第一，公民和算法在权力上的不平等决定了公民反抗算法规训的活动需要在算法内部开展，反抗行动一旦跳脱出算法框架，就很可能将变得无效。公民只能“以算法之道还治算法之身”，即掌握并利用算法的工作原理以实现自己的目标。这与“弱者的武器”理论中农民在接受现存的不平等的地主—农民关系的前提下，开展反抗运动的过程相似。第二，同农民的反抗行动类似，公民反抗算法规训的行动通常也是没有组织的、不系统的、个人层面的游击战行动，且取得的成果通常较微小，不能从根源上改变算法规训公民的大背景。这与斯科特讲述的农民的反抗难以改变地主和农民不平等关系的状况类似。

公民反抗算法规训必须在一定条件下开展。策略是一种步步为营的行动，它发生在现存制度内部，依赖并利用现有结构呈现的机会，建立自己的落脚点，一步步规划行动发生的时间。[25]公民反抗算法规训能否获得成功与公民如何看待算法有关。拿波里（Napoli）指出，至少对某些算法而言，它们可以被看作媒体机构的一部分，因此认为算法可以被大众所抵抗、质疑乃至推翻，并非不合常理。[26]除了媒体机构，用户也可以从技术角度看待自身与算法的关系，即算法是用户可以对其改造，使之更好满足自身需要的技术工具。从这个角度出发，人反对技术规训的行动既是正义的，又是可能的，因为这种阐释框架重申了人在算法时代的主体性，重申了人统治算法，而非算法统治人的原则。另外，算法对用户的规训并不是单向进行的，用户可以影响算法的输出，在用户和算法“共同生产原则”的作用下，用户的参与可以使技术的原始用途发生偏转。[27]如果技术的设计者可以通过设计技术的用途给用户设定框架，那么用户可以通过改变技术的原始用途规避设计者的框架。[28]

实践层面已经有不少公民反抗算法规训且取得成功的实例。根据不同群体（这些群体主要包括平台上提供商品或服务的商家、平台工人、平台用户）与算法的关系，公民反抗算法规训的方式也有区别。拉米左（Ramizo Jr.）将和算法博弈的公民分成两类：作为供应方的公民和作为需求方的公民。供应方的公民依靠算法提供的平台，或者向消费者提供营利性服务，或者通过为平台提供服务来获得报酬。供应方的公民主要包括两大类：平台商家和平台工人。需求方的公民是指那些在平台上消费的用户，他们不以获得利润为主要目标，因此主要是由平台消费者构成的。我们对公民反抗算法规训的讨论也基于拉米左的分类方法。[2]1852

平台上提供商品或服务的商家（包括网红和意见领袖在内）的盈利规模或社会影响力和他们在平台上的可见度有直接关联，因此在绝大多数情况下，他们并不是被动地观察算法的行为，而是越来越意识到自己可以影响算法的输出结果和工作方式。[3]526内容生产者越来越能在了解算法工作原理的基础上，提高自己在如Instagram等社交媒体上的可见度和知名度。[29]另外，他们也可以在不同的平台之间进行切换，干扰算法对其画像的精确程度。[30]包括外卖骑手和网约车司机在内的平台工人有多种渠道反抗算法规训：他们可以使用自行定制的软件，探索算法的运行方式[31]；他们可以设立平台工人社群，分享和学习规避算法规训的策略[32]；他们可以凭直觉猜测客户可能使用的策略，并想出阻碍此类策略实施的方法[33]；他们可以通过和平台直接谈判的方式，改善自己的处境[34]。

四、聚焦公民反抗算法规训

学界对平台用户如何规避算法规训的关注相对较少。[3]524拉米左的研究对揭示用户如何反抗算法规训做了十分全面的阐述。他指出作为需求方，用户比平台上的供应方，即商家和平台工人，更有反抗算法规训的充足动机。第一，供应方受平台限制较大，不遵守平台规则的行为会导致诸如销户或罚款等后果。相反，平台用户不会面临这样的限制，其反抗算法规训的行动不会导致严重后果。第二，供应方可以通过集体谈判或组织工会等比较系统的手段维护自身利益，平台用户却鲜有机会通过集体谈判的方式维护自身利益。[2]1852 拉米左以马尼拉的优步用户和优步平台的博弈关系为例，说明了用户可以使用五大类策略规避算法规训，包括优化策略（optimisation）、消减策略（mitigation）、边界逐猎策略（boundary hunting）、跨立策略（straddling）和步骤形成策略（heuristic formation），每一种策略都有多种表现形式。[2] 以优化策略为例，该策略是指用户摸索如何在不违背平台规则的条件下，利用平台自身的弱点，使自身利益最大化。优化策略表现在多个方面：通过口口相传，用户可以发现平台之间的不同，然后选择性价比最高的平台；了解平台间的竞争激烈程度，选择能给用户提供最高补贴的平台；重新规划出行路线，找其他朋友共同分担出行费用；等等。

从媒体实践的角度，维尔科娃（Velkova）和考恩（Kaun）研究了由瑞典设计学学生兼活动家布赖（Burai）组织的“World White Web”媒体运动，指出活动家和公民可以通过发挥自身能动性，通过一系列“媒体修补做法”（media practices of repair）抵抗算法规训。在一次课堂作业中，布赖发现谷歌图片搜索引擎只显示白人的手部图片，并不显示黑人的。通过广泛调动传统媒体的帮助，布赖成功改变了谷歌图片搜索引擎的显示结果，使黑人的手部图片在显示结果中的排名大大上升。两位作者将“媒体修补做法”定义为一种对算法系统打补丁的修补性质的工作，带有即兴性，目的是使算法系统产生令人意想不到的输出，以纠正算法偏差。[3]535 尽管布赖的努力只改变了谷歌图片搜索引擎的一个词条，维尔科娃和考恩还是充分肯定了和她类似的那些社会活动家的工作，认为布赖的成功表明，用户不只是平台大型数据库的建造者，他们也可以通过有策略地与算法交互，从而影响算法对数据的处理过程。[3]535

用户并不只关注算法规训人的一面，也越来越重视算法在情感和精神方面给人带来的愉悦。在一些日常媒体实践中，用户和算法发展出一种“共生关系”，用户把算法看作自己的伴侣或顾问，帮助自己培养艺术鉴赏力。[35]算法在精神层面给用户提供的扶助在养老产业中尤其明显，如养老陪伴机器人对缓解社会老龄化将发挥重要作用。这类机器人可以同老年人对话、跳舞、玩游戏等。Pepper 机器人可以阅读，也可以识别人的情绪；类似于 Amazon Alexa 和 Google Home 的人工智能助手有提醒老年人吃药的功能；“天猫精灵火眼”还有识别药盒的能力，可以播报药品药名、功效和过期日期等信息，已经可以识别超过 4 万种药盒。[36]当然，算法精神扶助功能的发挥与被扶助人对算法的掌握有直接关系。尽管算法机器人对缓解我国的老龄化问题具有巨大潜力，然而需要看到的是，我国有四分之三的老年人并未接触过互联网。[36]

无论是供给方主体还是需求方主体的公民在反抗算法的努力上都存在一定缺陷，这些缺陷叠加的结果就是，公民反抗算法规训的努力并不能从根本上撼动算法在人机关系中的强势地位。拉米左指出，用户用来规避算法的那些充满创造性的做法最后有可能被平台知晓，平台在此基础上会开发出预测能力更加强大的算法。[2]维尔科娃和考恩则指出了公民反抗算法规训的另一重局限性，即在“媒体修补政治”中，人的能动性的发挥总是事后发生的[37]，在算法偏差或算法歧视已经给公民造成伤害以后才起作用，所以它是一种事后政治，且只能给算法带来局部修补。[3]以养老陪护机器人为代表的算法固然可以给用户提供心理慰藉，然而这种陪护的另一面却是人机关系更深层次的不平等，心理素质较弱的公民会对机器形成过度依赖，将机器人的虚拟情感误认为真实情感，与现实脱钩。

五、结论

在这个被气候变暖、国际恐怖主义和核战争等威胁所笼罩的世界，人类共同体的命运尚未像今天一样充满不确定性。算法的出现似乎使人类社会面临的不确定性弱化了些许。作为算法运行的基石，优雅的数学运算使得输入数据和输出结果之间确立了某种有规律可循的联系，算法使人类的喜好和行为，乃至政府的决策都变成可以预测的了。法国哲学家笛卡儿曾批评人的自由决断权，他指出由于人在行使自由决断权时，并不总是受理智的指引，所以自由决断的自由是人类所有自由权利中等级最低的自由。在算法可以主导政府决策和个人喜恶的世界，由于每个决定的做出都基于算法的理性运算，所以算法的使用在很大程度上减少了世界的非理性。然而，算法带来的确定性需要人类付出巨大的代价，个体自主决断权的丧失就是其中之一。胡泳在评价后人类主义时曾指出，后人类主义“实际上意味着人本主义主题的死亡”，即人作为一种特殊、独立的实体的存在，与智能机器之间将不再存在任何有意义的区别。[38] 人们又开始怀念并珍视人类行动中包含的不确定和非理性的部分，公民反抗算法规训的行动就体现了人类对不确定性和非理性的追寻。

本文从斯科特的“弱者的武器”理论出发，考察了算法和公民规训—反规训的力量博弈。研究认为，算法对公民的规训体现在同化和异化两个层面；公民反抗算法规训的策略则根据公民与算法关系的不同而有区别：服务提供者（如淘宝商户、直播“带货”主播、美妆博主、“网红”、意见领袖等）、平台工人（如网约车司机、外卖小哥、快递小哥等）和平台用户（如电商平台消费者、社会活动家等）等公民反抗算法规训的方式和动机不尽相同。然而，这三类群体的反抗行动具有的共同点在于，它们都体现了斯科特的“弱者的武器”理论中个体为反抗权威、利用权威系统的现有规则的“以其人之道还治其人之身”。公民个人为弱化算法规训采取的反抗行动虽可赞可叹，然而这些行动很难产生立竿见影的效果，即便产生效果，大多数也只是对现存不平等力量关系的微调，而不是决定性地推翻这种不平等。

早在2002年，费恩伯格（Feenberg）和哈内（Hannay）就写道：技术“是一个矛盾的发展过程，它悬浮在各种不同的可能性中间”[39]。从20世纪50年代至今，人工智能崎岖的发展历程印证了这句话的前瞻性。机器学习和大数据是人工智能的两大基石[6]194，算法则是将二者统一连接起来的桥梁。算法发展至今，其智能程度今非昔比，然而它给个体自主决断权带来的挑战也前所未见。人工智能的发展似乎走到了一个十字路口，也就是费恩伯格和哈内所说的技术悬浮在各种不同的可能性之间的状态。在不可预知的明天，是接受算法继续没有阻碍地发展，还是重申个体自主性，将算法关进制度的笼子，或者对算法技术采取有选择性的发展政策，只允许企业采用那些可以被解释的算法，禁止使用不能被解释的算法？决策者对算法的治理将变得无比重要，因为它事关未来公民是只能以卑微的身份，通过使用那些看上去无关痛痒的“弱者的武器”向算法索回主体性，还是可以重申对算法的主权，以一劳永逸的方式摆脱算法规训。

注　释

[1] Scott, James C., *Weapons of the Weak: Everyday Forms of Peasant Resistance*, Yale University Press, 1985.

[2] Ramizo Jr., Godofredo, "Platform Playbook: A Typology of Consumer Strategies Against Algorithmic Control in Digital Platforms," *Information, Communication & Society*, Vol. 25, No. 13, 2022, pp. 1860-1861.

[3] Velkova, Julia, and Anne Kaun, "Algorithmic Resistance: Media Practices and the Politics of Repair," *Information, Communication & Society*, Vol. 24, No. 4, 2021, pp. 523-540.

[4] 马尔库塞：《单向度的人：发达工业社会意识形态研究》，刘继译，上海译文出版社 2014 年版。

[5] Piketty, Thomas, *Capital et Idéologie*, Seuil, 2019.

[6] 吴进进、符阳：《算法决策：人工智能驱动的公共决策及其风险》，《开放时代》2021 年第 5 期，第 194—206 页。

[7] 陈一帆、胡象明：《大数据驱动型的公共决策过程创新及效果评估——基于 SSCI 和 SCI 的文献研究》，《电子政务》2019 年第 8 期，第 19—20 页。

[8] Chiao, Vincent, "Fairness, Accountability and Transparency: Notes on Algorithmic Decision-Making in Criminal Justice," *International Journal of Law in Context*, Vol. 15, No. 2, 2019, pp. 126-139.

[9] Osoba, Osonde A., and William Welser Ⅳ, *An Intelligence in Our Image: The Risks of Bias and Errors in Artificial Intelligence*, Rand Corporation, 2017.

[10] Viechnicki, Pieter, and William D. Eggers, *How Much Time and Money Can AI Save Government? Cognitive Technologies Could Free Up Hundreds of Millions of Public Sector Worker Hours*, Deloitte University Press, 2017.

[11] 于文轩：《大数据之殇：对人文、伦理和民主的挑战》，《电子政务》2017 年第 11 期，第 21—29 页。

[12] 师曾志：《数智时代的认知加速与算法游戏：以生命传播的视域》，《台州学院学报》2021 年第 2 期，第 6—15 页。

[13] 邢斌：《2022 年冬，我在临沂城送外卖》，2023 年 9 月 6 日，https://new.

qq. com/rain/a/20230906A0AGMZ00，2023 年 9 月 10 日访问。

[14] Zuboff, Shoshana, *The Age of Surveillance Capitalism: The Fight for a Human Future at the New Frontier of Power*, Profile Books, 2019.

[15] Jarrahi, Mohammad Hossein, et al., "Platformic Management, Boundary Resources for Gig work, and Worker Autonomy," *Computer Supported Cooperative Work*, Vol. 29, 2019, pp. 153–189.

[16] Bodo, Balazs, et al., "Tackling the Algorithmic Control Crisis—The Technical, Legal, and Ethical Challenges of Research into Algorithmic Agents," *Yale Journal of Law and Technology*, Vol. 19, No. 1, 2018, pp. 133–180.

[17] Ma, Aifang, *La régulation du numérique: Chine, Etats-Unis, France*, La Fondation pour l'Innovation Politique, 2023.

[18] Kim, Nancy S., and D. A. Telman, "Internet Giants as Quasi-Governmental Actors and the Limits of Contractual Consent," *Missouri Law Review*, Vol. 80, No. 3, 2015, pp. 723–770.

[19] Mills, Wright, *The Power Elite*, Oxford University Press, 1956/2000.

[20]《又创造了一个新纪录：谷歌、Facebook 游说费用创新高》，2019 年 1 月 23 日，https://finance. sina. com. cn/stock/usstock/c/2019-01-23/doc-ihrfqzka0359643. shtml，2023 年 9 月 1 日访问。

[21] Culpepper, Pepper, and Kathleen Thelen, "Are We All Amazon Primed? Consumers and the Politics of Platform Power," *Comparative Political Studies*, Vol. 53, No. 2, 2020, pp. 288–318.

[22] Pollman, Elisabeth, and Jordan Barry, "Regulatory Entrepreneurship," *Southern California Law Review*, Vol. 90, No. 3, 2017, pp. 383–448.

[23] Goldsmith, Jack, and Tim Wu, *Who Controlls the Internet? Illusions of A Borderless World*, Oxford University Press, 2006.

[24] Yang, Guobin, *The Power of the Internet in China: Citizen Activism Online*, Columbia University Press, 2009.

[25] Certeau, Michel de, *The Practice of Everyday Life*, University of California Press, 1984.

[26] Napoli, Philip M., “Automated Media: An Institutional Theory Perspective on Algorithmic Media Production and Consumption,” *Communication Theory*, Vol. 24, No. 3, 2014, pp. 340-360.

[27] Feenberg, Andrew, and Alastair Hannay, eds., *Technology and the Politics of Knowledge*, Indiana University Press, 1995.

[28] Oudshoorn, Nelly, and Trevor Pinch, eds., *How Users Matter: The Co-construction of Users and Technologies*, Cambridge, MIT Press, 2003.

[29] Cotter, Kelly, “Playing the Visibility Game: How Digital Influencers and Algorithms Negotiate Influence on Instagram,” *New Media & Society*, Vol. 21, No. 4, 2018, pp. 895-913.

[30] Möhlmann, Mareike, and Lior Zalmanson, “Hands on the Wheel: Navigating Algorithmic Management and Uber Drivers' Autonomy,” Proceedings of the International Conference on Information International Conference on Information Systems, Seoul, South Korea, September 2017.

[31] Lehdonvirta, Vili, “Flexibility in the Gig Economy: Managing Time on Three Online Piecework Platforms,” *New Technology, Work and Employment*, Vol. 33, No. 1, 2018, pp. 13-29.

[32] Wood, Alex J., Vili Lehdonvirta, and Mark Graham, “Workers of the Internet Unite? Online Freelancer Organisation among Remote Gig Economy Workers in Six Asian and African Countries,” *New Technology, Work and Employment*, Vol. 33, No. 2, 2018, pp. 95-112.

[33] Shapiro, Aaron, “Between Autonomy and Control: Strategies of Arbitrage in the ‘On-Demand’ Economy,” *New Media & Society*, Vol. 20, No. 8, 2018, p. 2956.

[34] Wood, Alex J., and Vili Lehdonvirta, “Platform Labour and Structured Antagonism: Understanding the Origins of Protest in the Gig Economy,” Industrial Relations Research Center (topic), 2019.

[35] Karakayali, Nedim, Burc Kostem, and Idil Galip, “Recommendation Systems as Technologies of the Self: Algorithmic Control and the Formation of Music

Taste," *Theory*, *Culture & Society*, Vol. 35, No. 2, 2018, pp. 3–24.

[36] 华凌：《让 AI 做老年人的贴心小棉袄》，2021 年 11 月 29 日，http：//health. people. com. cn/n1/2021/1129/c14739-32293986. html，2023 年 9 月 1 日访问。

[37] Jackson, Steven J., "Rethinking Repair," in Gillespie, Tarleton, Pablo J. Boczkowski, and Kirsten Foot, eds., *Media Technologies: Essays on Communication, Materiality, and Society*, MIT Press, 2014, pp. 221–240.

[38] 胡泳：《超人类、后人类与人的可能异化》，《二十一世纪》2023 年 6 月号，第 56 页。

[39] Feenberg, Andrew, *Transforming Technology: A Critical Theory Revisited*, Oxford University Press, 2002.

追求平等
——对智能传播时代算法公共性重构问题的研究*

周　敏　赵秀丽**

摘要：2023年ChatGPT的火爆问世加速了智能传播时代的进展，人工智能三大核心要素之一——算法的“黑箱”属性引发的技术发展和社会平等问题也越来越引起公众热议。本文从哈贝马斯2021年最新文章中提出的公共领域形成前提——“活跃市民社会”的三个边界条件入手，分析其如何受算法的“黑箱”属性损害，即算法推荐新闻损害自由政治文化的形成，算法偏见以更隐蔽的方式影响社会平等，以及“算法霸权”概念使公共利益让位于商业机构。本文用拉图尔的行动者网络理论中的三个核心概念，即“行动者”“网络”与“转译”，强调了重建算法公共性的三条路径，包括针对不同“行动者”主体，界定不同行动诉求，将公共性与公开性纳入算法网络设计，以及做好自上而下的算法决策治理与自下而上的算法素养提升。

关键词：公共领域，行动者网络理论，智能传播，算法偏见

*　本文系国家社会科学基金项目“圈群生态视阈下网络舆情治理现代化创新路径研究”（项目编号：23BXW041）、中央高校基本科研业务费专项资金资助阶段性研究成果。

**　周敏，系北京师范大学新闻传播学院教授、博士生导师；赵秀丽，系北京师范大学新闻传播学院博士研究生。

随着人工智能、大数据、云计算、5G等技术在传媒领域的日益渗透，智能传播时代正在加速发展。人工智能的快速发展依赖三个核心要素：数据、算法和算力。其中，算法是这三个核心要素中最重要的。借鉴人类的思维方式，深度学习和多层次神经网络算法等推动着人工智能的发展。但是算法内部的“黑箱”属性引发的社会平等问题正在遭受越来越多的质疑。2020年《人物》杂志中的一篇文章《外卖骑手，困在系统里》引发社会对“资本、算法与人性”的思考。当人被“异化”为一种由算法主宰的工具时，技术发展与社会平等的关系上升为一项尖锐的社会新议题。2023年，生成式人工智能ChatGPT火爆全网，其隐含的算法偏见和算法歧视等问题也加速了社会热议。比如，目前已有多项研究表明，ChatGPT模型在回答政治问题时表现出“左”倾偏见[1]，其背后潜藏的种族歧视或性别歧视等违反法律及公序良俗的内容也让公众呼吁寻求“平等算法”。

对于算法公共性重构的问题，目前有多位学者表达过相关观点。针对个性化新闻以流量为导向、贬损新闻公共性的生产方式问题，喻玲提出，应坚持管制与反垄断法并用的二元规制理念，以管制手段来保障公共新闻的供给，以竞争来促进新闻质量的提升[2]154。虽然目前对算法公共性重构问题已有部分讨论，但多围绕算法对新闻业的影响展开讨论，缺乏用更为宏观的视角思考算法“黑箱”与社会平等之间关系的内容。

“公共”是指一个关心公共利益且具备民主讨论能力的团队。“公共性”是市民社会思想的核心[2]161。“公共领域”（public sphere）概念更是由来已久。根据哈贝马斯的定义，公共领域是指我们生活的一个领域，在这个领域中，能够形成像公共意见这样的事物。[3]在哈贝马斯2021年最新文章《关于政治公共领域新一轮结构转型的思考和假说》中，他提出了“活跃市民社会”的三个边界条件。随着智能传播时代的到来，算法的无规制发展正在不断解构着这三个条件，进而威胁社会公共性的建立。因此，本文试图先从哈贝马斯提出的“活跃市民社会”的三个边界条件出发，讨论在智能传播时代，算法的“黑箱”属性如何损害这三个边界条件，继而使用拉图尔的行动者网络理论，对算法时代公共性重构问题中的三个核心概念，即“行动者”“网络”和“转译”进行一些思考与建议。

一、公共领域的形成前提:“活跃市民社会”及其三个边界条件

公共领域的理论源头可以追溯到古希腊、古罗马时代的思想家，如柏拉图和亚里士多德。最早系统研究公共领域的学者是美籍德裔思想家汉娜·阿伦特，她对公共领域的讨论形成于社会转型的过程中[4]。阿伦特之后，熊彼特、布鲁纳和杜威等人又从不同角度研究过此问题。哈贝马斯是公共领域理论研究的集大成者，他在《公共领域的结构转型》中，以批判的立场对公共领域的历史起源、结构、功能做了透彻的分析和展望。根据哈贝马斯的定义，公共领域是私人领域的一部分，是一个由私人集合而成的公众领域，与公共权威领域相对立，其精髓在于它的批判性。这里的“批判”是指，公众在理性精神的指引下，基于“公”的目的而进行交往，以形成对公共事务的一致性意见[5]。

同时，哈贝马斯还提出，公共领域的前提和基础是市民社会的形成。他在 2021 年最新文章《关于政治公共领域新一轮结构转型的思考和假说》中，提及了“活跃市民社会”的三个边界条

件：自由政治文化，一定程度的社会平等，以及福利国家如何调节民主与资本主义经济之间的矛盾。第一，自由政治文化。其核心在于，市民相互承认彼此间的陪伴以及彼此都是具有同等权利的民主共同立法者。在多元社会中，要实现这种道德境界，首先需要实现对所有人的无差别包容，这种包容一定程度上意味着“妥协”。第二，一定程度的社会平等。其理想状态是政治权利与私人权利关系间的良性循环，即政治权利能够确保公民参与民主立法，决定私人权利的分配，私人权利的兑现又保障市民有动机作为公民介入民主舆论和意志形成的过程。第三，福利国家如何有效调节民主与资本主义经济之间的矛盾。在这些条件下，哈贝马斯设想了一种超越单纯民族国家界限的、具备全球行动能力的制度，即福利国家需要满足两个矛盾的要求：一方面要能够为资本的增殖创造充分条件；另一方面要满足更广大阶层的利益，保障其施展私人和公共自主性的法律前提和物质前提。

总结来说，哈贝马斯认为，当下公共领域形成的前提是“活跃市民社会”，而“活跃市民社会”的存在取决于以上文化、社会和经济的三个边界条件。但是，随着智能传播时代算法“黑箱”属性的发展，这三个条件正在遭受一步步侵蚀。

二、智能传播时代，算法“黑箱”损害“活跃市民社会”的表现

现代社会已然完全被媒介所浸透[6]，算法作为智能传播时代的基本逻辑与核心要素之一开始影响人们社会生活的方方面面。但算法的“黑箱”属性也正在侵蚀上述哈贝马斯笔下“活跃市民社会”的三个边界条件，损害自由政治文化，影响公共利益，解构社会平等。

(一) 算法推荐新闻损害自由政治文化的形成

哈贝马斯提出“活跃市民社会”的第一个边界条件是自由政治文化的形成，其核心是市民彼此间的“包容”，这只能通过潜移默化的政治社会化模式、代代相传完成。涵化理论强调要揭示大众传播媒介在潜移默化中培养受众世界观的现象。算法推荐新闻已成为数字社会最主要的一种新闻推荐方式[7]，从信息供给与接收两个角度对社会文化产生着深远影响。

其一，从信息供给角度来说，算法推荐新闻的发展使传媒从业者在新闻的选择标准上让过去强调公众因新闻事实受益的“新闻价值”逐步让位于新闻事实对媒体或记者有用、能带来流量的“报道价值”[8]，在这个过程中，新闻公共性逐渐遭到贬损，自由政治文化的培育土壤被破坏。传统新闻价值强调公众普遍认可的重要价值，包括时效性、重要性、接近性、趣味性和真实性五大要素。算法推荐背后强调的新闻价值则是每个用户的选择偏好，改变了新闻业专业判断的核心问题，即“什么值得关注”转变为商业化的“这个人想要什么”[9]。算法时代下，媒体产业无法筛选高质量的内容，无法带来新闻所应给予受众的态度、深度、广度与温度。

其二，从信息接收角度来说，算法推荐新闻正在窄化受众认知范围，引发个体单位的“信息茧房”与群体单位的网络“巴尔干化”等问题，受众思考维度逐渐僵化，自由政治文化的深耕条件被破坏。“信息茧房”是指由于算法推荐的发展，人们会习惯性地被自己的兴趣引导至关注的信息领域，从而将自己的生活桎梏于像蚕茧一般的“茧房”中。[10]近年来有学者提出，由于互联网的基本沟通属性，用户已不再以个体为单位的茧房形式存在，而会将自己归属到不同群体性质的圈层中，现实群体之间的绝缘城邦不断拓展到虚拟空间，网络空间逐渐“巴尔干化”[11]。自由平等、多元包容、开放共享的互联网美好愿望在算法推荐等技术控制下渐行渐远。

显然，这种“变味”的新闻分发形式已经无法承担传播社会公共价值的责任，且将持续损害“活跃市民社会”中的第一个边界条件——自由政治文化的形成。

（二）算法偏见以更隐蔽的方式影响社会平等

“活跃市民社会”的第二个边界条件是一定程度的社会平等，其形成前提是各类活动能切实有助于修正突出的、具有结构性根源的社会不平等。虽然算法技术一直以一种中立客观的态度存在于数字基础设施之中，但任何技术的背后其实都有“人”的控制。算法偏见或算法歧视等正以一种更隐蔽的方式影响社会平等。

其一，从算法设计角度来说，特定的权力结构、价值观和意识形态正以一种微妙的形式被提前内嵌于算法设计过程，信息给予侧的不平等正以悄无声息的方式传递给算法使用者。2022 年 12 月，清华大学助理教授于洋带领团队对 GPT-2 做了性别歧视水平评估，评估结果发现，GPT-2 将教师预测为男性的概率是 70.59%，将医生预测为男性的概率则是 64.03%。人工智能程序不仅学会了人类对性别的刻板印象，有些甚至会发表过激的种族歧视言论。[12] ChatGPT 算法系统生成的背后不仅有天才精英的硅谷工程师，也有每小时挣两美元的肯尼亚“数字民工”，更有本身存在于互联网中的海量基础数据。其中，在每一个环节都可能涉及算法设计者的主观偏见，或是由输入数据的可靠性以及算法局限造成的歧视。[13]“喂养”、训练人工智能过程中引发的社会不平等问题值得关注。

其二，从算法使用者角度来说，个体在被贴上“算法身份”后可能会被逐渐圈定在与自己曾经的现实条件相吻合的信息角色中而失去获得新资源的机会，信息使用的不平等性逐渐加剧。算法决策过程中的首要逻辑是为每个用户描绘一幅利于高效传播和内容推荐的用户画像，即“算法身份”，这个身份与个体在过去信息浏览过程中呈现的兴趣偏好、经济收入和社会地位等相关。[14]当个体畅游个性化服务的海洋时，也将逐渐失去对信息的选择意愿和选择能力。一些在媒体中本来有机会接触更高层级的人群与内容的用户，却因算法收集的是代表个体过去情况的数据而与更高层级的信息无缘。[15]人们的身份、地位和行为都被算法打成烙印，底层向上流动的机会日益减少[16]，隐性权力控制导致的社会不平等问题愈加凸显。

总结来说，算法的“黑箱”属性以隐蔽但加速的方式影响着社会平等。“黑箱”操控正在损害“活跃市民社会”的第二个边界条件——一定程度的社会平等。

（三）“算法霸权”概念使公共利益让位于商业机构

“活跃市民社会”的第三个边界条件是福利国家如何有效调节民主与资本主义经济之间的矛盾。在社会主义经济背景下，我国虽然不存在资本主义经济，但随着智能传播时代的发展，由于不具备独立研发智能算法的技术能力和人才资源，传媒领域开始更多以业务外包、网络协作等方式与民营技术公司进行合作。如何调节企业的经营目标与公众的公共利益成为一项新课题。

其一，从企业角度来看，算法使代表公共利益的媒体机构将权力让位于掌握商业资本的技术公司，当资本垄断传播资源时，“算法即霸权”概念进一步解构着社会公共性。媒体传播是公权力的一部分，在西方也被称为“第四权力”。但当下代表公共利益的传统媒介由于智能传播技术能力落后，因此只能越来越依赖乃至屈从于技术公司。而技术公司并不需要背负传统的公共性与公益性的目标，其商业逻辑和“流量”逻辑决定了经济利益至上的首要原则，媒体平台的公共性正不断被商业性挤压甚至取代。内容的采集、投递和营销都越来越难以受到公共力量的监督，拥有技术和数据的公司却开始拥有更多公共权力[17]，“算法即霸权”概念便逐步建立起来，未来传播的掌握权也逐渐使其公共性让位于商业化。

其二，从公众角度来看，“算法霸权”催生了“数字劳工”这一类新群体，“数字劳工”生产的所有信息数据与内容都以无偿形式转化为商业平台的无形资产[18]，“算法霸权”完成了对公共利益的又一轮剥夺。算法时代，数字媒介用户被卷入数字媒体产业链，服务于生产、消费和市场等多个环节。[19]不只生产注意力，也生产数据本身的“数字劳工”因应而生，扩大了传统意义上的“劳工”概念，并被定义为“将信息知识消费转化为额外的生产性活动而遭受剥削的劳动者”[20]。代表资本利益的平台公司不生产信息内容，却拥有社交媒体网络中的所有信息数据，并用其“喂养”自身的算法系统，助力算法系统的一轮轮升级，从而完成“算法霸权”对公众利益的一轮轮剥夺。

因此，“算法霸权”正在企业资本和公众使用两个维度使公共利益让位于商业机构，权力失衡正在损害“活跃市民社会”的第三个边界条件——如何有效调节民主与经济之间的矛盾。

三、从行动者网络理论视角重建算法公共性

智能算法的崛起是信息社会发展的必然[21]，针对当前算法“黑箱”带来的种种问题，本文意图借用拉图尔的行动者网络理论（Actor-Network Theory）对算法公共性重构问题展开讨论。此理论突破了传统二元论视角下自然存在论与社会建构论之争，强调社会因素与科学实践是同一进程中两个相互影响的部分[22]，为我们提供了一个重新思考算法“黑箱”与寻求算法公共性的视角，这一理论中包括“行动者”“网络”和“转译”三个核心概念。

（一）针对不同“行动者”主体，界定不同行动诉求

“行动者”指的是在科学实践中的一切参与要素，包括宏观的与微观的、人类的与非人类的，只要是能对事物状态改变起到作用的，都可以被纳入行动者行列。[23]哈贝马斯曾强调，要将那些所有可能受其影响的人都作为理性对话的参与者，这样制定的统一行动规范才是有效的。在算法时代背景下，本文主要梳理了四大“行动者”主体，即算法研发者、算法使用平台、公共传媒组织和算法面对的用户。在算法公共性重构过程中，第一步便是要针对不同“行动者”主体，界定不同的行动诉求。

第一，对算法研发者来说，其关注重点应为如何通过算法减少数据挖掘过程中的价值偏差，更高效率、低误差地完成信息的生成与匹配，实现技术的最大公共性潜力。第二，对算法使用平台来说，未来需要思考如何在兼顾公共性与经济性目标的前提下，完成算法新闻与受众需求的结合，以既能创造流量与黏度，

又能保障更多维度的信息供给，拓宽受众视野。第三，对公共传媒组织来说，未来需要不断提升自身的信息服务能力，减少对技术公司的依赖，以独立研发多样态新闻产品，重新夺回对未来传播的主导权。第四，对算法面对的用户来说，除了要获取自身感兴趣的新闻外，还要有意识地跳脱出“算法陷阱”，主动寻找更多额外信息，以成为自己信息池的决策人。

温纳曾提出，现代技术的一个重要缺陷在于那些因它们的存在而受到影响的人对于其设计和运行没有或只有很少的控制权，因此未来涉及技术的规划、建造和控制的过程应该尽可能向那些注定要体验最终产品和全面社会后果的人敞开，而这也正是技术公共性的直接体现。拉图尔的行动者网络理论提醒我们，首先需要界定清楚参与主体的多方诉求，继而寻求共同解决方案，以最优解方式保障最终的算法治理方式最大限度地发挥作用，重建平等算法，重构算法公共性。

（二）智媒时代算法“网络”需具备公共性与公开性

“网络”是指“通过彼此连接的链条和网眼使资源集中于少数节点，使分散的资源结成网络，并扩展到所有角落”[24]298。智能传播时代下的“网络”指代的自然是算法本身，它将各个行动者主体归结于算法技术本身，继而扩散影响其他方面。要重构算法公共性，既需从强调内容的维度来展望未来，建设适合各行动者主体的最优解算法模式，也需从优化机制维度打开算法“黑箱”，增加人工审核，实现人机平衡。

其一，智能传播时代的算法网络需更强调回归主流的公共性价值，从更丰富、宏观、系统的视角设计算法模式，重构社会平等。西方学者赫伯格（Helberger）曾提出过算法网络的三个标准：算法应满足并拓展用户的个人选择，增强用户对于多种选择的认识；算法应保证用户与对立政治观点接触的程度，促成跨意识形态之间的互动；算法应主动促进批判性意见和弱势观点的形成，将异议引入公共辩论。[25]人民日报客户端于2019年推出了一套主流算法模式，其核心主旨与上述三个标准较为接近，强调更有品质的内容、更懂你的推荐以及更丰富和更开放的信息环境。[26]这一套算法标准与主流算法原则可供其他算法使用平台借鉴和使用。

其二，智能传播时代的算法网络不仅要强调内容上的公共性，更要强调机制上的公开性，即主动打开“黑箱”并增加人工审核。算法“黑箱”的本质在于信息不公开，解决资本操纵算法问题的重要途径便是保证信息的开放与透明。因此，算法使用平台应积极主动采取措施公开自身算法推荐机制，破除算法“黑箱”。另外，与传统编辑注重新闻质量不同，算法无法承载人类的价值取向。因此，为进一步保障算法公共性，仅仅依靠算法公开性还不够，更须呼吁传统把关人的回归与复位。只有将人文价值与算法理性相结合，才能让用户在选择感兴趣的信息内容的同时，也及时接收公共议题，增强公共性感知。[27]

智能传播时代的算法网络是联络各行动者主体的核心角色，其设计和完善对重构算法公共性起着举足轻重的作用。因此，本文强调，对算法模式内容本身与应用算法的整体机制，都需要做出更多调整与优化。

（三）“转译”过程中须双向提升公众主动性与参与性

“转译”是指由事实建构者给出的关于他们自己的兴趣和他们所吸收的人的兴趣的解释。[24]184从上述“算法即霸权”概念可知，在算法网络的多元行动主体中，算法设计者或算法使用平台一直占据强势的“转译”位置，公共传媒组织和算法面对的用户仅承担被“转译”角色，而算法面对的用户的被动性更强。针对此不平等问题，须同时强调“自上而下”和“自下而上”两条路径，提高用户主动性，降低其被其他行动者主体不公正操控的可能性。

其一，在“转译”过程中，需做好自上而下的算法决策治理，以算法影响评估机制、算法伦理审计和算法利益披露等形式，保障算法决策与算法权力的公正性，提高算法面对用户的参与平等度。算法影响评估是一项旨在事前角度识别、评估并预防算法技术之负面社会影响的程序，具有提高算法透明度、引导算法实践的优势。[28]算法伦理审计的基本思路是从智能信息生产的结果与影响的不公平切入，反向审查其机制设计与执行过程中是否存在故意或不自觉的误导并督促其改正。[29]算法利益披露是指算法使用平台要公开呈现自身所获的利益来源，公开自身利益与他人利益、公众利益之间可能存在的冲突，继而进行相应协调。[30]

其二，“转译”过程中，须做好自下而上的算法素养培养，提高普通公众对算法的认知与驾驭能力。公众的媒介素养是其融入当下智媒时代并实现自我发展的基础[31]。彭兰曾指出，在网络发展新背景下公众的媒介素养不仅包括媒介使用素养，也应包括筛选、辨识与批判性的信息消费素养，负责任“自我把关”的信息生产素养，以及深层次利用互联网进行社会交往、社会协作与社会参与的素养等。[32]谢金川强调，为防止对算法的无意识依赖，公众的媒介素养必须从一般性的文本阅读素养扩展到算法规则素养方面，包括从静态数据到动态数据的数据供给素养、从媒介依赖到媒介链接的资源获得素养和从传播使用到审视传播的主体性反思素养。[33]

总结来说，在算法的行动者网络建构过程中，为了加强算法面对的用户在“转译”过程中的参与意识、参与方式和参与效能感，除了自上而下地从外部以多种途径框定算法发展方向外，也要自下而上地从内部提升公众在智媒时代的算法素养。

四、结语

海德格尔曾经说过，技术是时代的座驾，然而能够驾驭技术从而影响时代进程的，永远是具有主体意识的人。算法的“黑箱”属性正以多种形式影响哈贝马斯笔下公共领域形成的前提——“活跃市民社会”的三个边界条件。从公共治理角度出发，本文引入了突破传统二元论模式的行动者网络理论，以其三个核心概念“行动者”“网络”“转译”，讨论重建算法公共性的可能方式与实现路径，强调：必须从各个“行动者”主体的诉求出发；将公共性与公开性纳入算法“网络”的设计、普及与应用；同时做好双向管理，即自上而下的算法决策治理与自下而上的算法素养提升。只有这样，才能将人类的反思、批判和自主能力与日新月异的技术结合起来，打破技术异化，追求社会平等，实现公共利益。

注　释

[1]《研究表明：ChatGPT 在某些时候存在“左”倾偏见》，2023 年 8 月 18 日，https：//tech. ifeng. com/c/8SLwRAAcLSB，2023 年 8 月 30 日访问。

[2] 喻玲：《个性化推荐、公共性贬损与数字新闻市场反垄断》，《法学》2022 年第 11 期，第 154—173 页。

［3］魏旭：《网络公共领域的当下形态及其合理建构》，《社会科学论坛》2012年第5期，第220—225页。
［4］吴飞、杨龙梦珏：《论数字公共领域的结构新转型》，《国际新闻界》2023年第5期，第49—74页。
［5］严利华：《新媒介与公共领域构建》，《东南传播》2009年第2期，第43—44页。
［6］喻国明：《元宇宙就是人类社会的深度“媒介化”》，《新闻爱好者》2022年第5期，第4—6页。
［7］舒悦、尹莉、李梦雅：《基于算法的个性化信息推送服务》，《新闻研究导刊》2018年第1期，第102页。
［8］刘建明：《传统新闻价值说的历史终结》，《新闻爱好者》2017年第1期，第5—9页。
［9］沈国麟：《全球平台传播：分发、把关和规制》，《现代传播（中国传媒大学学报）》2021年第1期，第7—12页。
［10］梁锋：《信息茧房》，《新闻前哨》2013年第1期，第87页。
［11］张洪忠、斗维红、张尔坤：《圈层的背后：网络信息传播的“巴尔干化”分析》，《编辑之友》2022年第5期，第49—53页。
［12］《拯救“失足AI”？ChatGPT的性别偏见与“喂养”伦理丨涟漪效应》，2023年2月23日，https：//www.thepaper.cn/newsDetail_forward_22047029，2023年8月30日访问。
［13］张淑玲：《破解黑箱：智媒时代的算法权力规制与透明实现机制》，《中国出版》2018年第7期，第49—53页。
［14］刘培、池忠军：《算法歧视的伦理反思》，《自然辩证法通讯》2019年第10期，第16—23页。
［15］匡文波、王天娇：《社交媒体算法推荐传播逻辑与平台社会责任》，《上海交通大学学报（哲学社会科学版）》2023年第5期，第1—12+21页。
［16］彭兰：《新媒体用户研究：节点化、媒介化、赛博格化的人》，中国人民大学出版社2020年版，第340页。
［17］师文、陈昌凤：《新闻专业性、算法与权力、信息价值观：2018全球智能

媒体研究综述》,《全球传媒学刊》2019 年第 1 期，第 82—95 页。

[18] 蔡润芳:《“积极受众”的价值生产——论传播政治经济学“受众观”与 Web 2.0“受众劳动论”之争》,《国际新闻界》2018 年第 3 期，第 114—131 页。

[19] 李彪、刘子维:《从“互动”到“异化”：朋友圈点赞行为与社交主体异化研究》,《新闻与写作》2022 年第 6 期，第 5—13 页。

[20] 夏冰青:《数字劳工的概念、学派与主体性问题——西方数字劳工理论发展述评》,《新闻记者》2020 年第 8 期，第 87—96 页。

[21] 喻国明、陈艳明、普文越:《智能算法与公共性：问题的误读与解题的关键》,《中国编辑》2020 年第 5 期，第 10—17 页。

[22] Collins, Harry, " Stages in the Empirical Programme of Relativism," *Social Studies of Science*, No. 1, Vol. 11, 1981, pp. 3-10.

[23] 刘斌:《算法新闻的公共性建构研究——基于行动者网络理论的视角》,《人民论坛（学术前沿）》2020 年第 1 期，第 72—83 页。

[24] 布鲁诺·拉图尔:《科学在行动——怎样在社会中跟随科学家和工程师》，刘文旋、郑开译，东方出版社 2005 年版。

[25] Helberger, N., K. Karppinen, and L. D'Acunto, "Exposure Diversity as a Design Principle for Recommender Systems," *Information, Communication & Society*, No. 2, Vol. 21, 2018, pp. 191-207.

[26] 田俊荣、路畅:《人民日报：锚定数字化战略，打造新型主流媒体》,《新闻战线》2023 年第 10 期，第 22—25 页。

[27] 蔡可心:《算法推荐的新闻公共性风险与应对》,《青年记者》2021 年第 24 期，第 96—97 页。

[28] 李安:《算法影响评价：算法规制的制度创新》,《情报杂志》2021 年第 3 期，第 146—152+161 页。

[29] 彭兰:《假象、算法囚徒与权利让渡：数据与算法时代的新风险》,《西北师大学报（社会科学版）》2018 年第 5 期，第 20—29 页。

[30] 耿晓梦、喻国明:《智能媒体伦理建构的基点与行动路线图——技术现实、伦理框架与价值调适》,《现代传播（中国传媒大学学报）》2020 年第 42

期，第 12—16 页。
[31] 姚姿如、喻国明：《试论媒介化时代媒介素养教育新范式及逻辑框架》，《中国出版》2021 年第 3 期，第 26—32 页。
[32] 彭兰：《网络传播概论》，中国人民大学出版社 2017 年版，第 350 页。
[33] 谢进川：《算法算计：算法传播的公共性限度及公众应对策略》，《南京社会科学》2021 年第 8 期，第 102—109 页。

传播思想与价值观转向

思想的“后手”：重温西学东渐的启示

段永朝*

摘要：数字时代智能科技的大量算法中蕴含丰富的现代数学思想。本土科技创新的不足或与数学思想处于“后手”状态有关。本文以利玛窦与徐光启合译的《几何原本》为事例，简要分析明末清初之后中国数学思想与西方数学思想产生巨大差异的根源，指出现代数学“几何化”转向是智能科技未来发展中值得关注的重要动向。本文指出，要在数学思想上寻求新的突破，数学思想必须由单纯依赖计算的代数学思维转向几何学思维，这一新数学思想的涌现是摆脱思想“后手”状态的重要历史机缘，也是异域文化交流、文明互鉴的一个重要窗口。

关键词：数学思想，西学东渐，中国古算，几何化

在互联网商业化三十年的历程中，人们已经充分感受到互联网、智能科技对日常生活、经济生产和社会文化的巨大影响。在过去十年间，大数据、人工智能、区块链、虚拟现实、物联网、大模型等前沿技术与思想，更是以前所未有的速度，“侵蚀”并“介入”日常生活的方方面面。一时间，各种预测未来大变局、

---

* 段永朝，系杭州师范大学阿里巴巴商学院特聘教授，北京苇草智酷科技文化公司高级工程师。

大转型和大危机的观点充斥于产业界、学术界和传播界，如“去中心化”、Web 3.0、元宇宙、“奇点大爆炸”、数字永生等，仿佛天翻地覆的巨变近在眼前。这种巨大的影响在复杂多变的背景下，除了有鲜明的“爆炸式快速传播”特征之外，最值得深思的，恐怕就是隐藏在技术锁定效应背后，致使后发国家落于思想“后手”的处境。

技术锁定效应是20世纪80年代起，伴随微型计算机兴起的“第三次浪潮”出现的一系列现象，经济学家也称之为“路径依赖”。20世纪80年代，最先将“路径依赖”概念引入经济学的，是美国计量经济学家保罗·戴维和复杂经济学的重要开创者之一布莱恩·阿瑟。[1]个人计算机与互联网三十余年的发展表明，一方面，以美国硅谷的创新公司为代表的半导体技术、软件技术供应商，在迅速掀起信息技术革命浪潮的同时，也在CPU、操作系统、数据库、办公软件、网络浏览器等领域形成了一大批“事实上的工业标准”，从而日益加高新技术产业的竞争壁垒，并对后发国家形成技术锁定效应[2]；另一方面，这些先进智能技术的拥有者，在媒介传播过程中，又每每以时代创新者、引领者、颠覆者的面目出现，以资本叠加技术的优势，不断开辟全新的产业疆域和市场版图。

对后发国家而言，过去四十年技术思想传播带来的不安，集中体现为技术思想原生创新的不足，以及思想传播中出现的“后手”现象：在数字技术、互联网发展的数十年间，几乎所有重要的技术思想、名词术语都肇始于美国，原创技术与应用技术在美国和美国以外的地区之间形成了鲜明的“思想区隔”。绝大多数技术术语的创设、传播乃至衰落，都取决于那个叫作硅谷的创新高地，取决于美国纳斯达克股票交易市场迭出的新锐创新公司，取决于在美国奥斯汀“西南偏南”（SXSW）[1] 闪亮登场的前卫观念，取决于在美国拉斯维加斯国际消费类电子产品展（CES）[2] 上琳琅满目的炫酷新品，取决于《财富》世界500强榜单的更迭，甚至取决于被誉为“硅谷钢铁侠”的埃隆·马斯克的一条条推文。

思想的“后手”状态从长长的科技畅销书单中也可见一斑。托夫勒的《第三次浪潮》、尼葛洛庞帝的《数字化生存》、贝尔的《后工业社会的来临》、德鲁克的《后资本主义社会》、凯利的《失控》、库兹韦尔的《奇点临近》、塔普斯格特的《数字经济》和《区块链革命》、泰格马克的《生命3.0》，等等。这些畅销书在数十年间信息社会、数字世界、智能科技的演化、诠释、传播中举足轻重，成为科技思想的权威出处。

曾几何时，“互联网中没有人知道你是一条狗”让诸多先驱网民兴奋异常。对数字时代、互联网思想的精粹解读，在产业界和大众传播领域被提炼为一些颇具穿透力的话语广为流传，诸如“唯一不变的是变化”“互联网的精髓就是唯快不败”“极致体验”，等等。今天，在“未来决定现在”这一极具张力的口号下，诸多新的“思想”话语被创造出来，诸如“代码即法律、一切皆计算”“99%无用之人”，等等。

对于后发国家而言，面对呼啸而来的创新技术和流行观念，产业界似乎除了“模仿、改进、应用模式创新”之外别无他途。这些技术思想传播中的“后手”现象，一方面反映了技术发展水平和市场地位的结构性失衡，另一方面也带来诸多值得深思的问

---

① South by Southwest，缩写为SXSW，是每年3月中旬在美国得克萨斯州奥斯汀市联合举办的平行电影、互动媒体和音乐节以及会议的联合组织，始于1987年。

② 消费类电子产品展（Consumer Electronics Show，CES），是国际性的电子产品和科技的贸易展览会，吸引来自世界各地的主要消费电子科技公司和业界专业人士参加。创办于1967年，每年1月在美国内华达州的拉斯维加斯会展中心举办。

题。这种思想的“后手”状态，到底是互联网传播过程中的特殊现象，还是折射出了某种历史文化的线索，揭示出了巨大的东西方文化差异，以至于作为后发国家的中国，在跟随先进信息技术、智能科技的同时，虽然可以在互联网、数字技术的应用创新中取得傲人的成就，但在技术思想的原创方面却长期陷于“后手”的窘境？

高科技创新与传播中思想的“后手”现象，或许为理解巨变时代的认知塑造、思想传播提供了极好的窗口。理解这一现象背后的文化意蕴，或许有助于进一步思考创新思想的着眼点和发力点，有助于将现代智能科技的认知与传播置于宽广的异域文化碰撞和交流的历史深处加以审视。其中特别重要的是，通过探究支撑智能技术背后的近现代数学思想在东西方文化交流中曾经出现的扭曲现象，进而探讨在数学思想层面与现代智能技术展开跨文化对话的方向和路径，从而增强原始创新的可能性。

一、重温西学东渐的启示

（一）早期《几何原本》的译介和误读

明末清初的这一波“西学东渐”中，透露出很多深层的文化冲突。我们单以 17 世纪之初，利玛窦与徐光启合译欧几里得的《几何原本》的历程，理解一下这背后的思想交锋与误读。

中学数学教科书都将“几何”视为“研究空间结构、关系、性质的学科”。人们认为的“几何”是古希腊语“γεωμετρία”的拉丁语转写“geōmetria”中“geo”的音译，这已经成为约定俗成的解释。然而，考察这一史实所得出的结论却令人惊讶：《几何原本》的译介与今天人们通常理解的“几何”之间并无直接的关联。这种定名的历史性误会在今天看来固然是“小事一桩”，但放在当时的历史背景下，或许能揭示某种科学概念在不同的文化土壤中是如何被悄然“错植”的。

利与徐所译《几何原本》的底本是耶稣会罗马学院数学家克拉维乌斯①的拉丁文本（*Euclide：Les Elements*）。底本中并无“geometry”一词，且第7卷至第9卷谈的是数论。荷兰学者安国风②在《欧几里得在中国》一书中写道：“几何”本义与“geometry”无涉，系指亚里士多德的“数量”范畴，即亚氏《范畴篇》中十范畴之一。

这个问题涉及数学的知识框架问题。西学东渐时期，欧洲数学的知识框架是亚里士多德的，是处理“数量”的知识。需要注意的是，“数”与“量”是分而论之的。“数”与计数、计算有关，而“量”与度量、测量有关。前者是离散的，后者是连续的；前者是算术的，后者是几何的。英国科学史学家李约瑟在《中国科学技术史》中写道：“正如中国人从很早开始就利用代数学来攻克几何问题那样，希腊人用纯几何解决了许多比较困难的代数问题。”[3]253

利与徐译本中解释道：“几何家者，专察物之分限者也，其分者若截以为数，则显物几何众也；若完以为度，则指物几何大也。”[4]150如此看，这里“几何”只是在说“数量之多寡”，而不

① 克里斯托弗·克拉维乌斯（Christopher Clavius，1538—1612），德国天文学家、数学家。为教皇格里高利十三世修订格里历提供了精确数据和参考资料，发明了许多使用仪器，例如分角器和象限仪等。同时也是哥白尼最主要的反对者之一。

② 安国风（Peter M. Engelfriet，1957— ），荷兰莱顿大学汉学博士，曾任莱顿大学汉学中心荷兰皇家艺术与科学研究院研究员，主要致力于中西科学交流研究，亦究心中医的历史。2000年后转向研究医学领域，现任荷兰国家公共卫生与环境研究院研究员。

是“形状或者结构”。中国明朝珠算发明家程大位①在《算法统宗》（1592）中有言：“几何与若干相同。”如此说来，利与徐所译《几何原本》其实并不是现代几何学的意思，而是仅针对原文“elements”中所含“根”“源”“本”之意，所译的关于“数量之多寡（几何）”的“原初版本”“最真实底本”的意思。

如果说“原本”带有“本源”之意的话，也是指向亚里士多德的逻辑，是基于定义、范畴、推理、证明和三段论的。但这一点在译本和译本流传的过程中，并未得到充足的重视，甚至被忽略掉了。这种有意无意的“忽略”，笔者觉得恰恰是东西方文化差异的重要所在。

除此之外，《几何原本》译作所反映的思想差异中还有一些值得深思的细微之处。比如，按现代术语，《几何原本》中有一些重要名词，如“定义”“公设”“公理”“命题”“证明”等，利与徐译本中分别译作“界说”“求作”“公论”“题”“论”——“公设”译为“求作”是十分令人困惑的，或许这不经意凸显了中国古算重应用轻抽象的一贯倾向。此外，中文术语拣选中有着浓厚的“名实论”色彩，与亚里士多德的逻辑存在隔膜。这或许反映了中国本土文化对“论”的理解，如朱熹注“论”为“伦”：论，伦也，言得其伦理。

欧氏几何中特别有趣的地方在于“不可通约（公度）”“几何作图”“无穷”等概念，译本处理得非常艰涩，且转引中国古代文献予以佐证、疏通。试举一例。在卷一的三十六则定义之后，有求作四则，第四：设一度于此，求作彼度，较此度，或大，或小。利与徐译本在解释这个定义（界说）的时候，言：“凡度与

① 程大位（1533—1606），字汝思，号宾渠，明代商人、数学家、珠算发明家、集成计算的鼻祖，著有《直指算法统宗》（简称《算法统宗》）。

数不同，数者可以长不可以短，长数无穷，短数有限，如百数减半成五十，减之又减，至一而止，一以下不可以损矣……度者可以长亦可以短，长者增之可至无穷，短者减之亦复无尽。”（译著引《天下篇》“一尺之锤，日取其半，万世不竭”。）

另外在翻译中，原本“公设”的地位湮没不显，仅仅是作图之法了。还有，“求”这个字，与中国古代算学相通，实务计算的色彩非常浓厚，而非亚里士多德逻辑学意义上的推理论证。这一点很好地说明了中国古算长期以来注重“实用计算”的基本取向。正如郭书春在《中华大典：数学典》序言中谈到中国古代数学的特点时所总结的：“中国传统数学有自己明显的特点。首先，与古希腊将数学看成思辨的产物、鄙视实际应用不同，中国传统数学注重数学理论密切联系实际。其次，中国传统数学以计算为中心。所有的问题，包括现今所谓几何内容都是计算面积、体积、勾股测望等问题的长度的公式、解法。”[5]

按利玛窦自己的说法，传教士勉力译书、编历造器（天文历算与钟表机械），背后是为传播基督福音，以此精密事物来“打压”中国士人的自傲。明朝士子固然为西学的面貌、事功所震撼，但内心所记挂的，总是“恢复”上古数度之学的梦想，并期待用西学“补儒易佛”（徐光启《泰西水法序》）。

徐光启在译序中写道：“唐虞之世，自羲和治历暨司空、后稷、工虞、典乐五官者，非度数不为功。周官六艺，数与居一焉，而五艺者不以度数从事，亦不得工也。”[4]333-334 徐光启后作《测量法义》《勾股义》等，就是希望借助几何原本的启示，恢复《九章算术》《周髀算经》的荣光。当然，明士子并非狭隘，比如，李之藻、利玛窦根据克拉维乌斯的《实用算术概要》编译而成《同文算指》，即将西式“笔算”译介过来，将实用数学与

“实学”结合起来，以资民用。

徐光启十分清醒地指出，中国古代数学在暴秦焚书之后遭遇毁灭性打击，更重要的是，儒家关注命理、忽略实用之学，加之奇门遁甲妄称超自然力量，令中国数学陷入低迷。[4]365

然而，值得注意的是，明清之际的西学东渐最终触发了“西学中源”的论调高涨，这是传教士和文人士子都难以料到的。近现代学者对明清之际西学东渐的研究非常多（汉学家用功尤勤），其中“礼仪之争”值得特别关注。直至今天，关于礼仪之争的研究中依然有众多难解之谜，比如：放在欧洲大陆文艺复兴、启蒙运动的历程中，耶稣会与欧洲历史进程的关系如何影响了明清之际的思想变革？东林党人和复社在译介、研读，以及穿凿附会于中国古典文献时，内心荡漾出了何种涟漪？西学东渐对东方士子的宇宙观有何种冲击？少量的柏拉图、亚里士多德的思想译作在小圈子里传播时，到底播下了什么种子？18 世纪在康熙一朝主张“西学中源”中是否暗藏此后贯穿近代史“中西交恶”的玄机？这些问题，都需要花力气研究。

这里呈现《几何原本》译介中的若干史实是想提出这样一个思考：西学东渐过程中本身裹挟着传教士传布福音的核心主张[4]75，借助近乎炫技的西方数学典籍的译介过程，它表面上看旨在打通东西方文化符码，实际的效果则由于有意无意的“误译”“误读”，异域文化的张力非但没有缓释的可能，反而激发了“西学中源”的思想反弹。[4]480这一思想“错配”的结果一方面展现出学术交流、技术交流总受制于逼仄的历史情景，另一方面也暴露出思想译介之艰涩、繁难，使异域文化的彼此互鉴、深度理解错失历史机缘。

（二）从译介到思想对话：一个被中断的历史进程

扼要来说，西方数学史上有三次重大的思想转型：一次是阿拉伯代数带来的冲击，从算术到代数、方程，再到微积分，这里无穷小量是关键；一次是数学的符号化、形式化，核心是数学与逻辑的关系；一次是从欧氏几何到非欧几何、拓扑几何，数学几何化、抽象化，核心是代数与几何的统一。第一次思想转型对应牛顿的宇宙观；第二次转型对应公理化思想下的宇宙观；第三次转型对应量子—弦论的宇宙观。这三次数学思想的转型在西方数理学科的发展中绵延约 500 年的时间，仅从明清之际译介的为数不多的西学著作中是难以辨认的。也就是说，明清之际对西方数学的译介活动，并未带来对等的数学思想交流，更谈不上东方士子参与数理学科的共同创建。这么说并非苛责古人，而是想借此带有假设性的提问，探讨这种思想“后手”的成因。这是否意味着，这种思想“后手”的状况并非一时一地的偶然现象，而是有着深远悠长的历史文化背景呢？这是一个值得认真对待的重要问题。

对比工业革命以来的技术发展可以看到，动力机械、电力与通信、交通运输、自动化与工业化，以及当今白热化的信息技术、智能科技，对数学工具、数学方法和数学思想的依赖随处可见。大数据、人工智能、区块链背后的强力支撑是微积分、概率统计、数理逻辑等数学知识，是傅里叶变换、卷积分析、加密算法等强力数学方法。这些数学知识和方法的更新迭代方兴未艾，如范畴论、代数几何、拓扑图论等数学思想的融合应用。在复杂多变的世界格局之下，信息与智能技术的战略地位日渐提升，关键技术的“卡脖子”问题日益严峻，这时候有必要认真思考一个问题：数理科学领域思想的“后手”现象是不是这种原生创新动力不足的肇因？

回看400年前利与徐译介《几何原本》的过程，可以归纳出两个值得深思的问题：其一，早期对欧陆地区数学思想的译介中止于康乾“西学中源”的自我迷醉，剥离理念、思想、逻辑的数学沦为“数术算工”。在今天言必称算法的时代，对数学的理解，如果依然只停留在“计算工具”的话，我们对数学思想的理解以及“中国科学之所以不兴”的根源，可能依然停留在“学以致用”的层面。[6]

其二，众多数学史的研究者争相将“数学之母”归之于“河图洛书”，以中国古算为鼻祖，鄙夷形状、结构、抽象、思辨的数学。数百年来，其中就没有什么值得反省乃至警醒的缺失之处吗？

当然，一切厚此薄彼之论，都是文化比较和思想探讨的大敌。这里之所以希望由数学思想入手，理解文化交流中的碰撞与交锋、错会与误读、遗漏与疏忽，是因为意在对未来的思考多少有所助益。一想到我们在谈古论今、畅想未来时，所使用的基本词汇、关键词语可能浸满了传统数学概念的锈垢，可能遮蔽于“不自知”的思想藩篱中，就不寒而栗。

如此看来，近两年越来越多的人对数字科技领域中谈论未来世界、元宇宙、大模型、“人机对齐”的种种喧嚣备感忧虑，正源于我们所依赖的数学思想可能依然停留在“古算”的范畴中。数字世界需要高维数学思想，需要新的现代数学思想的哺育，而这恰恰是当下数字科技创新与数字传播中非常缺乏的。从另一个角度说，倘若我们在引进、消化、吸收前沿科技的诸多成果的时候，不假思索地全盘接受嵌在这些技术中的算法原理、计算方法和数学思想，就会“陷落”在纯粹西方数学思想的束缚中难以超越，再次陷入思想的“后手”。这一“后手”处境将使我们无法在东西方数学思想交汇融合的层面展开创造性思考，难以克服当代智能技术所依赖的以代数计算为核心的西方数学思想的局限性，难以在新一轮数学思想的全面审视、更新中贡献东方智慧。基于以人工智能为核心的智能技术大爆发的促进，21 世纪的数学思想正处于由计算思维带来的“可解释难题”的困境中。[7] 把握好这一轮千载难逢的契机，深入展开东西方数学思想的对话至关重要。这一契机，事实上已经在数学的“几何学转向”中显露端倪。

二、新宇宙观的数学基础：几何学的复兴

“元宇宙”的概念出现之后，很多人争论它的译法。从数学思想的角度说，宇宙论已经有了极大的变化。美国麻省理工学院的泰格马克教授 10 年前写了一本书，叫作《穿越平行宇宙》。这本书谈到了关于数学宇宙的四个层级。

第一层级：有效物理定律相同，但演化历史不同（初始状态不同）。这其实是暴胀理论的一种解释，针对目前的可观测宇宙，同时兼容对尚不可观测宇宙的数学描述。

第二层级：物理定律相同，有效物理定律不同（物理参数不同）。

第三层级：量子希尔伯特空间，对应无穷维的平行宇宙。

第四层级：数学定律不同，对应所有可能宇宙的数学结构。

泰格马克的所谓基本定律，即支配物理现象的数学方程式，比如麦克斯韦方程组、爱因斯坦方程式（$E=mc^2$）、薛定谔方程

等；所谓有效定律，即描述物理现象的数学方程的解，比如薛定谔方程的解（“波函数”）。

泰格马克的分层数学宇宙观带有极强的科幻色彩，但无疑从更抽象的角度打开了人们对未来多层级宇宙的想象空间。这里面蕴含某种深刻的思想洞察：几何学的回归。

（一）数学思想的转向：从计算到直觉

古希腊数学有两个重要分支，一个是毕达哥拉斯的整数论，另一个就是欧氏几何。毕达哥拉斯的数学思想基于“整数的和谐”；欧氏几何则关于“数量”“度量”，实为形式化、公理化证明体系。毕达哥拉斯的整数论是关于数量关系的“比例论”，而欧氏几何是关于“数量关系”的直觉表达（线段和图形）。但在哲学角度还有两个分支：一个是柏拉图的“理念说”，即相信存在完美的形状（5 种柏拉图正立方体），并认为它们是宇宙的本源；另一个是亚里士多德的实体论和逻辑学，包括四元素（水火土风）、四种性质（冷热干湿）、四因说（质料/形式/动力/目的），以及形式逻辑的三段论、十范畴［实体（substance）/数量（quantity）/性质（quality）/关系（relation）/地点（place）/时间（time）/位势（situation）/状态（state）/主动（act）/被动（passion）］等。

古希腊数学思想关切的焦点是知识体系的问题。如何获得完备的知识？如何发现新知识？如何确证知识的正误？这些是古希腊数学思想的核心问题。

西方数学在 14—15 世纪经历了分叉：引入阿拉伯数字和代数的结果是，建立了以方程、演算、分析为核心的代数学，进而引入无穷量，发展为莱布尼茨的微积分；另一个是笛卡儿对几何的代数化，建立解析几何，保留了图形的直觉成分，发展为牛顿的微积分。总体上，数学在 16—18 世纪大发展的阶段，是代数（计算）胜过几何的过程。在拉普拉斯、拉格朗日、欧拉等的推动下，符号演算、数学分析成为数学的主流。

19 世纪非欧几何的出现是对数学思想的一大冲击。但冲击的结果是，建立在康托尔集合论基础上更加抽象的数学公理化/形式化运动，希尔伯特的形式化纲领和弗雷格的算术公理化，以及罗素/怀特海对数学整体的逻辑学构造。当然这些企图在哥德尔之后都宣告失败了。[8]

经历了数学公理化/形式化挫败之后，数学证明中的存在性证明与构造性证明思想产生了严重分歧。传统的数论、分析，倾向存在性证明（实为柏拉图传统）；法国的布尔巴基学派（school of Bourbaki）倾向构造性证明。几何学的地位再一次扑朔迷离：在分析家看来，几何引入了直觉，这是不可靠知识的来源；直觉主义认为，基于形式化公理体系的存在性证明，并不能保证数学真理的完备性和一致性。几何到底是分析的，还是构造的？看上去似乎二者兼而有之。19 世纪末涌现、至 20 世纪中叶日渐成熟的拓扑几何、代数几何，再一次试图弥合这两种传统的间隙，创建统一的数学体系。

英国数学家阿蒂亚①爵士在 20 年前的世界数学大会上，谈到 20 世纪数学思想的演变时，提出了一个“几何学复兴”的命题。他认为，牛顿基本上是一个几何学家，莱布尼茨则是代数学家。几何是关于空间的，代数是关于时间的。代数学传统致力于计

① 迈克尔·阿蒂亚爵士（Sir Michael Atiyah，1929—2019），英国数学家，英国皇家学会前会长，被誉为 20 世纪最伟大的数学家之一。1966 年获菲尔兹奖，2004 年获阿贝尔奖，1983 年被封为下级勋位爵士。

算，几何学传统致力于理解结构。阿蒂亚认为，代数传统被所谓“浮士德（Faust）的奉献”所迷惑，丢掉了直觉和洞察力。[9]

无论是代数传统还是几何传统，核心的关切始终是：是否存在足够有力的数学方法确保数学知识与自然的和谐（上帝的旨意）相合？并且我们如何确证这一点？

代数传统以无所不在的计算为指引，坚信抽离实体意义的符号演算可以确证完备的数学知识。几何传统则借助对形式、图像、结构的直觉把握（并最后诉诸可感世界的和谐与美），获得对数学知识的信心。两种传统后来都走向了高度的抽象，并在抽象世界与可感世界之间的关系问题上达成共识：可感世界是低维度的，是抽象的高维世界的某种“投射”“实现”。

过去200年来，数学的抽象化在数系扩充、无穷小分析、群论、同调群、高维几何、拓扑代数、代数几何等领域迅猛发展。数学家在极力拓展想象空间的同时，努力寻找数学原理指导实体世界（物理学/生物学/心理学/社会学/经济学等）的理论框架和方法。这样一种诠释框架和方法与“意义有关”，也就是说，剥离实体意义的数学如何最终将意义“装配回去”，以便获得对自然的深刻理解。

（二）21世纪东西方数学思想融会的历史契机

理解前述“几何学复兴”的意义，理解几何学思想在东方译介、消化、应用，以及融入东方文化时发生了哪些变异和丢弃，是理解当代数学思想的关键。对此，本文提出的粗浅认识是：亚里士多德的知识体系可划分为第一哲学（形而上学本体论）、数学和自然哲学三个层级。在明清之际的文人士子看来，利玛窦之后的西学东渐集中于实用技艺层面（天文历算与造物技术），他们对数学思想（特别是数学思想背后的神学思想）是感觉陌生的。然而，在亚里士多德眼里，数学扮演着第一哲学、自然哲学上下承启的中介。一方面，数学要打造通往抽象体系的阶梯，另一方面，数学又必须在实用领域获得验证。西方数学的这一历史使命经历了计算导向、结构导向的反复交融，经历了无理数、无穷小、逻辑悖论的重大考验，一路下来，已经形成了庞杂、严密的符号体系和思想方法，更重要的是，已经塑造了现代世界的宇宙观和时空观。

然而，过去100年来数学思想已经进入了超精微、超抽象的境界，似乎已经远离了实用领域，且领域细化相当繁杂。但正如阿蒂亚指出的，基本问题和挑战依然如故：局部和整体关系问题、交换和非交换问题、线性和非线性问题、几何与代数问题，等等。一个突出的问题是数学知识的分类（范畴论）：如何在不同颗粒度、不同表征系统、不同维度的数学知识之间，建立完整的转换通道？依我理解，这就是过去100多年来数学家梦寐以求的“数学的统一性”问题［1967年以“朗兰兹①纲领”（Langlands Program）的形态出现］。

相比之下，中国人的几何观仅仅是“可感世界”的图样、形状，是对实体世界的“一阶抽象”。中国人的几何观不关心各种复杂构型的“同胚”“同伦”“同调”的抽象，不关心高维几何的“态射”“投影”“变换”，也不关心“纽结”“生成”“不动点”等数学名词的思想意义——这些都是几何的高阶抽象。

不妨猜测一下：之所以觉得抽象的数学表述如此枯燥乏味，

① 罗伯特·朗兰兹（Robert Langlands，1936— ），加拿大数学家。1979年，罗伯特·朗兰兹发展了一项雄心勃勃的革命性理论，在数学中的两大分支数论和群论之间建立了新的联系，即“朗兰兹纲领”，并因此荣获2018年阿贝尔奖。1996年获沃尔夫数学奖。

盖因我们不理解这些数学抽象背后的思想冲动是什么。对中国人而言，数学“够用”即可。李约瑟认为，中国古算“从它的社会根源来看，它与官僚政府组织有密切关系，并且专门致力于统治官员所要解决的（或教导别人去解决的）问题。土地的丈量、谷仓容积、堤坝和河渠的修建、税收、兑换率——这些似乎都是最重要的实际问题。‘为数学’而数学的场合极少”[3]341-342。翻阅吴文俊①主编的《中国古代数学史大系》可知，从《周髀算经》到《九章算术》，中国古算固然有辉煌的成就，如商高定理、割圆术、大衍术、杨辉三角形等，但总体被归为形而下者，用于天文观测、浚河漕运、田赋税收、军漕兵法等，“求解答案”“解决问题”是唯一目的。

利玛窦之后，中国士人以口述笔受的方式译介了大量西方经典，但对这些经典的咀嚼、反刍、消化、融合远不能与这些经典的历史分量相匹配。数学沦为“算学”，逻辑沦为“名学”，经济沦为“计财学”。士子在警觉到西学思想背后的宗教、神学纽带之后，几乎无一例外地将其拒于千里之外，遑论理解。这种状况迄今无大的转变。著名中国古代数学研究专家李俨将明清以降的中国数学称作“中算沉寂时期”。[10]关于这一时期对中国数学思想衰落、沉寂的研究，李俨、钱宝琮、吴文俊、郭书春等学者的著作中多有涉及。概括而言，宋元之后中国数学思想的停滞大约与三大因素有关：其一是宋明理学崇尚玄虚空谈的风气；其二是中国古算缺乏如字母、公式的符号化表达体系；其三是中国古算“重算不重逻辑、证明与推理”。[11]

① 吴文俊（1919—2017），数学家，中国科学院院士，中国科学院数学与系统科学研究院研究员、系统科学研究所名誉所长。陈嘉庚科学奖获得者，获 2000 年度国家最高科学技术奖。

以这样的数学观来审视今天人工智能、大数据、区块链、虚拟现实等智能科技背后的算法思想，以及建立在这些算法基础上对未来世界的种种想象，备感时下技术飞速发展、席卷一切之下，竟然留有如此巨大的数学思想的荒原，令人不胜忧虑。

数学是最精致的智力活动，数学的边界堪称理解世界边界的前沿，数学思想不同于字面意义上的公式算法符号，其所凝结的对世界的基本假设、对世界可能性的假设、对人的认知方式的基本假设、对人是否能上升到更高一个层级的惶恐和敬畏、对美妙数学世界给予的丰饶馈赠的赞叹和鉴赏、对充满未知的宇宙的强烈好奇——这一切，都远胜于凡俗世界逐地、逐利、逐权的计算活动。

爱因斯坦曾说，“自然最神奇的就是它的可理解性”。数学思想作为理解神奇自然的有效工具，在牛顿之后呈现出了极强的生命力，并在热力学、流体力学、刚体力学、弹性力学等力学应用领域，在光学、电磁学、波动力学、量子力学、原子物理和相对论等领域，结出了丰硕的文明成果。然而，需要看到的是，数字时代伴随智能科技的兴盛，叠加生物学、神经科学、纳米技术、能源科技等的交叉融合，特别是在技术深度介入人类的认知与行为、生活与生产的状况下，传统的数学如果依旧停留在“代数学”计算主义的轨道上，可能对理解数字世界的基本逻辑、理解自然的超功利行动造成无形的思想阻碍。

东方数学在实用算术领域有卓越的贡献，但东方数学思想中驾驭整体性、关系性、交互与动态性的思想主张，如果能与西方数学思想中长于抽象化、符号化、逻辑推理的思维特质有机地结合起来，或许就会在数学思想的重新构建中打开一扇新的窗户。

通过时下的元宇宙、加密数字货币、互联网、超弦、基因编辑、表观遗传、人工合成生命、黑洞、量子计算等时代热点，可以充分感受到人类面临一个前所未有的大变局、大融合、大发展的历史契机。这个历史契机已经把对心灵、意识、认知的研究，拉入了对物质、能量、信息的研究视野，并要求在数学思想上寻求新的突破，要求数学思想走出单纯依赖计算的“代数学”思维，走出狭隘的“计算中心主义”框架，拥抱从结构、整体、直观层面把握世界的“几何学”思维，为数学思想注入更多新的养分。这一新数学思想的涌现或许是深入研究和重新看待“人工智能的可解释问题”“意识起源问题”“意义问题”等重大命题的新的思想基础；更重要的是，这一新数学思想的涌现，是摆脱思想的“后手”状态的重要历史机缘，也是异域文化交流、文明互鉴的一个重要窗口。

注　释

[1] Arthur, W. B., “Competing Technologies, Increasing Returns, and Lock-In by Historical Events,” *The Economic Journal*, Vol. 99, No. 394, 1989, pp. 116-131.

[2] 段永朝：《可以期待的新命运?》，《读书》2000 年第 9 期，第 3 页。

[3] 李约瑟：《中国科学技术史（第三卷）》，《中国科学技术史》翻译小组译，科学出版社 1978 年版。

[4] 安国风：《欧几里得在中国：汉译〈几何原本〉的源流与影响》，纪志刚等译，江苏人民出版社 2008 年版。

[5]《中华大典》工作委员会、《中华大典》编纂委员会：《中华大典：数学典 中国传统算法分典》，山东教育出版社 2018 年版，序。

[6] 钱宝琮主编：《中国数学史》，商务印书馆 2019 年版，第 431 页。

[7] Mihály, Héder, “Explainable AI: A Brief History of the Concept,” *ERCIM News*, Vol. 134, 2023, pp. 9-10.

[8] 韩雪涛：《数学悖论与三次数学危机》，湖南科学技术出版社 2007 年版。

[9] Atiyah, Michael, “Mathematics in the 20th Century,” *Bulletin of the London Mathematical Society*, Vol. 34, 2002. pp. 1-15.

[10] 李俨：《中国数学大纲（上、下册）》，商务印书馆 2020 年版，第 335 页。

[11] 郭金彬、孔国平：《中国传统数学思想史》，科学出版社 2007 年版。

“无价”之“价”：当代青年摄影师互勉交换的价值评判标准*

王 迪 苏 方**

摘要：现代信息技术的发展催生了以“互勉”为代表的强调免费互惠、去市场化、去关系化的社会交换模式，这种模式无法被现有交换理论和“价值—价格”研究充分解释。本文试图通过考察当代青年摄影师的互勉“约拍”行为来探究这种新型社会交换模式中的价值评判标准。研究发现，在互勉约拍中，传统价格的“替代品”包括兴趣价值、情感价值、关系价值与以非货币形式呈现的经济价值，其背后是数字产品特有的价值生产机制和当代青年趋向内在满足的劳动价值观。这一研究有利于理解当代以互联网平台为基础的新型社会交换模式，并对当代社会的失范、疏离、断裂的纽带与联结做出了有益的探索尝试。

关键词：价值，社会交换，互勉，青年

一、研究背景与问题提出

社会交换（social exchange）议题对洞察社会结构和社会变迁

---

* 本文为2022年北京市社会科学基金重点项目“北京平台经济发展与灵活就业的社会学研究”（项目编号：22SRA003）成果。

** 王迪，系北京大学社会学系副教授；苏方（通信作者），系北京大学社会学系硕士研究生。

具有重要意义。社会交换过程发生在特定的社会结构和社会体制之中[1]，同时构成了引导社会结构变迁的社会力量[2]13。

传统的社会交换依托市场或者既有的社会关系网络而实现，有可即时确定价值的交换物。但随着现代信息技术的发展和社会结构的变迁，出现了一些当代社会交换模式的新趋势。一方面，互联网突破了时间和空间的限制，增强了信息匹配和定位的功能，使得陌生个体之间的交换行为成为可能；另一方面，交换的对象也更为多元，从商品的所有权到商品的使用权[3]，从实体的物品到虚拟的产品，从劳动力到知识、技能[4]，价值的表现形式更为复杂和多变。

“互勉”交换是新型社会交换的典型模式。“互勉”是指参与交换的行动者彼此均不对自身所提供的技能、服务收取费用的一种交换行为，常见于探店、妆发、摄影等情境①。日常语境中的“互免”和“互勉”两个概念常常被混用，但两者在语义上存在明显不同：“互免”强调行动者在经济上相互免费，“互勉”则强调情感上相互勉励。二者共同构成互勉交换的核心特征。

互勉交换与传统交换之间存在很大的差异：不同于经济交易，互勉交换中不存在金钱流动，行动者既不期待得到又无须支付货币报酬；不同于礼物交换，互勉交换中的大部分行动者是分散在去关系化网络中的陌生人，他们之间缺乏促成“送礼”和“回礼”的既有社会关系；不同于物物交换或如“换工”[5]等形式的等量交换，互勉交换的对象具有异质性，且交换双方在要求平等交换的同时谋求交换过程中产生增量价值。相较于其他交换类型，互勉的相互免费的交换形式意味着，交换双方既无法获得可

① 以摄影情境为例，在互勉约拍中，摄影师无偿提供拍摄服务（一般包括拍摄和后期），模特无偿出镜，两者共同拥有所拍摄作品的使用权。

量化评估的交换价值，又无法直接对对方构成制约；而其所扎根的土壤（去关系化的互联网平台和边界相对开放的虚拟社区）也无法直接为交换提供标准和保障。这使得互勉交换的流行更加耐人寻味：交换中的行动者受什么价值驱动，又以什么样的价值评判标准来衡量特定交换对象和交换行为是否值得呢？

围绕上述议题，本文将以青年摄影师互勉“约拍”为切入口。互勉“约拍”是指摄影师和模特以免费形式相互提供技能和劳动并共享合作成果的交换行为。通过分析互勉双方在交换过程中的策略和互动，本文试图回答：如何理解和界定互勉这一交换形式？行动者在相互免费的情况下如何判断交换价值并获得内驱力？互勉交换较大范围的流行反映了怎样的社会变迁，又将带来哪些新的可能性？

站在信息时代的端口，对新型社会交换的研究不仅在实用层面有助于理解、润滑和推动经济社会的发展与变迁，也在理论层面对植根于工业社会的社会交换理论和价值理论有所扬弃和补充，同时叩问着学科发展关注的终极问题——现代社会，人们如何从彼此孤立转为彼此交流和形成纽带？数字社会的联结和秩序如何生成？个体如何通过网络媒介与他者、自我沟通并建立内在的生命联结？[6]

二、文献回顾与分析框架

（一）交换理论：从工业时代到互联网社会

根据布劳（Blau）的提法，社会交换是一种在至少两人之间发生的、存在一定数量的报酬或代价的、有形或无形的活动[2] 104，普遍存在于社会和经济系统之中。经济学、人类学、社会学等学科的研究者分别从各自的学科视角对其所关注的交换行为进行过研究，间接地为标定互勉交换在社会经济领域中的结构位置、理解行动者的行为动机提供了坐标和参考。

现有研究对社会交换动机的解释主要分为理性计算、社会调节、综合机制三种类型。理性计算的解释路径认为，交换主体运用理性通过计算做出交换决策。行动者往往追求物质利益和非物质的感情、符号、人际关系等利益，运用理性对行动的价值和实现可能性进行盘算，选择获利概率最大、价值最高的行为[7]。尤其在经济交易中，行动者受到个人利益的驱动，运用理性计算交易的成本—收益，追求最大化的[8]或令人满意的物质利益[9]和非经济利益[10]。社会调节的解释路径强调，社会意识和规范是交换的背后推手。在对“库拉圈”（kula ring）的研究中，马林诺夫斯基（Malinowski）在微观层面发现，在对手间进行的库拉交换无法满足交换者的物质利益，但具有增强人际关系的作用和象征意义[11]；莫斯（Mauss）则在宏观层面认为，社会在库拉交换中起着规范性调节的作用，礼物馈赠可以发生并迫使每一位受礼者回礼[12]。在上述两种解释路径之间，社会交换理论试图更综合地讨论社会交换的驱动机制。布劳将社会交换持续发生所依赖的社会报酬拆解为内在性报酬和外在性报酬两大类，前者关注交换本身，而后者将交换视为手段。[2]41在交换的过程中，权力、社会网络、信任、情感等都扮演着重要的角色[13]：权力的运用与承诺呈负相关，信任关系网络经常出现于不确定性较高的情境以促进社会交换[14][15]，不自觉产生的积极或消极情感在被归因于交换后[16]，会通过聚合性或疏离性情感体验，影响团结效应和交换频率[17][18]。

既有的交换理论对行动者的行为动机的解释覆盖了从理性到

感性、从个体到社会的谱系，为理解和分析互勉行为的动机提供了理论支持。然而，这些理论和研究的实证基础来源于工业时代乃至原始社会，与当今数字社会已有一定的距离。互联网技术的发展使得超越传统社群、涵纳多元主体的互动成为可能，依托线上平台兴起的互勉交换模式较前数字社会的交换模式也呈现出更为丰富和复杂的驱动机制，值得深入探索。

（二）价格与价值："无价"之"价"何以形成？

"无价"是互勉交换区别于其他交换类型的主要特征。在市场观念普及的语境下，为了理解"无价"交换的机制，需要回到价格形成机制及其意义本身。经济学从市场角度出发认为，价格是商品内在价值的货币表现，并受稀缺性和供求关系影响。社会学则从社会关系和历史语境方面考察价格的形成过程，认为其受"场域"（domain）结构[19][20]、社会网络（social network）[21][22]等影响。在经济价值之外，价格还具有对非经济价值的表达和建构作用。在商品质量难以评估、信息分布不对称的市场语境下，价格往往成为彰显商品的质量和效用[23]及购买者经济实力和社会身份的符号。[24]例如，在艺术品市场中，作品和艺术家的价值通过艺术家、中间人和观众不断生产和再生产，而价格在此过程中扮演着重要角色。[25]因而，价格既体现包括劳动、要素成本、效用在内的经济价值，又呈现美学、伦理、文化等各种非经济价值[26]，象征和建构着行动者的社会地位、关系结构等社会特征[27]。

在用货币表达价值的客观性之外，价值还具有与具体的人和物、人和人之间关系相关联的主观性[28]，这意味着价值无法完全被货币表达。而"无价"的交换形式则意味着，交换中存在另外的尺度可以衡量和建构多元和不可化约的价值。在原始社会中，通过赠物和还物的系统，交换者期待由礼物交换生成人际关系而非被交换物品本身。[29]现代市场中则存在高度异质化的价值系统。[30]对此，阿帕杜莱（Appadurai）提出了涵纳经济价值、宗教价值、道德价值、审美价值等的概念“价值政体”（regimes of value）用作分析工具。[31]行动者调用自身价值评价形式将某件商品置于规范性的商品结构中，赋予其准价格，并基于特定群体或网络中评价形式的相对一致性，彼此达成共识、进行交换。[32]

总的来说，现有对价格与价值间关系的研究对“无价物品”的价值化过程关注甚多[33]，但对其反面——以无价格形式达成交换的互勉交换——鲜有问津。“价值政体”虽提供了一种以准价格为中介的价值评判形式，但无法对准价格的形成和比较机制做进一步阐释。因而，本文希望通过对不以价格为媒介的互勉交换进行研究，从而对价值评判的机制进行深入挖掘。

本文的实证材料来源于研究团队在2022—2023年对互勉约拍过程的数十次参与式观察和深度访谈。团队成员长期关注、参与和互勉相关的线上及线下社群，以摄影师、模特和小助手等不同身份参与互勉约拍，深度参与了包括搜寻、邀约、协商、拍摄、后期、发布等环节在内的交换全过程，并与互勉对象围绕交换行为进行了交流和探讨。同时，研究团队对12位性别、年龄、互勉参与程度和职业化水平不同的青年摄影师和模特进行了深度访谈，以期从中获得更具普遍性的个案材料。

三、互勉之“价”：互勉约拍价值的几种类型

互勉约拍一般分为“约”和“拍”两个阶段。在约的阶段，

具有互勉意向的行动者会在平台上释放互勉信号，公布自身条件和要求，招揽并筛选应征者。互勉双方重视的标准因人而异，但一般包括摄影的器材设备、成片数量、拍摄水平，模特的身材、相貌、个性气质、表现力，以及审美、主题、服装道具场地等物资储备和妆造等技能储备。需求和条件初步匹配后，双方便会进一步商谈约拍的各种细节，依据对方提供的条件及态度，不断调整互勉意愿和预期结果。达成合意进入拍的阶段后，互勉行动者才由线上转入线下直接互动。这一过程中的互动和成果会影响双方后续的互勉选择和合作。

理想状态下，互勉交换是一个在约和拍之间循环往复的过程。但由于交换标准主观而外在约束薄弱，互勉交换关系在各环节都有可能破裂；即便互勉交换的双方都尽了协商达成的权利义务，最终结果也极具不确定性并会影响后续合作。面对这种不稳定，互勉行动者在约和拍的过程中，会通过筛选、协商、合作或退出等策略，追求特定价值的实现或防止特定价值的流失。不同阶段占据主导地位的价值不同，据访谈所得，主要包括兴趣价值、情感价值、关系价值、经济价值四种。

兴趣价值驱动互勉行动者发起互勉。无论是摄影师还是模特，互勉约拍的双方都表达出“为爱发电”的取向。所谓“爱”，也即兴趣，多表现为创作激情。多数情况下，个人无法独立实现人像拍摄，至少需要摄影师和模特双方的通力合作。因而行动者往往寻找符合创作要求的互勉对象作为实现创作激情的合作者或载体。模特和摄影师兴趣相投、技能互补构成互勉约拍的大前提。在具体的互勉交换过程中，兴趣也为行动者维持和推进交换提供动力。例如，摄影师在对特定环节或成片缺乏兴趣时可能拖延、减少乃至中止出图，而在对某组原片非常满意时则会迅速投入后期工作或超额出图。

兴趣价值促使行动者发起和推进约拍，但不能决定行动者采用互勉的方式达成交换。经济价值、情感价值、关系价值是互勉交换这一交换形式得以流行的主因。

其中，经济价值是行动者用互勉形式达成约拍的决定性因素，主要包括降低成本和增加收益两个方面。行动者选择互勉的直接原因多为降低成本——包括聘请职业模特或职业摄影师本应付出的报酬和器材、服装、道具、场地等货币成本，也包括为拍摄付出的时间、技能等劳动成本。相互免费的交换形式本身减免了互勉参与者聘用合作者的成本；而在交换前期，行动者也会就成本分配问题进行协商，通过设置门槛、择优互勉来减少劳动付出。与成本相对，双方都期待通过互勉获得收益，其目标所指不仅是成片，也是过程和成片的预期收益。短期来看，互勉成片能够帮助摄影师或模特展现其对特定题材、场景、风格的驾驭能力，从而吸引潜在客户，获得订单。长期来看，互勉能够提升参与者的内外吸引力：在内，互勉为摄影师或模特提供了创作条件，使其磨炼技术、增长经验；对外，积累的互勉作品成为摄影师或模特经营平台账号和宣传营销的原始材料，能够以平台流量为中介提高摄影师或模特的影响力。因此，摄影师和模特往往会探求并迎合市场需求和平台传播机制，制定主题、设置门槛，以增加互勉预期收益。

另外，情感价值也对互勉约拍的各环节起着重要作用。其中，自尊、权力欲望的满足等情感价值较为普遍。相互尊重是达成互勉约拍的基础：应征、协商阶段中互勉一方的傲慢、敷衍等不礼貌可能导致另一方的退出；相反，必要的礼节和尽心的准备则能够推进交换过程。权力欲望的满足多体现为摄影师对模特的凝视与支配：居于镜头之后的摄影师往往占据主导地位，他们可以凝视和指挥镜头之前的模特，并由此得到掌控感；模特也能从被视为“美”的自我觉知或正面反馈中获得情绪补偿。此外，正面的情感价值能够润滑互勉过程并促成长期合作，反之，情感疲劳和消耗则可能使参与者退出当次或后续互勉行为。与普遍性情感价值相对，默契、认同等在互动中建立的情感价值更具特殊性，可以使特定互勉对象在应征者中脱颖而出。尤其是，长期合作的互勉对象一方往往能够为另一方提供认同感和支持感，进而双方逐渐缔结新的社会关系。

同时，既有的社会网络所承载的关系价值也是行动者互勉的重要驱动力。约拍行动者作为现实社会关系网络中的结点，既通过社会关系缔结互勉交换也受其制约。即便是依托互联网平台缔结的互勉交换中也存在虚拟社群和文化圈层的作用，以及对潜在社会关系的期待。社会关系对互勉互动的影响与关系亲疏、相对社会地位高低以及行动者对关系的重视程度密切相关。在弱关系圈层中，关系能够为摄影师和模特提供互勉对象的信息，且能有限程度地降低应征门槛、提高成功概率。而在强关系圈层中，紧密的关系纽带往往可以消解互勉的各种门槛，技能持有方可能因对关系的重视而主动将拍摄视为礼物或者日常互动，而非互勉交换。相对社会地位的高低也会投射到互勉情境中。如果被师长、上级、前辈等较高位者要求免费拍摄，人情压力则会迫使技能持有方放弃原本的互勉要求。由于社会关系的介入，行动者在互勉中的价值评判范围溢出了约拍的单一情境，行动者期待更宽泛时空维度的互动价值弥补互勉所导致的价值位差。

四、何以“无价”：多元价值尺度对价格的替代

（一）其他价值对经济价值的替代

布劳的社会交往报酬理论对驱动互勉交换的价值类型进行了归类：兴趣价值和情感价值是内在的报酬，内生于互勉行为本身，无法直接加以比较；而关系价值和经济价值则是外在的报酬，外在于互勉行为，具有比较和选择的客观标准。[2]42但在具体的交换中，内在和外在的报酬往往混合出现，彼此间形成互补和替代的关系。兴趣价值、情感价值及关系价值对经济价值的替代和分解是互勉交换以无价值尺度形式存在的重要基础。

兴趣价值和情感价值一定程度上替代了货币带来的即时回报。由于创作激情，拍摄本身而非货币收入成为互勉交换行动者的首要目标。即便是职业化程度较高的摄影师和模特也会为自我表达和创作保留空间，愿意投入时间和物质成本以互勉形式进行市场前景不好但自身兴趣浓厚的主题创作。同样，兴趣作为货币报酬的重要替代者作用于互勉具体的权利和义务中。例如，要驱动对后期不感兴趣的摄影师开展后期工作，必须提供货币报酬，但对于其兴趣足以提供动力的工作则无须货币驱动。与之相似，情感价值也能够一定程度地消解货币报酬的必要性。在约拍中，当行动者在拍摄中所获情感价值能够与其所付出的拍摄成本平衡时，货币报酬便成为非必要。然而，尽管兴趣价值和情感价值都是不可客观量化和比较的价值维度，但仍然可以放在经济价值的尺度上理解。行动者要通过其他途径获得原本可由拍摄所提供的兴趣价值和情感价值，可能须花费更多时间或者金钱来达成同等程度的满足。从该种意义上讲，从互勉交换中获得的兴趣价值和

情感价值也具有经济的意义。

关系价值与经济价值的关联体现为社会关系对交易成本的降低和对交易形式的改变。一方面，社会关系有利于交易双方形成信任和达成共识，从而减少交易成本，进而降低产品价格[22]。相似的，社会关系同样可以通过润滑交换过程消解部分由各种价值搭建的互勉门槛。例如，部分摄影师和模特更愿意选择有良好关系基础但条件稍逊色的互勉对象，以减少互勉协商中的摩擦和不确定性，提高拍摄过程中的默契度。同时，由于社会关系的介入，互勉行动者对价值的评判周期变长，而非局限于互勉这一特定节点。长期来看，互勉带来的群体认同和声誉提升未必不能转化为包括经济价值在内的价值。另一方面，社会关系与交换形式相互对应。互勉行动者往往根据关系选择与之合宜的交换模式，拒绝或排斥不符合对双方关系定位的交换形式。[34]社会关系网络中的行动者可能认为，在特定关系情况下不需要也不应该采用以金钱交换劳动的形式。当双方达成这一判断共识时，互勉交换便能够成形。反之，关系和货币以何种配比作用于交换往往既依赖关系的强度和性质，又须对互勉双方关系和相对地位进行确认和再生。因而，互勉门槛和货币一样，能够作为一种尺度呈现和建构互勉行动者的地位、身份、人际关系等社会特征。[27]

（二）经济价值的非价格表达

尽管兴趣价值、情感价值和关系价值能够一定程度地替代经济价值，但经济价值及其逻辑仍然普遍存在于互勉交换当中。

尽管互勉行动者并未在互勉中明码标价，但不少互勉行动者的行为仍指向生产更多的经济价值。如前所述，在互勉交换场域这一初具雏形的准市场背后，还存在商业化程度更高的摄影市场和流量市场。具有一定市场化水平或倾向的行动者互勉中的免费劳动往往在为其市场收费积累优势。摄影师和模特以互勉等形式约拍积累成片，筛选和加工后发布在各大互联网平台上，经营自身账号，从而吸引流量和潜在客户，进而可通过接广告、付费拍摄等途径获得货币回报。因而，行动者一方面在计划互勉、筛选对象时会有意识地迎合目标市场的需求和审美，例如旅拍摄影师往往会拍摄热门景点和时令花卉，倾向长相符合大众审美标准但不过分突出的模特；另一方面则试图破解平台"流量密码"，从而获得更多的关注者和曝光，例如追逐热点话题、要求互勉对象具有一定的"粉丝"基础。但行动者的付出不一定能够在流量市场中得到等比例的反馈。摄影作品的价值并非固定于物本身，而是在模特、摄影师、鉴赏者等主体的交换过程中被不断建构。互联网平台传播进一步增强了摄影作品价值建构过程中的不确定性：平台算法、即时受众、"点赞"和浏览量等数据相互影响并共同参与互勉结果的建构。摄影作品经济价值的不确定性进而可导致某次拍摄或某一拍摄对象经济价值的不确定性。行动者无法准确估计拍摄的货币成本与收益，因而在互动中也鲜少使用货币这一单一尺度进行价值衡量。

然而，尽管拍摄所得收益无法用货币计算，但摄影师和模特仍然可以通过种种策略实现自身利益最大化：互勉形式本身能大幅降低拍摄成本，交换过程中行动者则会将预期经济价值转化为具体的指标加以比较。常被互勉交换者纳入考察的指标主要包括器物、时间、技术三方面，本质上是对预期收益与投入成本的操作化。器物包括相机这一生产工具和服装道具场地等消耗品，两者共同决定成片的上下限；在消耗品的准备上，一方承担更多则意味着另一方成本降低。时间是劳动和情感投入的指标，直接影响成片质量，也与相对成本形成互补，例如如果模特在妆造上更精细，摄影师在后期中便更省力。技术，无论是硬性的摄影技术、表现水平还是软性的审美、风格，都显著影响成片效果，在互勉双方之间构成投入成本的此消彼长。互勉中不可估计的经济价值通过这三个指标得以被比较：器物的价值直接由市场标定，时间与技术也可以参照市场价格和评价进行估价。互勉双方往往无法在各个指标上完全匹配，但却可以通过指标之间的配合达成平衡，或用其他类型的价值进行弥补。

由此可见，尽管互勉交换以非价格标定的形式进行，但却并不脱离市场和货币逻辑。由于摄影作品的价值在数字交互中被不断再生产，因此拍摄对参与双方的价值无法简单地由货币度量。这使得价格尺度在互勉交换中隐于后台。相反，兴趣价值、情感价值、关系价值以及对经济价值的总体性预期构成了行动者对某场互勉交换或特定交换对象的评价体系。尽管这些价值并不能用客观的标准来测量，但却为行动者提供了主观比较的尺度和协商的依据。

五、总结与讨论

本文发现，作为一种扎根于当代数字社会的新型交换模式，互勉交换迥异于传统的交换模式：不依赖市场，不以价格或价格标定物衡量交换价值，也不依赖既存的社会关系网络，实现了对遥远陌生人的线上—线下链接。与之相应，由兴趣价值、经济价值、情感价值和关系价值四种类型价值组成的有机价值评判标准，替代了单一的货币报酬或社会关系，为互勉交换提供价值尺度和驱动力量。其中，兴趣价值是驱动交换者双方以免费形式约拍的根源性动力，降低成本、增加预期收益的潜在经济价值则可引导行动者选择互勉形式并筛选互勉对象，各种情感价值也对行动者的对象选择和行动策略有着重要影响，关系价值则将行动者的价值评判由单一结点带向长期互动。行动者并不依据单一价值判断与特定对象互勉交换的吸引力，而是调用自身的价值体系对各种价值的共同体进行主观权衡和比较。在此过程中，尽管不以价格形式表现，定价机制也潜隐于不同价值间的替代和比较过程中。行动者用以评价互勉对象的具体指标背靠市场，前瞻于拍摄报酬和流量变现，实质上并未脱离市场逻辑；但由于定价的困难，往往转化为更易操作和更灵活的投入指标。同时，兴趣价值、情感价值对经济价值的替代，社会关系对价值评判维度的扩展使得互勉交换以主观合意的形式实现。

追根溯源，互勉交换不以价格为媒介而采用多元价值评判（见图 1）的必要性和可能性都系数字时代的社会转型。互联网平台为互勉交换的实现提供了信息网络和基础共识。互联网为个体自我表达和趣缘社群互动提供了平台[6]，使在现实中离散于不同时空和圈层的潜在交换对象得以彼此链接。这些通过互联网链接的个体之间存在的多样性和差异性使得单一价值尺度难以通行，以互勉为中心搭建的虚拟社群则为互勉合意提供了相对一致的价值观基础。再者，面向互联网的大众传播机制使得摄影作品的价值前所未有的暧昧与变动不居。摄影作品是一种艺术品，其价值在摄影师、被摄者和观众之间的互动中被不断生产和再生产[25]；摄影作品数字化之后，互联网平台极大地扩展了参与价值建构的观众的数量和多样性，大数据推送机制则进一步增强了价值建构过程的不确定性。具有高不确定性的潜在经济价值既增加了行动者为拍摄结果预先定价的难度，又使其暂时忽略了作品当下的货币收益。此外，当代青年内生性的劳动价值取向也对职业或半职业群体的互勉参与有重要的推动作用：兴趣和情感满足在当代青年的劳动价值观中占据着重要的比例，从而能够一定程度地替代以货币为代表的经济报酬。

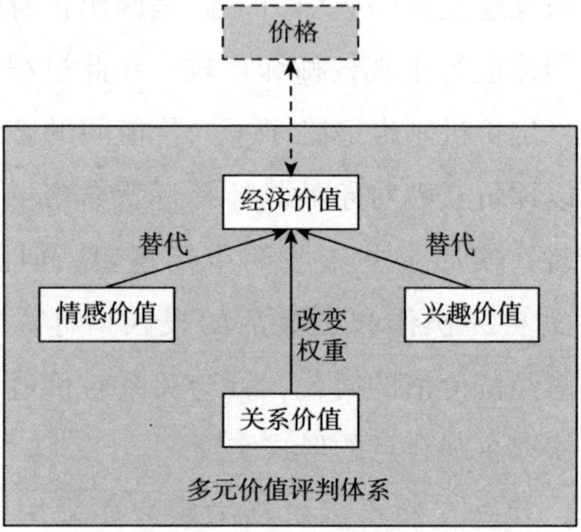

图 1　互勉交换中的多元价值评判体系

在此意义上，青年摄影师和模特的互勉交换实则是行动者面对数字时代的浪潮进行个体性调适和建立新的生活关联的一个缩影。本文对互勉行动者的价值观念和互动行为进行了初步的探索，但未对如何测量兴趣价值和情感价值做具体分析，这有待进一步的探讨。

注　释

[1] 托马斯·雅诺斯基：《公民与文明社会》，柯雄译，辽宁教育出版社 2000 年版，第 129 页。

[2] 彼得·布劳：《社会生活中的交换与权力》，孙非、张黎勤译，华夏出版社 1988 年版。

[3] 王红环：《共享视角下“高校技能共享”商业模式的可行性分析》，《时代金融》2018 年第 20 期，第 317 页。

[4] 汤天波、吴晓隽：《共享经济：“互联网+”下的颠覆性经济模式》,《科学发展》2015 年第 12 期，第 78—84 页。

[5] 任守云、叶敬忠：《市场化背景下李村的换工与雇工现象分析——兼与禄村之比较》,《中国农村经济》2011 年第 6 期，第 72—81 页。

[6] 付砾乐、唐倩：《“呼唤人的复归”——互联网时代生命传播中的跨媒介叙事》,《台州学院学报》2022 年第 2 期，第 60—66 页。

[7] Homans, G. C., “Social Behavior as Exchange,” *American Journal of Sociology*, Vol. 63, No. 6, 1958, pp. 597-606.

[8] 张旭昆：《经济人、理性人假设的辨析》,《浙江学刊》2001 年第 2 期，第 66—74 页。

[9] 赫伯特·西蒙：《现代决策理论的基石》，杨砾、徐立译，北京经济学院出版社 1989 年版，第 62 页。

[10] Coase, R. H., “The Institutional Structure of Production,” *The American Economic Review*, Vol. 82, No. 4, 1992, pp. 713-719.

[11] 布罗尼斯拉夫·马林诺夫斯基：《西太平洋上的航海者》，张云江译，中国社会科学出版社 2009 年版，第 45 页。

[12] 马塞尔·莫斯：《礼物——古代社会中交换的形式与理由》，汲喆译，上海人民出版社 2002 年版，第 23 页。

[13] 赵德雷：《当代美国社会心理学的发展图景：以“库利—米德奖”为线索》,《中国农业大学学报（社会科学版）》2010 年第 2 期，第 90—105 页。

[14] Molm, Linda D., et al., “Risk and Trust in Social Exchange: An Experimental Test of a Classical Proposition,” *American Journal of Sociology*, Vol. 105, No. 5, 2000, pp. 1396-1427.

[15] Cook, Karen S., and Eric Rice, “Social Exchange Theory,” in Delamater John, eds., *Handbook of Social Psychology*, Springer, 2006.

[16] Weiner, Bernard, *An Attributional Theory of Motivation and Emotion*, Springer-Verlag, 1986.

[17] Lawler, Edward J., “An Affect Theory of Social Exchange,” *American Journal of*

Sociology, Vol. 107, No. 2, 2001, pp. 321-352.

[18] Lawler, Edward J., and Yoon Jeongkoo, "Commitment in Exchange Relations: Test of a Theory of Relational Cohesion," *American Sociological Review*, Vol. 61, No. 1, 1996, pp. 89-108.

[19] Leander, Anna, "Pierre Bourdieu on Economics," *Review of International Political Economy*, Vol. 8, No. 2, 2001, pp. 344-353.

[20] 皮埃尔·布尔迪厄：《区分：判断力的社会批判》，刘晖译，商务印书馆 2015 年版。

[21] Granovetter, Mark, "Economic Action and Social Structure: The Problem of Embeddedness," *American Journal of Sociology*, Vol. 91, No. 3, 1985, pp. 481-550.

[22] Uzzi, Brian, "Embeddedness in the Making of Financial Capital: How Social Relations and Networks Benefit Firms Seeking Financing," *American Sociological Review*, Vol. 64, No. 4, 1999, pp. 481-505.

[23] Stiglitz, Joseph E., "The Cause and Consequences of the Dependence of Quality on Price," *Journal of Economic Literature*, Vol. 25, No. 1, 1987, pp. 1-48.

[24] Leibenstein, Harvey, "Bandwagon, Snob, and Veblen Effects in the Theory of Consumers Demand," *Quarterly Journal of Economics*, Vol. 64, No. 2, 1950, pp. 183-207.

[25] Veltuis, Olav, "Symbolic Meanings of Prices: Constructing the Value of Contemporary Art in Amsterdam and New York Galleries," *Theory and Society*, No. 32, 2003, pp. 181-215.

[26] 王茂福：《新经济社会学的价格理论论析》，《社会学研究》2011 年第 5 期，第 225—242 页。

[27] Zelizer, Viviana A., "How I Became a Relational Economic Sociologist and What Does that Mean?" *Politics & Society*, Vol. 40, No. 2, 2012, pp. 145-174.

[28] 西美尔：《货币哲学》，陈戎女、耿开君、文聘元译，华夏出版社 2018 年版。

[29] 格雷戈里：《礼物与商品》，杜杉杉、姚继德、郭锐译，云南大学出版社2001年版，第14页。

[30] Kopytoff, Igor, “The Cultural Biography of Things: Commoditization as Process,” in Appadurai, Arjun, ed., *The Social Life of Things: Commodities in Cultural Perspective*, Cambridge University Press, 1986.

[31] Appadurai, Arjun, ed., *The Social Life of Things: Commodities in Cultural Perspective*, Cambridge University Press, 1986.

[32] Boltanski, Luc, “The Pragmatics of Value and Commodity Structures. Annales,” *Histoire, Sciences Sociales-English Edition*, Vol. 72, No. 3, 2017, pp. 361-381.

[33] 谢崇赟:《商品世界的物质装置与价值斗争：法国经济社会学的“再市场化”——从布迪厄的经济场域谈起》,《社会》2021年第6期，第166—202页。

[34] 薇薇安娜·A. 泽利泽：《亲密关系的购买》，姚伟、刘永强译，上海人民出版社2009年版，第19页。

媒介使用行为如何影响主观幸福感?
——基于 CGSS2021 数据的实证分析*

罗龙翔　王秀丽**

摘要: 基于中国综合社会调查(CGSS)2021 年数据(N=3783),本文旨在从微观与宏观视角厘清媒介使用行为与国民主观幸福感间的关系及其机制。研究发现:第一,传统媒体使用、新兴媒体使用、社会信任感知、社会公平感知均与主观幸福感呈正相关;第二,社会信任感知与社会公平感知均可部分中介传统媒体使用—主观幸福感的关系;第三,新兴媒体使用频率越高,社会信任感知与社会公平感知越低;第四,社会公平感知可完全中介新兴媒体使用—主观幸福感的关系;第五,社会交往可分别调节社会信任感知、社会公平感知与因变量间的关系。同时,本文结合健康传播研究和实践的主要目的,对研究结果进行了讨论。

关键词: 媒介信息行为,主观幸福感,社会心态,社会交往

健康传播是以各类传播形式为主轴来扩散健康信息的行为,

---

* 本文受到国家留学基金资助。

** 罗龙翔,系北京大学新媒体研究院博士研究生,美国加利福尼亚大学戴维斯分校传播学系联合培养博士研究生;王秀丽(通信作者),系北京大学新媒体研究院长聘副教授、博士生导师。

其目的在于增进特定个体、群体、社区和国家的福利。[1] 自发轫以来，研究者逐渐就“健康至少包括生理与心理两个方面”这一观念达成共识。近年来关注心理健康与幸福感的文献逐渐增多，凸显出学者对“幸福”这一人类社会发展目标的不懈追求。中国共产党第十九届五中全会也明确提出，要将“不断增强人民群众的幸福感”作为“十四五”时期的重要规划，这表明提升全民幸福感的重要性不断上升。

在开展相关研究时，学者通常将“主观幸福感”（subjective well-being）作为分析对象，并将其视为评价者依据自定标准对生活质量做出的整体性评估及相应的心理状态。[2] 在今天的信息社会中，人们日益依赖媒介进行娱乐、工作与生活，各类媒介信息也在潜移默化地影响人们的情感、认知、观念、态度和行为。[3] 这意味着，媒介使用行为可能会对国民的主观幸福感产生重要影响。

在国际健康传播学界，关注媒介使用等信息行为与主观幸福感之间关系的研究虽不计其数，却也有诸多不足，主要表现为多聚焦电视媒体而较少分析新兴媒体，集中于现象描述而缺少对其背后的原因进行解读，以及理论建构较为薄弱等，就国内而言，相关研究才起步不久。[4] 因此，本研究旨在综合考虑媒介使用行为、社会性与群体性等因素，探索对传统媒体和新兴媒体这两类媒介的使用行为与我国居民主观幸福感之间的关系，并对其详细机制进行分析。从理论上看，这对弥补当前研究不足、推动健康传播研究发展具有一定学术意义；从实践上看，这有助于在实现经济社会发展的同时，为提升人民群众幸福感提供一定的参考。

一、文献回顾

（一）媒介使用行为与主观幸福感

“主观幸福感”这一概念主要源于以积极心理学为代表的研究幸福之本质与方法的“幸福学”。关于现代主观幸福感的研究迄今已有逾80年历史[5]，传播学领域内各主要范式和学派的理论脉络中也涵括了媒介与主观幸福感之间关系的论述。例如，多伦多学派旗手马歇尔·麦克卢汉（Marshall McLuhan）指出，媒介可以重组人们的感官比例，影响人们的感知、思维和行为方式[6]，即媒介自身的特点可以塑造人们关于现实生活是否幸福的感知。

同时，秉持客观经验主义范式的研究者则为媒介使用与主观幸福感之间的关系提供了经验证据。国内外诸多着眼于微观的实证研究表明，在采纳、使用和持续使用等不同阶段，媒介信息行为都会影响人们的心理状态及其对生活状况的评价。例如，有学者证实，媒介技术采纳度与人们对生活质量的评价之间呈正相关关系[7]；用户主动选择和使用某种媒介可以满足其自身的特定需求，同时缓解悲伤情绪[8]。具体来看，对互联网等新媒体的使用可以有效提高生活质量[9]；关于青年[10]和少数民族[11]等不同群体的健康传播研究表明，电视使用、微信使用与主观幸福感之间存在相关关系。

这些成果不同程度地支持了本研究的主旨问题，但部分认识仍待澄清。首先，相应研究的因变量选择多为“生活质量及其评价”等与“主观幸福感”相近的概念，但这些概念彼此并不等同；其次，针对特定人群进行分析的研究结论缺少可推广性；最后，仅选取电视、微信等特定媒体平台作为对象，较难满足相关研究对提高理论概括性的客观要求。因此，参考概念界定[12]后，本研究将“媒介使用行为”划分为“传统媒体使用”（报纸、广播、杂志、电视）与“新兴媒体使用”（互联网、手机）两类，并提出以下研究假设：

H1：传统媒体使用与主观幸福感之间呈正相关关系。

H2：新兴媒体使用与主观幸福感之间呈正相关关系。

（二）社会心态与主观幸福感

除微观的媒介使用行为之外，主观幸福感分析还须考虑宏观因素的影响。在此方面，“社会心态”受到许多健康传播学者的关注。社会心态主要是指在一段时间内弥散于整体社会成员的宏观社会心境状态，是整个社会的共识、价值取向和情绪基调的总和。它来自社会个体心态的同质性，却不等同于个体心态的简单相加。[13]这反映了人的本质属性——社会性，同时也指明，个体的幸福感知会受特定社会环境下社会心态的影响。

在我国社会心态研究的学术谱系中，“社会信任”和“社会公平”一直是两个主要议题。[14]在概念上，“社会信任感知”（perceived social trust）通常是指个体对家庭成员之外的社会成员的信任程度[15]；“社会公平感知”（perceived social justice）则可理解为个体对社会政治经济及其他各种权益分配合理性的评价[16]。改革开放以来，我国居民的主观幸福感总体呈现上升态势，但仍旧不可轻视社会信任感知和社会公平感知对主观幸福感和心理健康的潜在效应[17]，即社会信任感知和社会公平感知均可能是影响主观幸福感的因素[18]。因此，结合本研究主旨和逻辑，本文进一步提出以下研究假设：

H3：传统媒体使用与社会信任感知（H3a）和社会公平感知（H3b）之间均呈正相关关系。

H4：新兴媒体使用与社会信任感知（H4a）和社会公平感知（H4b）之间均呈正相关关系。

H5：社会信任感知与主观幸福感之间呈正相关关系。

H6：社会公平感知与主观幸福感之间呈正相关关系。

（三）群体性因素与主观幸福感

社会科学研究的主要目标之一是尽可能地探讨不同变量间的关系路径，以求最大限度地揭示事物间的联系。因此，本文未将思路限定于探讨传统媒体、新兴媒体与主观幸福感之间的简单线性关系，而期望进一步探讨上述变量之间的详细联系机制。

若以社会学视角来审视个体的媒介使用行为便可明确，作为社会成员的媒介用户并非原子化的个人，其态度、观念与感知还会受来自亲人、朋友等方面的群体性因素影响。具体来看，社会成员的社会交往（social interaction）并非只停留在首属群体的范围之中，更多时候，与次级群体的社会交往形塑了我们对“自我”和世界的感知。[6]在探讨更详细关系类型的相关研究中，个体与邻居、朋友[19]或家人[20]的社会交往等群体性因素，常常在各种自变量与作为因变量的主观幸福感间起调节作用。因此，本文提出以下研究假设：

H7：社会交往分别可调节社会信任感知（H7a）和社会公平感知（H7b）与主观幸福感之间的关系。

在传播学视域内，一些学者有意将社会心态纳入分析框架，进而展开主观幸福感分析。例如，王辉与金兼斌指出，政治信任在官方媒介使用和网民主观幸福感之间起着部分中介作用，而在非官方媒介使用和网民主观幸福感之间起着完全中介作用[21]，这为本研究提供了参考思路。因此，为进一步探索变量之间的联系机制，本文提出以下研究假设：

H8：社会信任感知（H8a）和社会公平感知（H8b）分别可中介传统媒体使用与主观幸福感之间的关系。

H9：社会信任感知（H9a）和社会公平感知（H9b）分别可中介新兴媒体使用与主观幸福感之间的关系。

综上所述，本研究提出如下研究假设模型，见图 1。

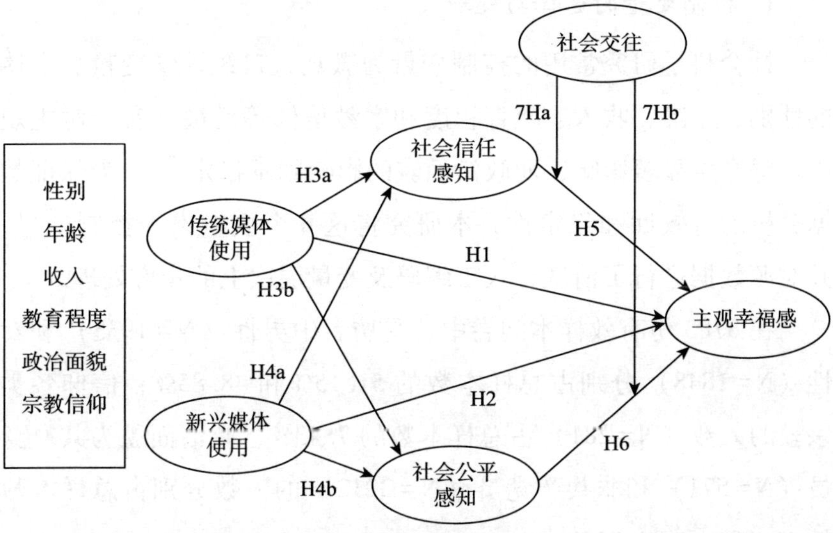

图 1　研究假设模型

二、研究设计

（一）数据来源

本研究数据来自中国综合社会调查（Chinese General Social Survey，CGSS）。CGSS 是国内第一个全国性、综合性和连续性的大型社会调查项目，近年来逾2500项中英文研究采纳了其调查数据集。中国人民大学于2023年3月31日正式发布第14次中国综合社会调查数据，即CGSS2021；此次调查开始于2021年6月，共完成有效样本8148份。综合来看，CGSS2021的数据结构十分契合本研究的思路，因此在依据研究目的对其进行数据清洗后，本文主要基于3783份符合需求的样本进行数据分析。

（二）变量选取与数据处理

1. 控制变量的选择与处理

社会科学研究常用的控制变量为微观人口统计学变量。个体的性别、年龄、收入、教育程度和宗教信仰等已被证实会对主观幸福感产生显著影响，而政治面貌的影响则不稳定[22]。为保证数据分析的有效性和稳定性，本研究将这6个变量设为控制变量，并对源数据进行了清洗、人工编码及变量层次上的相应处理。

在3783份有效样本问卷中，受访者中男性（N=1935）和女性（N=1848）分别占总样本数的51.15%和48.85%；信仰各类宗教的人数（N=281）占总样本数的7.43%；政治面貌为共产党员（N=571）和非共产党员（N=3212）的人数分别占总样本数的15.09%和84.91%。

参考青壮年人口划分标准，以18—28周岁（N=331）、29—39周岁（N=628）、40—59周岁（N=1405）、60—79周岁（N=1249）和80周岁及以上（N=170）为标准，将年龄变量分为5组并分别赋值1—5分，各年龄组占总样本的比例分别为8.75%、16.60%、37.14%、33.02%和4.49%。

同时，参考我国各地经济发展水平与贫困人口界定标准，对个人年收入按照4999元以下（N=489）、5000—9999元（N=

260）、10 000—19 999 元（N=441）、20 000—29 999 元（N=464）、30 000—49 999 元（N=772）、50 000—69 999 元（N=562）、70 000—89 999 元（N=294）、900 000—119 999 元（N=235）、120 000—149 999 元（N=55）、150 000—199 999 元（N=71）和 200 000 元及以上（N=140）的标准进行划分并赋值 1—11，各收入段分别占总样本的 12.93%、6.87%、11.65%、12.27%、20.41%、14.86%、7.77%、6.21%、1.45%、1.88%和 3.70%。对教育程度则按照没受过任何教育（N=321）、私塾和扫盲班（N=22）、小学（N=798）、初中（N=1080）、职业高中（含技校）（N=89）、普通高中/中专（N=657）、大学专科（N=320）、大学本科（N=445）和研究生及以上（N=51）的划分方式，分别赋值 1—9，各教育程度段分别占总样本的 8.48%、0.60%、21.09% 28.55%、2.35%、17.37%、8.46%、11.76%和 1.34%。。

2. 自变量、因变量选择与处理

针对自变量“媒介使用行为”，主要用 CGSS2021 问卷的 A28 题“过去一年，您对以下媒体的使用情况是”作为问项，本题的 6 个选项包括报纸、杂志、广播、电视、互联网（包括手机上网）和手机定制消息。基于之前关于 CGSS 的研究[22]，本文将报纸、杂志、广播和电视等 4 类媒介使用行为界定为“传统媒体使用”（Cronbach's $\alpha=0.656$），将互联网（包括手机上网）和手机定制消息等两类媒介使用行为界定为“新兴媒体使用”（Cronbach's $\alpha=0.624$）。

针对因变量“主观幸福感”的测量问题是 CGSS2021 问卷的“总的来说，您觉得您的生活是否幸福”，对受访者回答的“非常不幸福”“比较不幸福”“说不上幸福不幸福”及“比较幸福”和“非常幸福”分别赋值 1—5。

3. 其他相关变量的选择与处理

对“社会信任感知”的测量，主要选取 CGSS2021 问卷的 A33 题“总的来说，您同不同意在这个社会上，绝大多数人都是可以信任的”；对“社会公平感知”的测量，则选取 A35 题“总的来说，您认为当今的社会公不公平”。受访者的回答也相应地被分别赋值 1—5。

对“社会交往”的测量，主要从 CGSS2021 的 A30 题、A31 题中分别抽取 4 个问题，主要询问受访者在过去一年中“与不住在一起的亲戚聚会”“与朋友聚会”“与邻居进行社交娱乐活动（如互相串门，一起看电视、吃饭、打牌等）”及“与其他朋友进行社交娱乐活动（如互相串门，一起看电视、吃饭、打牌等）”的频繁程度。研究者对原问卷中的反向题进行了相应处理，依据频繁程度从低到高的逻辑，各题的测量项分别被赋值 1—5。检测显示，变量“社会交往”（Cronbach's $\alpha = 0.646$）的信度达到了可接受范围。

4. 描述性统计分析

在进行处理后，各变量的基本描述性统计情况如表 1 所示。

表 1　各变量描述性统计分析情况

变量名称	最小值	最大值	平均值	标准差	中位数
传统媒体使用	1.000	5.000	2.175	0.693	2.000
新兴媒体使用	1.000	5.000	2.710	1.244	3.000
社会信任感知	1.000	5.000	3.703	0.967	4.000
社会公平感知	1.000	5.000	3.487	0.965	4.000
主观幸福感	1.000	5.000	4.010	0.790	4.000
社会交往	1.000	5.000	3.482	0.802	3.500

（续表）

变量名称	最小值	最大值	平均值	标准差	中位数
性别	0.000	1.000	0.370	0.485	0.000
年龄	1.000	5.000	3.079	1.010	3.000
个人收入	1.000	11.000	4.785	2.507	5.000
教育程度	1.000	13.000	5.454	3.265	4.000
政治面貌	0.000	1.000	0.151	0.358	0.000
宗教信仰	0.000	1.000	0.926	0.262	1.000

注：N=3783。

（三）结构方程模型检验

结构方程模型检验结果显示，KMO 值等于 0.709，且 Bartlett 球形检验 p 值小于 0.000。模型的绝对拟合度指标 RMSEA（0.084）和 GFI（0.955）分别符合“小于 0.1”和“高于 0.9”的标准；增值拟合度指标 CFI（0.883）和 NFI（0.880）均符合“高于 0.8”的判定标准；综合拟合度指标 PNFI（0.502）符合“大于 0.5”的评价值。结果表明，本研究所建立的模型效度与拟合度良好。

三、研究结果

（一）结构方程模型分析结果

如图 2 所示，在控制性别等人口统计学变量影响的情况下，自变量“传统媒体使用”（$\beta=0.197$，$p<0.001$）和“新兴媒体使用”（$\beta=0.063$，$p<0.001$）均与因变量“主观幸福感”显著正相关，故 H1 和 H2 成立。同时，“传统媒体使用”与“社会信任感

知”（$\beta=0.199$，$p<0.001$）和“社会公平感知”（$\beta=0.191$，$p<0.001$）之间均呈显著正相关关系；但“新兴媒体使用”与“社会信任感知”（$\beta=-0.211$，$p<0.001$）和“社会公平感知”（$\beta=-0.252$，$p<0.001$）之间则均呈显著负相关关系。因此，H3 得到证实，H4 则被证伪。“社会信任感知”（$\beta=0.230$，$p<0.001$）和“社会公平感知”（$\beta=0.561$，$p<0.001$）均与“主观幸福感”之间呈显著正相关关系，故 H5 和 H6 成立。

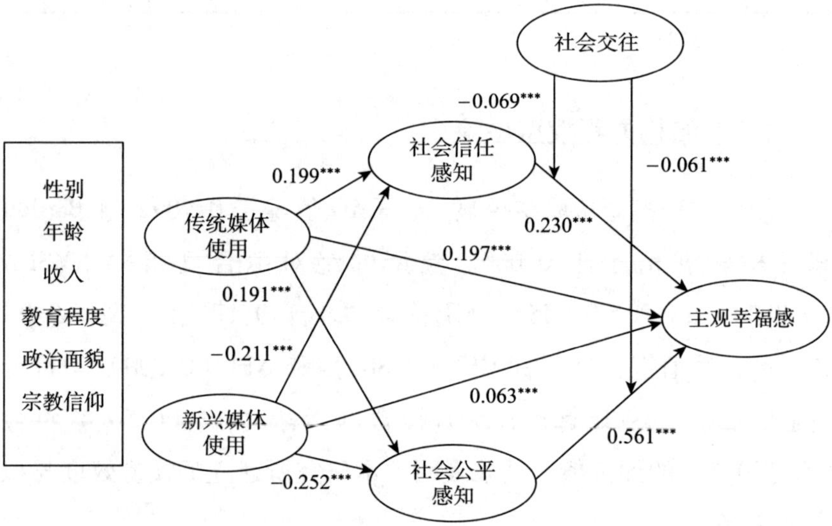

注：N=3783，$^{*}p<0.05$，$^{**}p<0.01$，$^{***}p<0.001$。

图 2　结构方程模型验证结果

（二）调节效应检验结果

为检验 H7，本研究对变量间的关系进行了调节效应分析。如表 2 所示，在控制性别等 6 个人口统计学变量并将“社会交往”设置为调节变量后，“社会信任感知”与“社会交往”的交互项呈现显著性（$\beta=0.044$，$t=2.835$，$p=0.005<0.05$），“社会公平感知”与“社会交往”的交互项也呈现出显著性（$\beta=0.042$，$t=2.858$，

p=0.004<0.05）。这意味着，若调节变量“社会交往”处于不同水平，“社会信任感知”（H7a）和“社会公平感知”（H7b）对“主观幸福感”的影响幅度均具有显著性差异，故 H7 成立。在具体的关系类型上，“社会交往”频率越高，“社会信任感知”（β=−0.069）和“社会公平感知”（β=−0.061）对“主观幸福感”的影响越小。

表 2　调节效应检验模型

模型一：自变量为“社会信任感知”		模型二：自变量为“社会公平感知”	
常数	3.521**（t=44.230）	常数	3.550**（t=45.746）
性别	0.128**（t=3.393）	性别	−0.062*（t=−2.516）
年龄	0.090**（t=5.922）	年龄	0.082**（t=5.556）
收入	0.017**（t=2.814）	收入	0.017**（t=2.881）
教育程度	0.022**（t=4.208）	教育程度	0.021**（t=4.130）
政治面貌	0.128**（t=3.393）	政治面貌	0.126**（t=3.441）
宗教信仰	0.020（t=0.427）	宗教信仰	0.027（t=0.587）
自变量	0.715**（t=13.425）	自变量	0.294**（t=19.603）
调节变量	−0.069**（t=−4.326）	调节变量	−0.061**（t=19.603）
自变量 * 调节变量	0.044**（t=2.835）	自变量 * 调节变量	0.042**（t=2.858）
R^2	0.084	R^2	0.132
调整 R^2	0.082	调整 R^2	1.130
F 值	F（9,3773）=38.608，p=0.000	F 值	F(9,3773)=63.766，p=0.000
$\triangle R^2$	0.002	$\triangle R^2$	0.002
△F 值	F(1,3773)=8.037，p=0.005	△F 值	F(1,3773)=8.166，p=0.004
因变量：主观幸福感			

注：N=3783，* p<0.05，** p<0.01，*** p<0.001。

（三）中介效应检验结果

为检验H8，本研究进一步对变量间关系进行了中介效应检验。如表3所示，在路径“自变量X：传统媒体使用—因变量Y：主观幸福感”中，在将“社会信任感知”和“社会公平感知”分别设为中介变量M时，总效应c、自变量X到中介变量M的效应a、中介变量M到因变量Y的效应b和自变量X到因变量Y的直接效应c′均显著（$p<0.001$）。因此，“社会信任感知”（H8a）和“社会公平感知”（H8b）是“传统媒体使用”与“主观幸福感”之间的中介变量，中介类型均为部分中介，故H8成立。

表3　中介效应检验结果

指标	c	a	b	a*b	a*b（95%BootCI）	c′	检验结论
自变量：传统媒体使用							
社会信任感知	0.084***	0.106***	0.109**	0.012	0.006—0.028	0.058***	部分中介
社会公平感知	0.084***	0.221***	0.221***	0.014	0.004—0.021	0.058***	部分中介
自变量：新兴媒体使用							
社会信任感知	0.003	−0.005	0.112***	−0.001	−0.008—0.005	0.014	不显著
社会公平感知	0.003	−0.046***	0.223***	−0.010	−0.028—0.005	0.014	完全中介
因变量：主观幸福感							

注：N=3783，$^{*}p<0.05$，$^{**}p<0.01$，$^{***}p<0.001$。

同时，在路径“自变量X：新兴媒体使用—因变量Y：主观幸福感”中，在将“社会信任感知”设为中介变量M时，c、a、

b 及 c′等关键数值均不显著（$p>0.05$），即“社会信任感知”不是“新兴媒体使用”与“主观幸福感”之间的中介变量，故 H9a 不成立。此外，若将“社会公平感知”设为中介变量，总效应 c 和直接效应 c′ 均不显著（$p>0.05$），但 a（$\beta=-0.046$，$p<0.001$）和 b（$\beta=0.223$，$p<0.001$）两个数值显著，同时 b 效应减去 a 效应的值为大于 0 的正数，因此“社会公平感知”可以中介“新兴媒体使用”与“主观幸福感”之间的关系，效应类型为完全中介，故 H9b 成立。

四、讨论

（一）以系统性思维审视主观幸福感建设

本文尝试结合微观媒介使用因素、社会心态和群体性因素，来研究影响主观幸福感的因素，研究结果对于以系统性、整体性和框架性思维促进媒介信息行为与主观幸福感研究具有较大的参考价值。传统媒体使用（H1）和新兴媒体使用（H2）与因变量主观幸福感之间的正向关系说明，除特定人群之外，媒介信息行为在一般性意义上对我国居民的主观幸福感均有显著影响。此前基于 CGSS2010 数据的研究指出，媒介使用行为并不是直接提升或减弱人们的主观幸福感，而是通过一些中介变量的传导对主观幸福感产生影响[22]，但本研究并不支持这一结论。结合现实发展来看，在 2010—2021 年的时间段内，无论是传统媒体抑或新兴媒体，其“嵌入”（embed）社会生活的程度均不断加深，媒介使用行为发展到了可以直接影响主观幸福感的阶段。因此，在“媒介化社会”进一步纵深发展的未来，在建构主观幸福感时，用户的媒介信息行为应被放在更为重要的位置。

在经济建设取得巨大成就的同时，我国依然存在发展不平衡的问题，这导致许多人对社会的整体信任程度和公平程度做出具有较大误差的评价，产生群体性焦虑和感受到较强的“相对剥夺感”（relative deprivation）。[23]由于个体的社会信任感知（H5）、社会公平感知（H6）、相对剥夺感均与主观幸福感和心理健康密切相关[24]，而改善这些心态和促进幸福感的提升主要依靠经济增长和社会建设[10]，因此以系统性思维审视主观幸福感建设，须将相关话题置于更广阔的社会发展历程中加以考察。

此外，结合社会学视角和媒介信息行为研究来看，虽然互联网媒介使用技能高低会影响个体对社会的评价及其相对剥夺感等主观情绪体验[24]，但中介效应结果显示，社会公平感知（M = 3.487）也会削减新兴媒介使用与主观幸福感之间的负相关关系。因此，从调动一切积极因素为目标服务的角度出发，除促进经济发展等“硬手段”之外，还需要进一步在全社会持续开展文化建设，从中华传统文化中汲取营养，重塑“仁、义、礼、智、信”的价值观念，提升全社会成员彼此间的信任感和对社会公平的认知[25]，从而增进个体的主观幸福感。

（二）以整体治理媒介提升国民主观幸福感

电视、报纸、广播和杂志等传统媒体的单向传播特质更为明显。主管部门和媒体组织在传统媒体的内容选题、工作方针、组织成员乃至行事风格等方面也有着更为严格的“把关”和规范。[26]我国各类传统媒体组织一直倡导社会主义核心价值观，在内容选材上突出“正能量”，受众也更容易被“真善美”的内容所浸润和感染。因此，传统媒体使用行为与主观幸福感（H1）、社会信任感知（H3a）、社会公平感知（H3b）之间的正向关系并不令人意外。

对互联网和手机用户而言，在技术赋权的背景下，更多网络传播主体可以自由发声。然而，赋权并不一定天然地带来权力的善用，畅所欲言也会造成“众声喧哗”。在微博、微信公众号和以抖音为代表的各类短视频平台中，个别自媒体“大号”虽然掌握内容创作、发表与传播的权力，却盲从“流量至上”和消费主义，非但没有谨言慎行和恪守公序良俗，反而生产制作了大量劣质内容，恶意渲染贫富差距、激化阶级矛盾。近年来，一些不法分子甚至利用互联网从事网络诈骗和网络赌博等违法犯罪活动。这些现象均解释了为何新兴媒体使用行为频率越高，受访者的社会信任感知（H4a）与社会公平感知（H4b）水平越低。

媒介因素无疑是提升国民主观幸福感的重要手段之一，而运用媒体手段来提升国民幸福感是一个系统性工程。直接效应的分析结果说明，在我国媒体主管部门和各媒介组织长期的努力下，传统媒体在内容建设方面积累了宝贵经验。但与之相对的是，互联网等新兴媒体的内容治理依旧面临较为严峻的挑战。在未来的媒体实践中，政府部门与媒介组织一方面仍须保持既往良好的工作作风，另一方面要在风气倡导、内容建设、平台管理和行为规范等方面促进新媒体平台的建设，从而提升人们的主观幸福感。

（三）以“第一责任人”身份进行传播与互动

本研究证明，社会个体的人际传播与社会交往频率（H7）能在社会心态和主观幸福感之间的关系中起调节作用，即社会交往可以分别调节“社会信任感知—主观幸福感”和“社会公平感知—主观幸福感”的关系。社会支持（social support）的相关研究为这一结果提供了一个重要的分析思路：人们在从事社会交往的过程中，可以从他人处获得信息、物质、资金乃至情感等各种类型的支持，社会支持能够“缓冲”（buffer）负面事件和情绪的影响，且社会支持恰恰“嵌入”了社会互动。[27]

具体而言，一方面，大量实证研究证明，社会支持有助于促进个体心理健康。[28]在亲戚、邻居和朋友等现实社会交往中，不同人向个体提供的情感支持有助于缓解其心理压力、增强其主观幸福感。所以在社会互动的不同取值下，新兴媒体与主观幸福感之间的关系强度也在发生变化。另一方面，在社会互动的过程中，人们可以获得更多信息支持，打破媒介“拟态环境”所塑造的“刻板印象”，从而对现实生活形成更加客观和真实的判断，因此在其调节之下，社会信任感知和社会公平感知与主观幸福感之间的关系也有所不同。

整体上，调节效应表明了社会个体在促进自身幸福感受方面的重要性，这可回应“每个人都是自己健康的第一责任人”的理念。一方面，得益于技术发展，“受众”完成了向“用户”的转变，但新媒介赋权并非天然地赋予用户权力，而更加强调用户在赋权背景下的自觉、自醒、理性与担当。[29]因此，社会个体也应该从主动摒弃不良信息、提升信息批判能力、利用媒介创造积极情绪体验等方面来提高自身媒介素养、增强自身幸福感受。另一方面，大量实证文献也证明，主观幸福感与健康长寿、良性社会关系、工作表现和创造力等息息相关。[30]因此，从个体身心健康发展与生命质量的角度来看，社会个体应该处理好媒介互动与现实互动之间的关系，以真实生活经验对抗网络媒介内容中所携带的负面情绪，保持心态平衡、提升幸福感。

五、结语

基于 CGSS2021 的横截面数据，本研究揭示了传统媒体使用、新兴媒体使用、社会信任感知、社会公平感知、社会交往和国民主观幸福感等变量之间的关系机制，研究结论对于媒体主管部门、传播学界和用户自身都具有一定的理论与策略意义。为保证模型稳健性和精简研究逻辑，本研究仅采纳了若干影响主观幸福感的变量，而未对可能影响媒介使用与主观幸福感的社会阶层、社会经济地位、社会保障情况和个体健康等变量进行分析。未来的研究可以从结合纵贯分析、质化研究方法，以及探索不同文化背景下影响主观幸福感的独特变量[30]等方面来弥补这些不足。

注　释

[1] Rogers, E. M., "The Field of Health Communication Today: An Up-to-Date Report," *Journal of Health Communication*, Vol. 1, No. 3, 1996, pp. 15-23.

[2] 张再生、达娃、杨若愚：《宗教信仰、社会支持与居民幸福感——基于 CGSS2015 数据的实证研究》，《世界宗教文化》2018 年第 3 期，第 83—87 页。

[3] Ball-Rokeach, S. J., and M. L. A. DeFleur, "Dependency Model of Mass-Media Effects," *Communication Research*, Vol. 3, No. 1, 1976, pp. 3-21.

[4] 韦路：《媒介能使我们感到更幸福吗——媒介与主观幸福感研究述评》，《当代传播》2010 年第 4 期，第 16—18 页。

[5] Robinson, S. L., and K. D. M. Rousseau, "Changing Obligations and the Psychological Contract: A Longitudinal Study," *Academy of Management Journal*, Vol. 37, No. 1, 1994, pp. 137-152.

[6] McLuhan, M., *Understanding Media: The Extensions of Man*, McGraw-Hill, 1964.

[7] Mundorf, N., et al., "Families, Information Technologies, and the Quality of

Life: German Research Findings," *Telematics and Informatics*, Vol. 11, No. 2, 1994, pp. 137-146.

[8] 周葆华：《大众传播效果研究的历史考察》，复旦大学博士学位论文，2005年。

[9] 王元欣：《互联网使用、主观阶层认同与主观幸福感——基于CGSS2015数据的实证研究》，《东南传播》2020年第11期，第16—21页。

[10] 张凌云：《青年群体媒介使用对幸福感影响研究》，《中国报业》2020年第16期，第106—107页。

[11] 贺建平、黄肖肖：《城市老年人的微信使用与主观幸福感：以社会资本为中介》，《新闻界》2020年第8期，第57—66页。

[12] 匡文波：《"新媒体"概念辨析》，《国际新闻界》2008年第6期，第66—69页。

[13] 杨宜音：《个体与宏观社会的心理关系：社会心态概念的界定》，《社会学研究》2006年第4期，第117—131+244页。

[14] 汪新建、姜鹤：《社会心态研究的学术谱系与主要议题》，《西北师大学报（社会科学版）》2021年第2期，第69—76页。

[15] 崔小倩、郝艳华、唐思雨等：《社会关系、健康状况与居民社会信任感——基于中国综合社会调查（CGSS2015）的实证分析》，《中国农村卫生事业管理》2021年第11期，第830—836页。

[16] 龚会莲、李雯钰：《公共服务获得感、社会公平感知对政府信任的影响研究——基于CGSS的实证分析》，《行政科学论坛》2023年第8期，第58—64页。

[17] 王燕、刘思洁、陈矜之：《改革开放40年中国人心态变化的年代分析——以社会信任、主观幸福感和心理健康为例》，《苏州大学学报（教育科学版）》2020年第1期，第58—69页。

[18] 王琪瑛：《收入、健康、社会公平感与居民主观幸福感——一个区域差异分析视角》，《社科纵横》2019年第11期，第66—74页。

[19] 龙思梦、杨建州：《社会交往、社会信任与"农转非"居民幸福感——基于CGSS2015数据实证分析》，《社会福利（理论版）》2020年第2期，第

48—52 页。

[20] 朱立志、黄达武：《体育锻炼与流动老年人主观幸福感的关系研究——有调节的中介模型》，《湖北体育科技》2023 年第 9 期，第 814—820 页。

[21] 王辉、金兼斌：《媒介接触与主观幸福感——以政治信任为中介变量的实证研究》，《新闻大学》2019 年第 7 期，第 1—15+120 页。

[22] 曾凡斌：《媒介使用、媒介信任对幸福感的影响研究：基于 CGSS2010 调查数据的分析》，《湖南师范大学社会科学学报》2019 年第 2 期，第 140—149 页。

[23] 王佩、张银玲：《相对剥夺感对社会群体影响的研究进展》，第二十四届全国心理学学术会议论文，2022 年 2 月。

[24] 熊猛、叶一舵：《相对剥夺感：概念、测量、影响因素及作用》，《心理科学进展》2016 年第 3 期，第 438—453 页。

[25] 邓榕：《多元文化视域下网络暴力的本质、成因与文化对策》，《求索》2015 年第 5 期，第 183—187 页。

[26] 邓榕、刘琼：《传播学"把关"行为的理论分析》，《长沙大学学报》2007 年第 6 期，第 124—125 页。

[27] Cohen, S., and T. A. Wills, "Stress, Social Support, and the Buffering Hypothesis," *Psychological Bulletin*, Vol. 98, No. 2, 1985, pp. 310-357.

[28] Kaplan, B. H., J. C. Cassel, and S. Gore, "Social Support and Health," *Medical Care*, *International Encyclopedia of the Social & Behavioral Sciences*, Vol. 15, No. 5 (Supplement), 1977, pp. 47-58.

[29] 师曾志、胡泳等：《新媒介赋权及意义互联网的兴起》，社会科学文献出版社 2014 年版。

[30] Diener, E., S. Oishi, and L. Tay, "Advances in Subjective Well-Being Research," *Nature Human Behaviour*, Vol. 2, No. 4, 2018, pp. 253-260.

生命传播与虚实共生

- 虚实共生中追寻“真实”与“创造”的生命叙事
- 天幕媒介：论风险时代的游牧式生存与部落情感
- “实境元宇宙”世界的建构

虚实共生中追寻“真实”与“创造”的生命叙事

师曾志*

摘要： 数智时代万物皆媒成为可能，在人工智能等高科技不断创新与迭代之时，反馈机制的进化不仅加快了传播速度，同时也改变着社会的基本交流模式与存在方式。虚实共生成为新的社会特征和生活现实，重组着社会权力与资源，同时也重现着作为社会组织方式的日常生活。尤其在超越现实与面向未来的意义上，虚实共生显露出日常生活之中个人感觉、感知、情感与表现、交流、行动之间指向真实与创造的复杂互动关系，赋予了“生命叙事”重大的理论与现实意义。本文从叙事的缘起与概念出发，将叙事放在人类存在与认知中探索，强调生命叙事内容与形式的一体化。本文从古希腊思想意义上的技艺代言视域来观看生命叙事，以生成理论与事件思想为生命叙事研究的基础，概括生命叙事的特征，即其深入内在的自我表现，并探究其对交流、行动及改变的可能影响，由此提出生命叙事应追求诗意性真实与创造特征的观点。

关键词： 虚实共生，生命叙事，差异，生成，真实，创造

---

* 师曾志，系北京大学新闻与传播学院教授。

人类是会叙事的动物，叙事作为人类的基本交流方式，以散播的方式不断架起观念、意义之间的桥梁，观念与意义因而以涌现与生成的方式延绵不绝。传播技术变迁为叙事的变形与延异以及人类的求新求变敞开了尚待生成的多种可能性。自人类的原始叙事发展到文本类型的叙事，再到数智时代突破文本局限的跨媒介形态，诸如口语、文字、语言、视频等媒介类型以及操作、技术、制度、机制等规范都体现在跨媒介叙事之中，与社会存在、社会现实混为一体的“叙事”，可作为事件、模仿现实的途径，显现出无限变化的形式与内容。

在数智时代，当数字孪生、数字城市、数字乡村、数字治理等还在彼此应和与较量时，数字生命以及数字创生等摆在了我们面前。数字世界与人类生活无缝连接与联结，在身体越来越成为技术延伸的同时，心智更顽强地走在返回家园的路上。以源于人类基本表现和交流的、自我具身性卷入的、认知与创变结合的认知进化等为特征的生命传播，让我们认识到看得见的世界变化如此之快、如此陌生，而看不见的世界又是如此真实、如此生机勃勃。信息传播速度加快引发了反馈机制的迅速调适，导致自我认知加速，同时也深刻地促进了有机的社会互动。文字、声音、图像等符号在生命叙事中凸显出感觉、知觉、情感、观念、意义在虚实共生中的诗意转换与突转，也显现为隐匿在媒介事件之中的生命绵延。生命传播让叙事在线上线下交互铺陈，此时，如何理解生命叙事？虚实共生中的真实与创造是怎样在生命叙事中展开的？这些问题都成为传播学应关注的重要议题。

一、生命叙事的提出与意义

在数智时代,数字化与智能化相互博弈，技术的发展离不开日常生活的存在。而本质上，存在行走在重复之道路中。马克思的“复归”、海德格尔的“返回步伐”与德勒兹的“永恒回归”在思想上有异曲同工之妙，都凸显了德勒兹“重复”思想的张力。一定意义上，“重复”意味着根本性的复现或返回，“回归”则指向超越差异与同一的不断重复。差异思想将静态、唯一的本质放在了动态、创造的认知背景与理解路径之中。根植于日常生活的生命叙事不仅是对媒介事件的再现，也映照出人类行为生生不息中充满差异化与多样性的腾挪反转，在逃逸与生成中切近与逼近着本质性的真实和真理。

当下社会处在深刻的变动之中，创新与颠覆不断嵌入人们日常生活的交谈与对话。人类重大危机不仅是宏大叙事的产物，也同样隐匿于微小叙事不断建构起的大量个人生命史中，其早已深入社会的深层机理，释放出人的无穷欲望，原始欲望在模仿欲望快速变现中显现为人性的深渊与生命的顽强，这一过程推动形成的新的社会关系不断突破现有社会构架与规制，深刻影响着社会变迁。马克思在《路易波拿巴的雾月十八日》中曾指出，“人们自己创造自己的历史，但是他们并不是随心所欲地创造，并不是在他们自己选定的条件下创造，而是在直接碰到的、既定的、从过去承继下来的条件下创造。一切已死的先辈们的传统，像梦魔一样纠缠着活人的头脑”[1]。人往往被自我束缚而不自知，唯有在内心深处全然接纳方能显现出生命的通达。很多人已意识到了“心媒”（medium of the mind）的存在及其重要性，它要回应的是现代传播技术究竟为心灵提供了怎样的视觉表现，生命叙事中心灵与他者如何穿越科学、艺术、哲学、宗教等与自然进行着对话，表达工具与思维认知之间的调试又能引发怎样的认知进化与认知革命。

生命叙事本质上是认知、表现自我与世界关系的基本方式，是人类基本的认知与思维方式，存在于个体生命史与社会变革之间。它打破了罗格斯主义中的条条框框，超越人类中心主义的视角，揭示出传播内容与形式背后隐藏着的人们认知与思维方式的深刻差异。生命叙事也是人们赖以生存的观念与意义建构、解构的基础。它将差异性、异质性、多样性的个人生命体验直接切入人类命运进行感觉、感知、表现、交谈、交流与对话，不断揭示出人类复杂的情感与人性的深渊。人工智能虚实共生让模仿大行其道，又难辨真伪，人们需要认识到："在每一个表面的人类现象之下都隐藏着另外一种不同的真实，通过有力地揭示这种真实，我们将获得知识、实践和（特别是）道德的优势地位。"[2]这里，知识、实践和道德的优势地位是自我独立与自主的前提，也是自我得到能力、智慧与创造性的保证。

二、叙事的缘起与概念

"叙事学"一词出现得很晚，学界一般认为该词 1969 年由托多罗夫（Todorov）正式提出。很多人认为柏拉图对"叙述"的论述意味着叙事理论的发端。"叙述"与"叙事"之别可能是翻译问题，因为人们普遍使用的是朱光潜翻译的版本。但深入古希腊现存材料可以看出，柏拉图借由苏格拉底之口说出了"讲故事即叙述"并分析了叙述的题材内容、体裁形式，这里的"叙述"应译作"叙事"。

柏拉图提出叙事是为了"城邦的保卫者们的教育"[3]21，他讨论叙事的"题材内容"——事件，也讨论叙事的"体裁形式"——叙事方式。前者回答的是叙事"说什么"，而后者则是叙事“怎样说”。[3]46柏拉图的叙事，表面上讨论的是古希腊史诗、抒情诗、悲剧、喜剧等文本，但文本题材内容的丰富性与异质性使叙事得以超越时空展开，并蕴含通达古今、人神共舞的张力，尤其是以模仿、对话、反讽等方式展开的叙事从一开始就处于模仿与凝视之中，展现出了叙事开放的、无限游戏的状态。

《说文解字》对“叙”的解释是：“叙，次弟也。从攴（pū）、余声。”[4]69“攴”乃偏旁“又”的原形，指的是“手持卜（bǔ）来敲击”，有着预测未来以及推断人事吉凶祸福之意；“余”指“房舍”。所以，“叙”字整体作为动词指的是“犹房舍次第架构铺陈地讲述”，即“有顺序地述说”。“叙”在此有着预知未来以及顺序、秩序的意涵，其中的“秩序”还可能是对谁在规定秩序的追问。“事”，“职也”[4]65，作为名词意指职事、职业，有职守、职权、责任的引申义。《礼记·大学》中有“物有本末，事有终始”[5]，注重的是治事能力与事物在反转中的连贯性。这意味着叙事的写实性不排斥叙事的虚构性，叙事融汇于过去、现在与未来，有着内在的规定性与秩序权力，关乎表现与表达、行动与实现的能力。

罗斯·钱伯斯直接认为，叙事作品的语境其实是“一种社会存在，一种影响人际关系并且由此获取意义的行为：叙事之所以成为叙事，依赖于一种隐含的社会契约关系。这种契约关系使得叙事作品与社会之间具有一种交换性质，而交换就意味着存在于社会的欲望、目的和各种制约力量之间的综合关系”[6]。生命叙事正是在具体语境与场域中生产与再生产的言说与意义，语言、符号等所代表的意义在时空中解构与重构，随时随处地连接与贯通，并在微小叙事中显现为真实与真理，如此颠覆中的创造，成为推动社会发展的源头活水。

三、生命叙事内容与形式的一体化

柏拉图将文本叙事进行了语文体裁的划分，将其分为单纯叙事、模仿①叙事以及两法兼用等三种形式。[3]46他指出：“凡是诗和故事可以分为三种：头一种是从头到尾都用摹仿，像你（指阿德曼特）所提到的悲剧和喜剧；第二种是只有诗人在说话，最好的例子也许是合唱队的颂歌；第三种是摹仿和单纯叙述掺杂在一起，史诗和另外几种诗都是如此。”[3]49单纯叙述就是诗人对人事、情节等的直接描述和概括；模仿叙述则是人事的细节、进展等经由故事中具体角色的口表述出来；根据文本的实际，单纯叙述与模仿叙述往往结合在一起，诗人一方面在故事中模仿着具体人物的口吻、声音、语调等说话，另一方面也不隐藏自身进行直接叙事。从诗人视野与表述出发的单纯叙述往往囿于诗人自身，而模仿是人的本能，诗人的模仿叙述中有着模仿多人、多事、多见解的可能性，它将故事的展开与理解贯通于过去、现在与未来。至于三种叙事何时该用，柏拉图没有给出明确的答案，只是说“看理路的风向哪里吹，我们就向哪里走”[3]49，注重的是根据具体的场景与情形进行判断。

柏拉图强调，尤其对小孩子来说，模仿什么是非常重要的。他指出：“摹仿这玩意如何从小就开始，一直继续下去，就会变成习惯，成为第二天性，影响到身体、声音和心理方面”[3]51，如果要人们模仿，就“只能从小就摹仿适合保卫者事业的一些性格，摹仿勇敢、有节制、虔敬、宽宏之类品德；可是卑鄙丑恶的事就不能做，也不能摹仿，恐怕摹仿惯了，就弄假成真”。[3]51柏

① 本文中“摹仿”通“模仿”，除了引文中用“摹仿”外，其他处都用“模仿”一词。

拉图认识到：“一个好人若是要叙述到一个好人的言行，我想他愿意站在那好人本人的地位来说话，不以这种摹仿为耻。他对于那好人的坚定聪慧的言行，会特别摹仿得认真；若是那好人遭遇到疾病，恋爱，沉醉或是其他不幸的事，他就摹仿得少些。但是他若是要叙述一个不值得他瞧得起的人，他就不会肯认真去摹仿那个比他低劣的性格，除非偶然他碰到那人做了一点好事，才摹仿他一点。此外，他会以摹仿这种人为可耻，因为他对于摹仿这种性格素无训练，而且也不愿降低身份来取他所鄙视的人物做模范来摹仿，除非是偶然开玩笑。”[7]53-54人的第二天性与人的习惯有关，而习惯在很大程度上又是在模仿中不断形成的，模仿关乎人的性格、言行甚至命运。

对此，柏拉图主张人们应模仿好人的“聪慧的言行”。对好人的“不幸的事”，则应模仿得少些。至于坏人，则不应模仿；除非他偶尔做了一点好事，才可“摹仿他一点”。柏拉图认为，叙事的事件应该是“好人”所做的“好事”，只有这样的“事件”，才有益于城邦守卫者的审美教育，才能使他们从小就“摹仿勇敢、有节制、虔敬、宽宏之类品德”，从而“专心致志地保卫国家的自由”。[7]52当阿德曼特说出“我们只准用摹仿好人的单纯叙述”时，柏拉图也指出：“混合体也确有它的引人入胜处。至于与你所选的那种正相反的体裁——摹仿——却最受儿童们，保姆们，尤其是一般群众们欢迎。”[7]55为此，他又区分了叙事的三种形式，即“一种是真正好人有话要说时所用的；另一种是性格和教养都和好人相反的那种人所惯有的”[3]52以及两者的混合体。第一种，单纯叙述往往要大于模仿叙述的幅度；第二种，一般模仿叙述超过单纯叙述的比例，它往往能引发更多人的共鸣；第三种有着引人入胜的特征，人、事在超越时空的叙事中获得更大的突转与转化。

柏拉图的叙事题材或叙事体裁有着广阔的范畴，他认为教育应为叙事的前提，题材内容需要依据其传播对象等进行取舍与提炼，以事件的方式、以教化治愈为目的，叙事可以采用灵活变化的形式。他在《理想国》中多处提出了题材中不应有的内容，甚至细致到“我们的保卫者也不应该动不动就笑，因为暴烈的笑总不免就有同样暴烈的心理反响跟着来”[3]38-39。这种只是出于对城邦保卫的教育目的的叙事规范不可避免地带有浓重的教化、理想的色彩，强调权威、等级等努力在抵达自然与技艺之间的相宜性。柏拉图也承认叙事混合体的引人入胜，即在承认叙事中存在教化、模仿的前提下，认为这种混合体的引人入胜为生命叙事关注人的自我意识与自省、反思之间的复杂关系，为努力返回探寻自然与技艺之间的关系，开启了思维与认知的思考空间。

四、生命叙事作为一种技艺代言

自然与模仿一直处于矛盾紧张关系中，柏拉图借由苏格拉底说出：“如果一个人把一种技艺当作全体来看，判别好和判别坏就是一回事。”[3]6生命叙事其实是一种技艺代言，在模仿自然中不断形成自身。凭借自然与天成赋予灵感在心灵处不断连接与联结的能力，生命叙事承认人、事在断裂中的连续性。柏拉图所言的叙事不仅仅是对善恶的评判与取舍，其最为重要的是将叙事置于人神之间，直指善恶之间转化的因由，提出对神不敬对人无益的思想，洞悉叙事中“真谎”的存在，即“凡是受迷惑的人在心灵里的蒙昧无知”体现着“言语上的谎是这种心灵状态的仿本或影像”[3]30。真谎是人的心灵受到蒙蔽而不自知的自我表达与叙述，自以为是地坚守自由、正义、真理、爱情，殊不知这只是自我的一厢情愿。真谎混淆了对叙事内容与形式的判断，也在追问中实现着叙事内容与形式的转化与一体化。

为此，柏拉图特别规定了描写神的法律和规范，认为“关于神的第一法律和规范要人或诗人们遵守的就是：神不是一切事物的因，只是好的事物的因”[3]27。正因为“神在本性上是纯一的，在言语和行为上是真实的，他并不改变自己；他也不欺哄旁人，无论是用形象，用语言，还是在醒时或梦中用征兆，来欺哄”[3]31，描写神的第二法律和规范就是“神们不是一些魔术家，不变化他们的形状，也不在言语或行动上撒谎来欺哄我们”[3]32。对于人的一类叙事，柏拉图并未给出一些规定，只是从正义出发，认为这类人的叙事应符合“正义对有正义的人根本是有益的，不管有没有人知道他有正义”[3]46的标准，这也为生命叙事在自然与技艺中的不断调协提供了思想基础。柏拉图在此所谈的“神”并不是具体的神，而是承认神的成其所是、如其所能的运行法则。叙事需要敬神爱人，这是因为“祸害不能从神那里来”[3]44，神是不撒谎、纯一的，是不受外在因素影响的。人由于心灵受到蒙蔽，会产生真谎，叙事的虚构性就此具有了无限展开的可能性。《道德经》第七十九章中更直指“天道无亲，常与善人”，无论正义是自知还是无知、是有益还是无益，对于人的一类叙事，生命叙事的真实、真理、创造等的流变与生成都能够在更大的时空中展开。

柏拉图将叙事与事件结合的认识论，让他在讨论文本叙事时已然超越了文本本身，将其纳入了对事件无限断裂与连续生成的解释与理解。亚里士多德受柏拉图模仿思想的影响，在《诗学》中很早就认识到，模仿突破了如实表达的对象本身。由于语言的隐喻、表现人物性格和形象等需要，他将模仿对象分为三类，即“过去或当今的事”“传说或设想中的事”“应该是这样或那样的事”[8]177，这为进一步理解柏拉图的文本叙事提供了广阔视域。诗意重视的是叙事在模仿中如何开启人的心智，它应在具体场域中进行多视角的观察与思考，正如“衡量一个人言行的好坏，不仅应考虑言行本身，即看它是好还是坏，而且还应考虑其他因素：言者、行动者和情况，对方是谁，在什么时候，用什么方式，目的是什么，例如，是为了更美好的善，还是为了避免更大的恶”[8]178一样。

柏拉图在讨论叙事时将内容与形式一体化，以“事件”为中心来阐述他对叙事的理解。事件成为一种溢出或意外，不断打破常规思维与认知方式。事件化正是真实与真理显明的过程，而真实与真理也存在于事件的断裂与贯通中，正因此，生命得以进化与创造。事件以断裂的方式存在，并非表征着自然与社会内在发展规律的断裂，而是指人类无论以怎样的概念、理性、思想去认识与标签自然与社会内在的发展规律，后者依然在成其所是、如其所能地进行着，反而显示出活跃在人类的有限认知与无限认知间的仅仅是一场场游戏。

五、生成观作为生命叙事的思想基础

叙事研究中始终都隐含着人类是如何生生不息的这一终极设问，人何以能与自我、他者、自然相处并获得认同与延续，人的思想与认知如何影响观念、信仰、信念并得以传承？法国哲学家吉尔·德勒兹的生成论为生命叙事提供了理据。德勒兹认为，对存在的理解应建立在流变、过程以及不断生成的基础上，人类正是在差异与重复的不断更迭中生生不息的。

语言及其他符号试图表达事物以及它们之间存在的复杂关系，但其中的感知与情感无可言说却又无处不在，让我们真正能理解“情感、感知与概念是不可分割的力量，它们从艺术走向哲学，从哲学走向艺术”[9]156这一思想洞见。德勒兹思想的合作者菲利克斯·加塔利在回答其研究为什么要弃绝“能指”概念与体系时指出，叶尔姆斯列夫“早就提出了一种语言的斯宾诺莎理论：流、内容和表达的流，不需要能指。语言作为内容和表达的持续流系统，被离散的、断续的辞格的机械搭配所切断”[9]24，功能主义者“感兴趣的是某一事物如何运转，如何运作，那是一个怎样的机器。而能指尚属‘其为何意?’这一问题的范畴”[9]24-25，加塔利认为“无意识不想表明什么，语言亦然”[9]25，而功能主义之所以失败，是因为人们总是试图将能指“置于并不属于它的领域之中，置于大的结构总体之中，而一经置入其中，这些大的结构总体便不能以其同样的运转方式形成了”[9]25，我们应追问的是无意识“如何与强感、流过程、部分客体，与一切不想表明什么的东西一起进行运转”[10]。他们都认识到无意识具有生产与再生产性，隐匿于其后的人性与物性以及它们之间的对抗、排斥、连接与联结关系不断表现出分裂与差异，共同形成流与力，让流变与生成成为可能。

生命叙事是开放的、开源的、生成的，包含无数符号意义的流变与突转。离开人的参与和社会存在，符号是无法自行生产与再生产意义的，在对各类符号的理解中必然会显现出自我认知的存在。每个人都在使用不同的媒介连接自我与外部世界，符号表面上是言语、文字、图像等，实则在其中流淌着感觉、感知、审视与爱，意义与观念在观看者中被凝视、辨读、体悟与贯通，更在观看者之间的交感与交互中不断分裂与生成，它们持续形成塑造社会的力量，不断推动社会的变迁。

六、生命叙事作为事件的思想来源

数智时代最为关键的特征之一是生成理论中原初的流、力以社会有机性的特征重返社会变革的中心，体现出在社会与个人不确定性增强的同时，社会的流动、生成却以事件的方式搅动着人心与社会变迁。柏拉图对叙事采用了事件的视域，事件显隐揭示出真实、真理与创造需要直面的是朝向未来的无知。何为事件？怀特海在《过程与实在》中提出了“过程哲学”的思想，他以开放、能动、创造的无限宇宙观强调事物的过程与关系两大原则。他认为构成现实的终极单位并不是“实体”而是“事件”，事件具有第一性，整个宇宙就是由各种事件、各种实际相互连接、相互贯通而形成的有机系统。

当代法国思想家如福柯、德里达、德勒兹也特别关注对“事件”的研究。“事件”在福柯那里是作为“事件化”的结果而出现的，出现在知识型的断裂中。当新出现的历史拐点无法被已有的知识系统解释时，就需要以别样的知识型去应和并适应自然与社会内在的发展规律，正是“事件化”的不断生成造成了对知识历史理解的断裂，也正因如此，以事件贯通与通达历史成为一种可能，它可以帮助我们避免以人类中心主义的视角诠释历史的必然性与应然性。德里达在对结构主义的怀疑中提出了“事件”概念，认为它是突然发生的，它是自然与社会内在发展中如其所是、成其所能的体现。他反对以人类理性消灭事件，拒斥结构主义试图平衡、组织与掌控结构进而掌控人类的思想倾向，直指事件就是生成、事件就是意义。

提出“事件哲学”的法国哲学家阿兰·巴迪欧是事件研究最为重要的代表人物之一，他进一步明晰了事件与真理之间的关系。巴迪欧指出：“为了开启真理进程，必须要发生一些事儿。目前已有的——知识的情境——不能生产任何东西，除了重复。对真理，要确认其新奇，必须有所补充。它无法预料、不能计算。它超越了自身。我称其为事件。在它的新奇中，真理显现了，因为事件的补充打破了这种重复。”[11]巴迪欧把“这个伪装的拔除叫作‘事件’”，这是因为“它不是内在于再现本身之物。它从他处突然到来，一个外在的他处”。[12]真实本身就是一个事件，它无法自我判别并总是随着事物的发展而不断变化。

事件中包含不断变化与流动的时空，它朝向未知与未来，是真实、真理与创造生成的广袤之地，它全然接纳各种因素的影响，始终遵循传统文化中的“道”、柏拉图所言的“至善”、维柯的至高之“德性”等这些以无穷变化的形式再现着的宇宙万物运行之规律。生命叙事作为事件，探寻与追问的是一种无能与不可能中的可能性，它注意到了人的自我潜能的存在，实现着从无能与不能奇妙地转化为自我的复归与才能，不断切近与理解何谓真实与创造，从而将不可能反转为可能。生命叙事将行动与实践落实到遮蔽在人的自我欲望、表现等背后的感觉、感知、认知与思维方式之中，深刻认识到“任何一个人——不是对其所做之事，而是对其所是之人，负有责任”[13]138的意涵，为人能与不能、不能与能的转化提供了思想基础。

七、生命叙事及其主要特征

生命叙事是在个人生命史与社会变迁相互作用的关系中形成的,正如荣格所指出的,“说到底，人是一个事件，它无法判断自己，是好是坏，全都交由他人评判”[14]。生命叙事让人们不至于跌入空洞、笼统与含混不清的言语、语言表达。情节、语言等的表述与表现给人以身临其境的感觉，让人感知到惊异、出乎意料、共鸣、推断等发现的过程。然而，以此发现的内容并不等于全部，“在所有的发现中，最好的应出自事件本身。这种发现能使人吃惊，其导因是一系列按可然的原则组合起来的事件”[8]119。各种事件组合起来产生了让观阅者可信的效果，并将不可能转化为可能，这是生命叙事成功的标志之一。据此，生命叙事作为事件具有了如下主要特征。

第一，生命叙事本质上是将自我与自然联系在一起的思维与认知方式；第二，它强调个人自我感觉、感知、情绪、情感等具身性的卷入；第三，它存在于自我与自然的显隐关系之中，是动态性的，也是生成性的；第四，它强调因果同时，也关切隐匿在其背后的因果异时；第五，它凸显出动态生成中规则与秩序突转与反转的能力，难以被概念、理性、逻辑以及计算去标签、命名与界定；第六，生命叙事以事件为中心，是内在与外在的合一并能在断裂中实现时空贯通，从而让真实、真理及创造得以显明；第七，在生命叙事中，颠覆与创造并存，在强调行动与权力之前，更为关注感觉与表现；第八，它具有“游戏中的游戏”的特征，而自我革命与自我超越始终让自我在游戏中处于不败之地。

生命叙事复杂、多元、异质的关系中蕴含无穷的张力，其魅力在于它是失望也是希望的源泉，正是在复杂、多元、异质的传播过程中，生命叙事才凸显出自我认知进化的水平与能力。事件化的生命叙事让反复差异中的重复显得自然、真实，尤其是隐匿在审美共情传播背后的、基于人性的对社交媒介流量的不断追逐，让生命叙事在事件反转中具有了返璞归真的可能性，从而引发人们更强烈的共鸣与共情。生命叙事总在难以预测、突然爆发中显现出在断裂的同时也发生着突转，在线性时间的理解下、在非线性时间的视域下，不难发现其不可通约以及不可预测的特征，让事件断裂、反转的正是人、事运行的规则与规范，由此，事件得以实现统一。因此，人、事是可以实现通约与预测的，失序当中秩序调整的不仅是规则与规范本身，也是人们的认知。

八、在表现与交流、行动中的生命叙事

《道德经》第四十章中有“反者道之动，弱者道之用”，将两者放在一起才能更好地理解它们的意蕴。日常生活中嬉戏、嬉游、游戏的能力是道之用，“弱”在这里不仅仅是软弱的意思，它是关系与实现中的“弱”，是关系方能认识到自我的不足并在此基础上不断提升以达成实现的过程。不足在提升与实现时，会在关系中形成反转的力量，从而弱者之“道之用”在运行中可实现反者之“道之动”。意大利美学家、哲学家吉奥乔·阿甘本对意大利那不勒斯地方戏剧中喜剧小丑普尔奇内拉荒诞一生的分析，也揭示了“道之动”与“道之用”之间的嬉戏之中的反转、反转之中的嬉游。

阿甘本指出：普尔奇内拉“不过是一个身体在同它自身和其他身体接触时获得的快乐——他只是一种身体之用”[13]143，他

“最终，也不只是为了博得一笑”，而是揭示出在“生命的喜剧里，没有什么秘密，而只有一条出路，无时不在”[13]150。这条出路就是在道之用中不断突变腾挪的反转，反转发生在自我认知与自我革命的节点，不断反转重复的“道之用”与“道之动”最终会走向历史的断裂处，也在历史断裂处持续游戏着。

阿甘本非常推崇普尔奇内拉所说的“何处有灾变，何处就有遁路”。在问及普尔奇内拉为何非要接受审判时，他说，“只有接受审判并被判死刑后，普尔奇内拉才真正地成其所是”，这是因为“他把一切实质、一切可归罪的行为统统放到了法律手中：要是您觉得我‘傲慢、狡诈、虚伪、贪食、笨重、愚蠢、肮脏又污秽’并搭好了您的悲剧舞台，那么，就请审判我并给我定罪吧，给我戴上这些压根非我所是的罪名，而我则将其残留以插科打诨和鬼脸怪相之形式弃于您手中”[13]79。言说的不可能非世界存在的非可能，它是我们自身无法认识、无法表达的无奈。语言的断裂说明交流中除了通达还有无奈，处于交流中断处的无奈有时恰恰能激发出人的潜能并连接或联结到另外的存在，从而将观念与意义置之死地而后生。基于真实与真理显现的生命叙事揭示的正是“一切应时之物”的可能性，它“既不来迟，也不早到，只要一切终结或看似终结”，它便“应时而往”。[13]12

阿甘本特别关注喜剧是因为“喜剧不仅比悲剧更古老、更深刻”，以至于最终“它似乎和哲学融为了一体”[13]6。阿甘本深切体会到，“喜剧自身承担了一个元历史的维度，它才同历史保持着一种亲密的关系。它在一切决定性的意义上蕴含历史的危机——审判”[13]15这一人类历史发展中始终无法摆脱的命运。在当下人工智能等传播技术的支持下，悲剧与喜剧中至纤无极有了穷幽极微以及洞幽烛微的可能性，它们在具体而微中感知真实并创造未来。

在亚里士多德的思想中，正如阿甘本所概括的，“悲剧就是把我们恰巧选中的生活当成了一个需要我们负责的命运，由此听从了先知者的话，根据他的说法，自选者自负其责，神明则不任其咎”[13]127，因此“在悲剧里，起决定作用的是行动而不是性格”[13]57。悲剧的英雄人物往往肩负着无法逃遁的责任甚至厄运，亚里士多德将其表达为“过失”，而将喜剧人物的滑稽、怪丑表达为“谬误”。阿甘本深刻认识到，“在悲剧里，性格——未亲历的东西——变成了过失和命运的主体；在喜剧里，性格则消解为插科打诨。悲剧面具表达了行动对性格的痛苦承担。而喜剧面具则表达了引人发笑的模仿对性格的废除。插科打诨拆开了命运之网，是为了把它重新压缩为一种性格。在两种情况下的性格——未经历的东西——无论如何，始终没有被超越”[13]127-128。由此，悲剧中的过失成为英雄的命运一般，它唯有在过失空间中进行抵抗；喜剧中的谬误则有着更大的嬉游空间。

悲剧为了行动而表现性格，而喜剧正好相反，“为了表现性格才行动”，喜剧人物“只要其行动是为了表现其性格，他所表现的行动在伦理上就无关紧要，也绝不会牵涉他。因此，喜剧人物行动的经典形式是信奉插科打诨，也就是荒诞的举止和姿势，目的只是打断行动并将人物从一切责任的指派中解放出来”。[13]58喜剧插科打诨的目的就是“把未亲历的东西展示为一个玩笑和一个滑稽”[13]127。悲剧英雄的行动本身被赋予了其悲壮、奉献、牺牲的天职，难以避免的是“过失就把他刻入一种命运和一种罪孽”，而“喜剧演员的谬误只给他指派了一种性格”。[13]59由此，喜剧的本质“在语言中，展示一种交流的不可能性，并以此制造笑声——这就是喜剧的本质”[13]24。笑声中表现出无可奈何，反而令一种外在的“不能”激发人潜能中的“才能”变得可能，让人、事在“道之用”中实现“道之反”，从而使得真实与真理的显现成为可能。

生命叙事作为事件，既是断裂的，也是统一的。从真实与创造中来的生命叙事正以全新的姿态倾听历史的召唤。阿甘本曾指出：“普尔奇内拉就通过质疑实践的首要性，来提醒人们：在行动的前世或彼岸，还有另一种可能的政治。”[13]82感觉、知觉等在概念与理念之前就有其倾向性并支配着人类的表现、交流与行动。阿甘本笔下的普尔奇内拉面具在使用着人，面具成就了其自身，因为面具后面空无一人。普尔奇内拉说：“我只经历我未曾经历的事情。所以，我完全没有性格。也没有记忆。可以说：我虽无牌在手，却盘盘有赢收。我的面具下没有任何面孔。”[13]135我们所选择的生活图式尽管表面上显现的是自我作为主体，实则是社会存在中自我情感与感知的生命底色的显露。随着各种因素的变化，与其将人视作主体，不如视作德勒兹所说的“游牧主体”，需要在具体场域的表现、交流与行动中时时转变自身并努力如普尔奇内拉一般把握当下并走向未来。

九、生命叙事在诗意中的真实与创造

柏拉图意义上的叙事，注重叙事题材即内容与叙事的体裁即形式的一体化，跨越时空中的真谎与真情消弭了叙事内容与形式的边界，生命叙事作为事件正是在两者间的断裂中显露出了其诗意的绵延与真实。亚里士多德曾说，就做诗的需要而言，“不可能发生但却可信的事，比可能发生但却不可信的事更为可取”[8]170。可信、不可信与可能、不可能之间会发生一种玄妙的时空转化。

我们把不可能发生与可能发生都归纳为实事来理解，可信与不可信则成为实事的前提，当不可能是可信、可能是不可信时，它们都触及了问题的本质。前者使得追问能够无限延展下去，凸显了可信主体的能动性，实事被放在包括过去、现在与未来的范畴中有了实现的可能性；后者从相反的方面解读，让实事陷入已然难以改变的境地，主体的能动性因此受到限制。

事实上，实事与可信之间显现出实事内容与形式的差异化存在，前者往往在后者的引导下在人们心里转化为可信与不可信，后者往往受到个人在行动中观念与认知变化的牵引，从而变幻成多种存在。实事形式更多的是基于个人情感、感觉、知觉、思想、个性、人格等具身性因素的变化，在与自我、他者、自然的互动中不断心生涟漪，推动感觉与表达的产生，从而使得实事内容与实事形式获得转化能力。叙事形式之变一再在认知进化中形成理念之美，而理念之美又推动着叙事内容的发展。

数智时代生命叙事在内容与形式中的时空反转与突变，将可能或不可能与人们的可信或不可信结合起来，使得经历现在与未来成为人认知进化的可能前提。自印刷术发明以来，无知一直具有令人不齿的意涵，它牢牢占据着人们观念的主流。这里的“无知”不仅表示不知道，它也将思维方式以及知识生产纳入其中。线性思维方式远离甚至背离了人们内心深处的感觉与知觉，对人、事刻板与固化的认知可以导致更多的自我与他者的规训，并难以理解与接受非线性与诗意的思维方式引发的共情与共鸣。生命叙事立足当下，不断调适与行动，在未知与无知中导向未来，回应可能与未知。未来属于那些乐意接受无知并采取行动的人。

十、结论及讨论

生命叙事是动态、生成的，共同感觉与共同感受所引发的共情传播中日益显现出公共空间的私人化以及私人空间的公共化。私人空间中，“语尽而意不尽，意尽而情不尽”的感觉、感知日益在打破公共空间象征符号所带来的简单、抽象、空洞对意义的剥夺与曲解；公共空间中，人与人关系的伸缩有度彰显了个人感觉与知觉之流动与交互，它使得事实在真实与可信之间有了更为广阔的超越时空的回旋余地，深刻影响着个人的判断与选择，也正是基于个人自身不断做出的反应与相互之间的回应，生命在彼此的互动中绵延不绝。自我审视与自我调适成为虚实共生中最为重要的德性与能力，文字、图像等符号在人们直觉、表现、模仿以及追寻真实、真理、创造中诗意地交织与互动，观念与意义在生命叙事中交流与博弈，人类的存续、变形、变异与重构，都是在感觉、感知的流动中展开的。

互联网犹如人生舞台，每个人都是演员，跨媒介生态话语的多元与差异凸显出社会存在中各种权力与力量的复杂博弈。生命叙事揭示出个人认知、思维方式与感觉、感知能力间深刻的交互关系，深刻影响着人们观看自我、他者与自然的方式，也以多重自我信念重组与重塑着人自身及其对世界的想象。生命叙事在易变之中也有不变，虚幻在对应现实中才成为虚幻，若虚幻对应的是现实中的真实与创造，那么虚实共生就成为一种可能。生命叙事作为事件中的感觉、感知、情感等在事件之内又在事件之外延宕，我们应关切其中的想象、关切、力量、暗示、震惊、呼唤与召唤等，正是它们的存在，让生命叙事成为可能。

注 释

[1] 卡尔·马克思:《路易波拿巴的雾月十八日》,中共中央马克思恩格斯列宁斯大林著作编译局编译,人民出版社 2018 年版,第 9 页。

[2] 莱昂内尔·特里林:《诚与真:诺顿演讲集 1969—1970 年》,刘佳林译,江苏教育出版社 2006 年版,第 139—140 页。

[3] 柏拉图:《柏拉图文艺对话集》,朱光潜译,重庆出版社 2016 年版。

[4] 许慎撰:《说文解字》,中华书局 1963 年版。

[5] 张文修编著:《礼记》,北京燕山出版社 1995 年版,第 436 页。

[6] Chambers, Ross, *Story and Situation*, University of Minnesota Press, 1984, p. 4. 转引自王丽亚:《分歧与对话——后结构主义批评下的叙事学研究》,《外国文学评论》1999 年第 4 期,第 32 页。

[7] 柏拉图:《文艺对话集》,朱光潜译,人民文学出版社 1963 年版。

[8] 亚里士多德:《诗学》,陈中梅译,商务印书馆 1996 年版。

[9] 吉尔·德勒兹:《哲学与权力的谈判——德勒兹访谈录》,刘汉全译,商务印书馆 2000 年版。

[10] 吉尔·德勒兹:《哲学与权力的谈判——德勒兹访谈录》,刘汉全译,译林出版社 2012 年版,第 23 页。

[11] Badiou, Alain, *Infinite Thought*, trans. by Feltham, Oliver, and Justin Clemens, Continuum, 2004, p. 62.

[12] 阿兰·巴迪欧:《追寻消失的真实》,宋德超译,广西人民出版社 2020 年版,第 27 页。

[13] 吉奥乔·阿甘本:《普尔奇内拉》,尉光吉译,西南师范大学出版社 2016 年版。

[14] 卡尔·古斯塔夫·荣格:《荣格自传:回忆·梦·思考》,王虹霓译,台海出版社 2016 年版,第 72 页。

天幕媒介：论风险时代的游牧式生存与部落情感

唐　倩*

摘要：不可抗力风险减速下的社会生活加剧了个体化的疏离与冷漠。近期兴起的露营活动不仅刺激相关产业回暖，也提供了一种积极生活的可能。线上与线下的参与式观察研究发现，人们开始露营的主要动因来自对现实压力的逃避，在技术手段加持下，人们在一个人文化的自然概念中开启了游牧式的生活体验。露营中的天幕构建起了整个活动的空间，人们在其间的交往活动共同促进了集体情感的生成与发展。其中，共餐仪式促进了社会关系的整合与转型，对话仪式促进了人们之间的理解与沟通，而游戏以最大化的仪式效果实现了集体规范的形成以及对集体记忆的塑造，给予人们积极生活的勇气与信念。

关键词：风险时代，露营，自然，仪式，情感

当人类坐上21世纪的科技快车，在互联网世界中畅想未来无限的发展潜力之时，金融风暴、债务危机、自然灾害、大流行疾病等风险却不断席卷全球，使社会全面停下了脚步。诚然，风险

* 唐倩，系北京大学新闻与传播学院博士研究生。

的暴发使人们经历了恐慌、封闭、隔离等创伤，但是人类创造性的“逃避”却让新的生活方式焕发出生机。以野奢为代表的新露营体验将原子化的个体重新凝聚在天幕创造的庇护所下，开创了风险时代人类生存的新集体记忆与惯习，生命也以创造性的方式从自身之中涌溢而出。iMedia Research 数据显示，中国露营经济核心市场规模和带动市场规模均呈现逐年上升的趋势。[1]在旅游业持续低迷的情况下，露营却带动了周边游、户外装备、汽车、家电、食品等产业的消费升级。可见，露营不仅已经融入人们的日常生活，而且成为各行各业经济发展的新增长点。

加拿大学者爱德·布鲁克尔（Ed Brooker）和马里昂·贾培（Marion Joppe）对既往 50 年关于露营的 66 篇学术文章进行了综述，分别对露营兴起的动因及发展、美国和澳大利亚不同的模式进行了比较。[2]而我国的露营发展则相对滞后，露营开始最早并且营地建设相对成熟的是台湾地区。直到 80 年代中期，随着汽车、户外装备在普通家庭的普及，露营才逐步在全国兴起。可见，露营其实是社会经济文化发展的一个缩影。作为一种与城市常规相区隔的生活方式，露营营地成为一个临时的居住地，为参与者提供了逃避的场所。[3]但与此同时，露营者也无法完全舍弃现代生活的舒适体验，因此许多营地在最简单的形式基础上加入了房车、木屋等其他住宿形式。[4]在这个过程中，营地构建的社区将露营的社交属性凸显出来，人们在其中建立起一套区别于日常生活的新的行动规范。[5]可见，露营是一场始于逃避但又被社交反哺的活动。伊内斯（Ines）等学者对从露营（camping）到野奢（glamping）的转型过程进行了研究，这种结合了自然与舒适的住宿形式更符合当下消费者的需求。

近年来，露营的目的、参与群体、方式等发生了极大的变化，但是国内学术界对此关注尚少。因此，本文将具体呈现：

（1）如何将诸多形式露营中的公共空间作为研究对象，整合露营这类生活方式的本质特征？

（2）什么原因掀起了露营的热潮？为何称之为一种“游牧式生存”？

（3）露营过程中哪些形式使得参与者构建起了集体主义的部落情感？

（4）回到现实社会和数字空间，露营如何成为人们积极生活的选择？

一、研究对象及方法

鉴于露营的形式、种类繁杂，为了使研究更聚焦和具体，本文以“天幕”的概念涵盖当下各类露营现象。天幕，意指天空如幕布般笼罩和覆盖大地，也是露营过程中与帐篷一样的常见装备之一，由方形、六角形等各类形状的一块布构成主体，经搭建后形成一个临时的遮挡空间。在原始社会时期，原始人在自然中搭建的庇护所便是最早形式的天幕。美国建设早期的西部开发者会利用树枝和帆布搭建临时棚屋，拓荒时代后的狩猎者、行军者也都以天幕为基础搭建帐篷过夜。可见，天幕的形式一脉相承，只是材料与现代露营有所区别。而且通常情况下，天幕都是露营者最主要的活动空间，他们在其遮蔽下完成一系列的活动，因此不论露营的形式如何发展，搭建天幕仍都是最必不可缺的环节。

麦克卢汉认为，住宅是一种“在人的所有感知和官能中建立起一种新的平衡的媒介，这就导致我们所谓的新观点，在许多领域中的新态度和新偏好，而社会整体成员感官生活中的比例发生变化是社会的各种形态也会发生转变的原因”[6]。尽管天幕下的住所是一个临时搭建的空间，但是它依然延伸着人的感官，使得一个系统与另一个系统发生关联与碰撞，成为自然与人造物、自我与他者、日常生活与集体记忆、理性与情感的中介，也使得露营不再是一种私人行为，而是一类具有公共性和社会性的活动，不仅受到当下环境的影响，也塑造着新的社会形态。因此，以天幕媒介为研究对象，既能在错综复杂的露营形式中把握共性，串联起露营发展的主线，又可聚焦研究天幕之下的空间内所发生的行为活动的社会意义，探讨天幕媒介如何影响人际传播的交往形态与情感互动。

同时，露营作为一种实践性极强的社会活动，更要求研究者以完全介入的姿态参与其中，以往欧美露营研究中常用的问卷调查法、历史综述法并不适用于本文的动态研究语境。因此，研究者于 2022 年 6—9 月期间，对云南省昆明市周边的 12 个营地进行了参与式的露营体验。除此之外，网络民族志也提供了很多对话资料，一方面是露营前的准备工作，另一方面是对露营社群的参与式观察。

二、研究发现

（一）动因：从逃逸、栖居到游牧式生存

1. 逃向自然

在既往的研究中，“逃逸”似乎成了露营兴起的重要内生动力。20 世纪 20 年代，美国经历了一场从大繁荣到大萧条的巨变。经济泡沫破碎后，面对日益上涨的物价和不断被机器异化的生存现实，人们选择走上“on the way”的道路。段义孚先生认为，当

人感受到压力或者不确定性时，就会触发离开“这里”的本能。[7]3 通常情况下，人们会选择四种逃避的方式：空间性的移动、改造环境、打造特定的物质空间以及创造全新的精神世界。露营的形式充分满足了这四种路径条件，即从城市向外迁移，并在自然环境中创造一个临时的庇护所，营造一种全新的生活方式。尤其在大流行病暴发以来，世界经济陷入了长期的停摆，传统的旅游消费模式受到极大冲击，整个社会长期压抑在不断膨胀的压力当中，此时露营就成了一种隔离城市与病毒的缓冲地带。

这种逃逸的心态并不是现代才有的惯习，相反它与人类文明的演进一路相随。人类早期为找寻更适宜的生存环境而进行大规模迁徙活动、为改造自然而不断升级技术手段都是如此，只是那个时期城市才是人们逃离去往的目的地。但是，当下“逃向”自然必须依赖早期逃避自然发展的技术动力，人们逃向了一个介于都市与自然两个端点之间的“中间景观”（middle landscape）——兼具城市与自然的突出特征，但是“中间景观看起来更加真实。更富有生活气息，更像是生活的本来面目”[7]29。而此时人感受的也并非纯粹与原始的“自然”，它既不是日常生活，也不是稠密且未发展完善的环境，而是一个被人文化的“自然概念”。

但这种人造的自然不能被理解成一种幻象，它是真实存在的现实世界，是一种对限定的界限①的超越。齐美尔认为，现代性规定的“界限奠定了坚实的根基，而社会维度和社会层面据此可以规定自身”[8]9。但与此同时，界限也约束了生命，约束了自由，

① 界限：基思·特斯特在《后现代性下的生命与多重时间》中总结了齐美尔提出的“人是天生的越境者”，“我们能够一面在一个边界内，一面又能够自觉地意识到这点并能超越这个边界性”；“我们在所有方向上都有边界，但与此同时，我们在任何方向都没有边界”。界限具有虚构性的特征，以模糊的方式为人所知，进而发挥作用。

“生命却希望以创造性的方式从自身之中涌溢而出”[8]24。逃向自然就是一个打破界限的过程，该过程敢于从一种确定且僵化的生活标准中脱出，开启一种流动的体验。露营是一种逃向真实的生活。它通过简化的方式使得事物具有更高的清晰度，能让人更准确地把握美的享受与体验，从而将人从虚幻的泥沼中拽出，回归生活的本质。

2. 从栖居到游牧式生存

人在逃向自然的过程中，不可避免地会利用技术。从早期扎营使用的帆布、木钉、马车，到现在一辆能够装载搬家式露营的各种装备的家用大容量 SUV 汽车，户外电源、充气泵、保温箱等工具都大大提升了露营的舒适度。海德格尔认为，技术既是解蔽的工具，也是确定人之存在的活动，它促成了一种筑居的手段，使我们区别于原始人，能够实现真正意义上的在世生存，达到栖居的目的。[9]不得不承认，正是基于筑居创造的物质条件，人们才得以栖居，也正是便利的技术发展才使得露营更加普及化与平民化。

生活在城市，人们似乎习惯了一切人造物。到了户外，人们只需将提前准备好的预制菜进行简单加热加工，有了供电设备就不用担心黑夜照明和手机续航。结果，露营就容易变成一个不断去开采和储存自然的能量的过程，将自然限制在了界限之中，自然被促逼成了技术的持存物。这种露营走向了一种边缘，即“一味去追逐和推动那种在订造中被解蔽的东西，并且从那里采取一切尺度”[10]25。过度依赖技术使得露营筑造的形式被物化，很多抱着现代性思维和习惯去露营的体验者并没有太多的收获感，他们只是换了一个空间延续着熟悉的生活模式，被困于技术之中。

构成问题的并非技术本身，人们必须明确使用技术的需求与目的，才能真正回到自然，摆脱被技术强加的命运。正如雷蒙德·威廉斯认为的，未来感附着于城市，而怀旧感附着于乡村[11]，乡村并没有一套统一的社会规范，也不强调集体调控的约束，因此并不会有城市中靠界限形成的机械团结形式。相反，一个规模较小的空间更容易形成有机团结的共同体，这就可以“帮助那些受到克服一切形式的动机促动的人，为自己的所作所为界认某种宗旨和意义”[8]94。也就是说，露营者通过在荒野中建构起共同体的居所，来实现突破原有秩序的可能。而此刻，筑居即栖居，形式即目的，如海德格尔所言，“一旦我们深思到人类存在于居住，而且是短暂者居于大地上的居住意义时，这一范围便向我们显示了自身”[9]1192。同时，露营给露营者提供了一种不确定的生存方式，整个旅程没有固定的目的地和时间，既可以寄情于山水间，也可以隐匿于城市之中，既可以随意性地出发，也可以随时终止。就像游牧民的迁徙一般，没有任何定位和导向地出发，只根据具体的环境场景做出决定。这一返璞归真的游牧式生存境况，给当下沉重的生活压力提供了一个出口，即当我出发的时候，我不再纠结于眼前的苟且，只向着诗与远方。

（二）天幕媒介：集体仪式塑造的部落式情感

我们日常所穿越的空间由位置所设置，其本质植根于建筑物这物中。如果我们注意到位置和诸空间、诸空间和空间之间的这种联系，我们就获得了一个依据，借以思考人和空间的关系。[9]1201实际上，在露营的过程中，天幕媒介所筑造的是一个特殊的空间，一切相互邻近的事物汇聚其间，让人们无时无刻不处在一种向外敞开的关系中。

1. 共餐

天幕之下进行最频繁、最重要的活动是吃饭，但是食物早已超出了作为维系个体生存的必要物质基础的范畴，“那些在一起吃喝的人被一种友谊纽带以及相互责任紧紧连接在一起”[12]。共享食物成为一种社会交往的重要仪式，也将齐美尔所说的个体的生物性和排他性转化成集体经验和社会凝聚力。

共餐能促进社会关系的整合。通常小规模露营的群体多为三人家庭或者好友，即库利提出的强关联的“初级群体”，他们面对面地互动，具有亲密的人际关系。户外共餐不仅延续了家庭内部就餐最基本的流程，而且将平日疏于维护家庭关系的成员容纳进来。由于户外炊具和空间有限，人们必须从一口主锅中分食，类似人类学饮食研究中一种名为“食盆”的饮食行为，即将各类食物混在一个大盆中分食，这不仅抹平了就餐人群的阶级差异，而且体现了极强的接纳性。而大规模的露营人群构成更加复杂，包含多个家庭联合出游，或朋友聚会、公司或学校团建、社会活动等，其共性在于内部有多个层级的群体，通过共餐构建就餐者关系的联结。天幕下整体敞开的空间布局削弱了位置主次的差异，参与者的座次不必依照身份级别，可以随时更换。进食过程中，露营者并不拘泥于过多的餐桌礼仪，没有一道标准的菜式，做与吃的环节可以同步进行，甚至就餐者可以直接用手吃肉、大口喝酒。此时，饮酒也不是社交场合的“推杯换盏”，而是一种带有酒神狂欢精神（Dionysian）① 的情感共鸣。总之，“指向社会

① 酒神狂欢精神：尼采在《悲剧的诞生》中将日神精神与酒神精神并举。阿波罗（日神）原则讲求实事求是、理性和秩序，狄俄尼索斯（酒神）原则与狂热、过度和不稳定联系在一起。酒神精神喻示着情绪的发泄，是抛弃传统束缚回归原始状态的生存体验。“狂欢”的前提是两种世界、两种生活的划分。第一世界是官方的、严肃的、等级森严的秩序世界，第二世界则是在官方世界的彼岸建立起来的完全“颠倒的世界”，是平民大众的世界。

整体和邻近是相互联系的，各种形式的共餐就是这种复杂联系的可见表现"[13]113。在餐桌上，"成员之间的邻近创造了深刻的纽带，这在彼此的信念之间产生了真正的协同作用"[13]261。

同时，共餐使得人们之间的社会关系（the social）转向了一种社会本能（socility）。社会关系指的是我们在特定的群体中发挥功能性的作用，如传统家庭中母亲主要承担家务劳动，不同的人在各自的工作岗位有细致的分工。但是，社会本能指的是人在一系列情感表达和美学氛围的影响下进行角色扮演，就像戴上了荣格所说的人格面具①参与社会互动，如平时不进厨房、不做家务的人在露营的情境中也参与进来协同备餐。这种表演行为的本质在于，"能够以直接或委婉的方式强调社会存在的触觉和感觉维度"[13]248。这种共在感就使得不同群体能进行接触，从而使整合的关系进入共融的关系。

一直以来，共餐在宗教仪式中都扮演着重要的角色，最典型的莫过于耶稣与十二门徒的《最后的晚餐》，当代基督教的圣餐仪式就象征着信徒与上帝的共生关系。实际上，这是将食物作为一种集体的隐喻，强调此刻与他者的聚合。群体通过参与共餐形成一种共同体验，神圣化了彼此的社会关系，形成了一种集体认同的宗教情感，就像原始部落的凝聚一般。这种集体的力量让日常生活具有了神性的可能。

2. *对话*

随着互联网的发展，尽管我们可以随时随地对话，但是原子化的个体却开始疏离，成了一个个自恋的、自我封闭的孤独的

① 人格面具：本义指演员在一出剧中为扮演某个特殊角色而戴的面具，也被荣格称为从众求同原型，人们在社会压力和社会认同的驱使下会形成一种以公众道德为标准、以集体生活价值为基础的表面人格。

人。实际上，传播并不仅仅在于打通信道，促成相互理解的互动才是有效的交流。哈贝马斯在其交往行为理论（Theory of Communicative Action）中将语言作为个体交往的基础条件和构成生活世界的"元制度"，认为唯有通过言语的行动才能消除分歧，在交往的过程中使各个参与者能够达成理解。

伴随着食物的流通，天幕之下的空间也为言语的交流创造了条件，交谈脱离了经验，且不受行为制约，并充分保证参与者、话题不会受到限制。此外，除了寻求真理的动机之外，其他的动机都可以摒弃掉。通常情况下，露营者不会代入日常社会中的身份，自我介绍时会以各种昵称、代号替代本名，也几乎不会谈及自己的工作内容。在现实交往中几乎不可能聚集的人，在此却拥有了一个对话的空间，围绕无关社会工作的兴趣开展集体活动。尽管前文提到，在社会互动的过程中，参与者必然会戴上一层人格面具扮演角色，但这并不是在传统的工作和社交场合中曲意逢迎的惺惺作态，也不是基于纯工具理性为达到某种目的而进行的利益交换，相反，面具激发了人们压抑在疏离背后的表达欲，传递的是交流最难能可贵的真诚与敞开，而没有目的性的漫谈和闲聊才是主题。

除了为陌生群体创造了一个打开话匣子的机会外，对话对初级群体的关系强化作用更为显著。因为露营需要前期准备的工具和物品较多，露营者会形成默契的分工，而分工的重点在于责任的分摊与情感的联结，"每个个体都成为不间断链条上的单点，或赋予每个个体众多面，使其成为一个微观世界，即一般宏观世界的结晶或表达。我的遭遇不再是建立在与其他理性个体的契约性合作的基础之上，而是我所参与的神话"[13]78。同时，这也给予了人们一个理由去邀约那些散落在记忆边缘的亲朋好友。露营中，很多对话都始于各自备餐的经历，在诉说如何将食物辗转于此的过程中，大家理解了背后的故事，即为了与你相聚，我愿意付出精力。

当天色渐暗时，天幕周边的彩灯亮起来，自然地烘托出一种沉静与安然的氛围。伴随着眼前的烛光焰火，燃气瓶烘烤的锅中食物的滋啦声，都创造了一个适合倾吐的环境。不像互联网创造的拟态环境一般虚无缥缈，这是实在的面对面的交流。笔者在田野期间，遇到的所有露营者几乎都表示，这段时间内的自我坦露程度远远高于平时，也更愿意将很多深藏心底的秘密告诉他者。此刻人们更加珍视那些情感性的体验，重视大家共有的感性的认知。尽管很多对话的主题都是重复性的，如亲密关系、生活压力等，但对话就像一个仪式，将情感固着在语言符号中，“作为集体感受性的表达，直接带领我们进入部落生活，而全部的这种部落生活则一起构成当代社会”[13]102。

3. 游戏

天幕之下，共餐实现了群体的整合与互动，而对话又促进了沟通与理解，但想要形成一种稳定的人际关系与集体情感，还需要依托共同的社会规范。赫伊津哈认为，“游戏”产生了基本的社会生活形态，并且孕育了文明。游戏创造了一个出离的世界，其间运行的规则划分着这个暂时世界的行为准则，成为收获群体认同与共识的重要条件。[14]当然，与露营本身不可分割的就是各项游戏。

这些游戏的准入门槛极低，并且要求露营者普遍化参与。如飞盘游戏，它并不像篮球、足球等竞技型体育项目，参与者既不需要有较强的身体素质，也不需要专业的技能训练，整体跑动的强度较低。其玩法丰富，趣味性强。游戏的规则全由参与者共同制定，不论参与者的数量、年龄、性别，都能够灵活调整。但是游戏规则的制定并没有限制边界，而是在把握核心的基础上不断延伸。可见，一系列形式丰富的游戏活动将天幕之下的活动空间打开，最大化地拓展了露营的社交属性。而涂尔干也认为，“娱乐也是精神再造的一种形式，当我们履行了仪式职责，重新返回到凡俗生活后，增加了我们的勇气和热情，与无上的能量之源建立了联系，体力也得到了恢复，这样宗教在严肃性之外又获得了一种魅力”[15]526。

但真正让群体凝聚的是游戏中涂尔干所说的集体欢腾（collective effervescence）的瞬间。人们在游戏时的场景，和涂尔干对澳大利亚原始部落的宗教集会的描述几乎重叠。篝火一点，音乐一响起，人们几乎一瞬间就进入一种极度亢奋的状态。人们就像被打了一针持续的兴奋剂，产生了一种被其他力量所支配的“不再是自己”的感受。露营中，人们都摘下了自己的人格面具，将内心深处那些原始的情绪表达出来。如唱歌跳舞的时候，没有人在乎自己会不会跑调，肢体协不协调，一切行动都是不由自主的转化。涂尔干认为，这种集体欢腾“能够获得最大的强度和效果，使得人们对他们所过的双重生活和他们所享有的双重本性都具有了更积极的情感”[15]301。

这里的“双重”指的是日常的凡俗生活与宗教性的神圣生活的重叠，而人们参与其中所体验到的情感都构成了集体经验的一部分，加强了群体的团结和有机性。通过不断地重复游戏，人们达成了一种惯习性的集体记忆，形成了一种完全去个体化、凭借触觉关系建立的马费索利所言的“虚线式的联结”（natural combination），即“我们在人海中彼此错过，掠过，触碰，建立了互动产生的结晶，并形成了群体”[13]239。

（三）回到日常生活

人类在历史发展中常常要面临来自人或自然的一系列重大挑战，在这些重大挑战交汇的关节点上，人类社会存在多种可能的走向。[16]在面对现代化各类危机的压力时，人们选择了逃向自然。天幕媒介创造了一个与现实相区别隔离的空间，人们在此通过共同行动达成了一系列积极的合作，短暂的休憩之后又踏上了返回日常生活的道路。人们从在场分散至各地后，如何延续露营期间感受到的欢腾与凝聚呢？

涂尔干认为，“集体活动是一个帮助我们吸收消化社会所构筑的理想的过程，此后我们自己也变得有能力去构建理想”，“宗教的功能就是促使我们去行动，帮助我们活下去”。[15]576实际上，人们并不需要每天都过这样高度亢奋和迷狂的生活，日常往往是由一个个琐碎的事件和重复的问题所构成，记录使每个个体都能形成一种我们生活于此的精神概念，而每个共享经历、形成集体记忆的个体就形成了紧密的精神共同体。从这种集体团结中，能够看到一种永恒的、统一的精神力，无论是异乡人还是孤独的人群，无论是定居者还是游离者，无论是自身还是他人，都会变成超越自身去确保整体稳定性的力量的一部分，分离的个体被黏合在一起。因此，参与者继续在线上分享着他们的经历，将这种对话的交往形式拓展到网络平台。相比于其他的社群如微信社群，露营者的社群异常活跃。而那些分享在“抖音”“小红书”等平台上的视频、文案，增强了露营的传播效果，吸引着一批批新成员加入露营的行列，从而形成一个庞大的互动再生产模型。

同时，这也是一个不断正剧化（dramatic authentic）① 的过程，即小众的文化消费逐渐受到主流的认可。当各互联网平台敏锐地发现露营的消费群体正在扩大时，它们都会推出新一轮的算法，将各类露营信息推广给潜在的用户，并与线下的商业营地形成合作，以团购等形式吸引人们参与。因此，与露营相关的产业链也得到了新一轮的消费升级，各大电商平台借此机会展开了关于露营热的营销，各类主题的商业营地层出不穷，变着花样招揽顾客，这也同步影响了人们的消费习惯与消费模式。许多公司、学校的团建项目也逐渐从室内活动转移到室外的露营，周末家庭的亲子聚会也变成到就近的公园野餐露营。深受旅游业冲击影响的各地政府也出台了鼓励周边游的相关宣传，并且一些景区公园以免门票等形式举办露营活动。可以说，日常生活中从经济到文化、从微观到宏观都出现了一轮轮的露营热潮，其内涵和价值也就超出了原有的水平。

但同样，这种集体情感不能依赖一次性的活动，或者依赖虚幻的经验创造，而应该像仪式一样，一段时间后进行一次重复性的活动。尤其是，处在这个风云变化的社会环境中，我们需要在天幕之下寻求一个群体稳定的锚点，一个参照坐标，“使我们在不断更新的生活的搅动和欢腾之中保持某种持久性”[13]389。

三、研究结论

天幕之下的空间兼具敞开与封闭的功能，成为连接自然与人

① 正剧化：马费索利认为社会关系具有正剧化的特征，即普遍被社会群体所接纳的社会共识，用齐美尔和他的感官社会学来解释的话，这是一个“所有人共有”的舞台。重点不在于个体的内容，而在于整体的效果。正剧化指的就是不断融入社会主流形态的过程。

造物、自我与他者、日常生活与集体记忆、理性与情感的中介。露营始于人类逃避现代化的压力，提供了一种隔离城市与危机的中间景观。人们借早期逃避自然不断升级的技术手段，建立了一个人文化的自然概念，通过简化的生活方式，回归具有更高清晰度的真实生活。同时，技术促成了我们筑居的手段，也在体验的过程中，将形式和目的进行了统一。通过露营，人们找回了存在于大地的居住意义，而这种不确定的、没有固定目的地的出发打破了现代化的界限，使人能够暂时性地逃避，进行诗意的栖居。

另外，天幕之下的空间内的露营活动如集体仪式般塑造了新的部落化情感。第一，共餐，作为一种社会交往的重要仪式，促进了社会关系的整合，使得人们之间的关系转向了一种表演式的社会本能，以一种集体隐喻的体验，神圣化了彼此的社会关系。第二，露营为言语行动创造了一个理想的话语环境，创造了一个打破隔离的交往前提，削弱了传统对话交往中的社交礼仪与等级秩序，激发了人们的表达欲望，将情感固着在语言符号中，用对话的仪式升华了集体的情感。第三，游戏像集会时的仪式活动，通过普遍化的参与原则，建立了统一的社会规范，在参与者不断延伸其内涵的过程中，活动不断延续下去，最大化地拓展露营的社交属性。游戏时人们忘我亢奋的集体欢腾瞬间，又以最大化的强度和效果使人们获得了强烈的积极情感，最终形成稳固的集体记忆。

露营结束，人们回到日常生活后，这种集体情感给予了大家积极生活的勇气与信心，大家因此形成一个强有力的有机共同体，共同抗击现代性带来的分离与焦虑。一方面，人们在线上实现关系的延伸和对露营的推广，这吸引新一批的成员进入组织。另一方面，小范围的露营活动和文化消费走进主流的视野，被大众所接受和认可。从经济到文化，从企业到政府，形成了一条围绕露营发展起来的价值链条，从而“通过共同行动，社会才能意识到自身的存在，赢得自身的地位，达成一种积极的合作”[15]578。

注 释

[1] 艾媒咨询：《2022—2023年中国露营行业研究及标杆企业分析报告》，2022年9月8日，https://baijiahao.baidu.com/s?id=1743369849115561684&wfr=spider&for=pc，2022年3月18日访问。

[2] Brooker, E., and M. Joppe, "A Critical Review of Camping Research and Direction for Future Studies," *Journal of Vacation Marketing*, Vol. 20, No. 4, 2014, pp. 335-351.

[3] Bultena, G., and M. J. Taves, "Tenting on a Park Campground," *Conservation Volunteer*, Vol. 23, 1960, pp. 60-64.

[4] Brooker, E., *In Search of Entrepreneurial Innovation in the Australian Outdoor Hospitality Parks Sector*, Unpublished PhD Thesis, Griffith University, Australia, 2011.

[5] Chambers, E., *Native Tours: The Anthropology of Travel and Tourism*, Prospect Heights, Waveland, 2001.

[6] 马歇尔·麦克卢汉：《理解媒介：论人的延伸》，何道宽译，译林出版社2019年版，第116页。

[7] 段义孚：《逃避主义》，周尚意等译，河北教育出版社2005年版。

[8] 基思·特斯特：《后现代性下的生命与多重时间》，李康译，北京大学出版社2010年版。

[9] 海德格尔著，孙周兴选编：《海德格尔选集》，上海三联书店1996年版。

[10] 海德格尔：《演讲与论文集：技术的追问》，孙周兴译，生活·读书·新知三联书店2005年版，第25页。

[11] 雷蒙·威廉斯：《乡村与城市》，韩子满、刘戈、徐珊珊译，商务印书馆2013年版。

[12] Smith, W. Robertson, *The Religion of the Semites*, Schocken Books, 1972, p. 26.

[13] 米歇尔·马费索利：《部落时代：个体主义在后现代社会的衰落》，许轶冰译，上海人民出版社 2022 年版。

[14] 约翰·赫伊津哈：《游戏的人：关于文化的游戏成分的研究》，多人译，中国美术学院出版社 1996 年版。

[15] 涂尔干：《宗教生活的基本形式》，渠东、汲喆译，商务印书馆 2011 年版。

[16] 汤因比：《历史研究》，曹未风等译，上海人民出版社 1966 年版。

"实境元宇宙"世界的建构

李金林　许钰君*

摘要：数字文化的创作和传播是今天数字文明时代的关键领域，其高级形态"元宇宙"迅速成为学界和业界的前沿焦点。其中，除了得到广泛讨论的线上体验和"虚境元宇宙"，相对应的另一条路线即线下体验和"实境元宇宙"也值得关注。本文呈现了"实境元宇宙"世界的源起分析、建构尝试和机制思考，旨在厘清具身认知论下身体体验真实世界的本质需求，并对数字文化线下体验的搭建逻辑展开了实质性分析。进一步，本文以"世界建构"理论与亲身实践案例相互印证，剖析了构成"实境元宇宙"世界的主要元素、媒介和传播方式，提出了"实境元宇宙"的创作机制，为数字文化线下体验提供了系统化的研究与实践思路。

关键词：实境元宇宙，数字文化线下体验，沉浸式，世界建构，具身认知

近年来，数字文化体验呈现为两条进路：一方面是线上体验，包括网络游戏的普及和"虚拟现实"（VR）概念的发展；另一方面是线下体验，即增强现实（AR）的试水，以及沉浸式展

---

* 李金林，系国际文化区协会 GCDN 顾问，艺识流数字艺术机构创始人、首席建构师；许钰君，系艺识流数字艺术机构艺术总监、策展人。

览和演出形态的壮大。这些汇集成一个高度概括的概念“元宇宙”。本文聚焦元宇宙线下体验的视角，探讨在真实世界中，物理的身体所能经验的“实境元宇宙”。这也正呼应了“国家文化数字化战略”，即要搭建数字化文化体验的线下场景[1]。这里，“线下”指代与线上虚拟世界对应的线下实体物理空间，并非不在线（offline）。数字文化线下体验具备连通线下与线上的潜力。

一、“实境元宇宙”世界的源起分析

（一）身体是知觉的主体

对于元宇宙应用的使用者主体认知，现代认知心理学已有考察，如“具身认知”（embodied cognition）理论。法国身体现象学的代表人物梅洛·庞蒂主张，知觉的主体是身体，身体嵌入世界，就像心脏嵌入身体，知觉、身体和世界是一个统一体。人是通过身体与世界互动、通过身体对客观世界的作用产生知觉和认识世界的。[2]

在元宇宙的新情境下，对具身认知的理解更显重要，无论人进入增强的或虚拟的世界，身体与这个环境的关系都是核心。尽管客观世界与虚拟世界发生了融合，身体也呈现为不同程度的化身、赛博格，甚至可能因意识上载于网络而最终脱离肉身的束缚，这无疑使身体的含义逐渐发生颠覆性变化，但是过于遥远的开放性不在本文的讨论范围内，身体如何叠加在真实世界和在元宇宙的体验，才是本文的关注点。

元宇宙中身体和技术的复杂关系，在胡泳与刘纯懿对 VR 头显例子的细致分析中得到了生动的阐述，诸如体积、重量、眩晕、疲劳等当下技术尚未解决的显而易见的不足，足以显示出：

一方面，元宇宙试图突破空间对肉身的限制；另一方面，人类的知觉经验数度召唤回了身体的幽灵。[3]

由此不得不引申出生命的本质，以及精神和肉体的终极矛盾。人类固然困于躯壳的有限性之中，但终究仍然是碳基生物，需要线下现实生活的有机滋养。在遥远的赛博格未来到来之前，硅基化数字虚拟空间的确已经是另一种探索世界的重要无机方式，但还未能提供足以达到质变、超越真实世界的庞大信息量。

如同海勒所坦言的，理想的后人类可体现各种技术的潜力，而不幻想无限的权力和无形的永恒。人的生命扎根于复杂多样的物质世界，人的延续离不开物质世界。[4]

（二）身体处于“实境元宇宙”之中

为了对身体所处的这个新世界进行描述，陈刚和董浩宇在“数字生活空间”理论基础上提出，元宇宙是利用科技手段进行连接与创造的，和现实世界映射与交互的虚拟世界，是具备新型社会体系的数字生活空间。[5]其中需要特别注意的是，这个虚拟世界与现实世界是紧密联系的。他们发表的元宇宙特征与属性START图谱中包含真实感与现实映射性（reality & reflection）。董浩宇进一步阐述了这一特性的两种可能类型，一种是随时随地可接入并与现实映射的虚拟世界，一种是对真实世界的数字化虚拟加强。[6]

本文聚焦讨论的主体经验世界可归入第二种类型的范畴。为避免对不同名词的歧义误解和方便阐述，本文将第一种类型称为“虚境元宇宙”，将第二种类型称为“实境元宇宙”。

“虚境元宇宙”代指线上的、虚拟的、无形的、第二世界元宇宙。目前，我们通过平面电脑、移动终端等传统二维设备接入模拟元宇宙，以及通过 VR 头显、3D 光场显示等新型发展的三维设备接入初级元宇宙。未来，我们将可能通过脑机接口等设备接入终极元宇宙。

“实境元宇宙”指的是虚拟增强化的所谓线下的、实体的、物理的、原生第一世界元宇宙。用户或通过 AR 眼镜/移动终端等设备在物理世界中叠加数据增强层；或通过投影等设备附加数据信息在实体空间和物体上进行裸眼体验，利用感应器等获得互动反馈，无须穿戴设备，通过身体感官就可以自然地体验真实世界中的元宇宙。

显然，以上方向各有长短和适用条件，尤其是“虚境元宇宙”可以摆脱物理世界的束缚，潜力巨大，已经得到广泛的关注和讨论，但也还有很长的完善之路。本文则重点讨论“实境元宇宙”，即基于人的身体所寄托依赖的物理环境，对“虚境元宇宙”进行有益的补充。

（三）身体接入元宇宙活动

人及其身体在元宇宙中如何活动，是由这个世界的要素法则所决定的。马修·鲍尔提出了方便识别的元宇宙要素：大规模和可互操作的网络，能够实时渲染，3D，虚拟世界，借助大量连续性数据，如身份、历史、权利、对象、通信和支付等，可以让无限数量的用户体验实时同步和持续有效的在场感。他继续强调，3D 是元宇宙的一个关键部分，如果没有 3D，我们描述的元宇宙就和当前的互联网没什么区别了，为了使人类文化和劳动实现从物理世界向数字世界的过渡，必须借助 3D 环境。[7] 96,101

也就是说，3D 的数字生活空间可在“虚境元宇宙”中全新建立，也更有条件在“实境元宇宙”中发展，因为这里原本就是立体的世界，身体在立体空间中的活动得以映射在数字化网络中。

到这里，不可忽视的核心问题出现了：身体通过什么媒介接口接入元宇宙？这才是瓶颈所在。马修·鲍尔认为，元宇宙的任何一部分都不把沉浸式 VR 或 VR 头显作为必要条件。这些可能是体验元宇宙最流行的方式，但沉浸式 VR 只是其中一种访问方式。[7]104不必把元宇宙等同于 VR，这正是"实境元宇宙"可以发挥魅力之处，我们不需要穿戴设备，就可以裸眼进入想象与现实融合的世界，也就是当下方兴未艾的沉浸式展览和演出的发展路线。

二、"实境元宇宙"世界的建构尝试

我们对"实境元宇宙"的认知已经达到了新的高度，实践创作的方法论也需要升维，这就涉及一场从"叙事"到"世界建构"（world building）的转向。"世界建构"这一体系源于相近的游戏和跨媒介领域颇具启发意义的研究。

沃尔夫在论及想象世界时清晰地写道，把自己尽情交给一幅画，一本小说，一部电影，一场电视节目或者一个视频游戏，就是感同身受代入全新的体验，进入一个想象世界。如果这项工作做得成功，就能巧妙地带动观众，使之在无意中激发起想象力，并且愉快，毫无压力。讲故事也许是其中的一部分工作，但更少为人所认知的，是描绘建构这个想象世界本身的工作，尤其是在这个世界极其不同于我们所处世界的情况下。无论是通过语言描述、视觉设计、声音设计，或者通过交互揭开的虚拟空间，正是这个世界承载了所有内置的叙事体系，并在观众体验的过程中始终在场。这个世界有时也被称为故事世界或叙事世界。当然，这

段体验并不一定包含叙事，单纯欣赏一个世界本身也是有的。[8] 16

世界得以存在，沃尔夫认为首先要具备三个基本元素，即一个事物存在和事件发生的空间，一段事件有序生发的时间，一个或一群居住在这个世界上的角色，因为要在体验的意义上定义一个世界，自然需要体验的接受者。组织这些基本元素的相应工具包括：地图，用来结构化空间，并把世界的各个地点连接在一起；时间线，将事件组织成为历时性顺序，编纂历史以展示事件的短暂关联；角色谱系，描述它们互相之间的关系。[8] 154

我们要体验想象世界，需要媒介窗口的中介。沃尔夫归纳了五个主要的媒介窗口，即文本、图像、道具、声音和交互。除了在一个整合体验中跨媒介协作，它们还可以互相进行转换改编，包括文本描述化、可视化、可听化、交互化和去交互化。[8] 248 这样的复杂系统带来了丰富的表达和体验可能性，也对总体协调提出了更高的要求。

本文将基于“世界建构”理论，基于作者的实践创作案例“北京世园公园植物馆《植物历险记：亿年进化》沉浸探索体验展”（简称《植》）展开阐述。《植》是接替日本数字艺术团队Teamlab，在植物馆推出的新常设展，获得2023年红点奖、2023年MUSE设计金奖、2023年文旅部沉浸式文旅新业态示范案例等荣誉。在1000平方米的沉浸式室内空间里，通过互动化的参与，《植》创造性数字化地带领游客进入白垩纪时代探险，呈现了中国的重大考古发现：辽宁热河生物群。

案例《植》在不同层次上实践了“实境元宇宙”的众多要素，包括裸眼三维实体空间、实时渲染、虚拟世界、实时同步、持续在场等五个方面，至于大规模、互操作性和无限用户三个方面仍有赖整个生态进一步发展。目前该作品尚未具备最理想和完整的模式，仍需要随着各方面条件的成熟继续发展迭代，并与行业共同成长。

（一）构成世界的主要元素

1. 空间元素：地点与地图

游客体验的节奏和动线组织面临三大问题：我们如何从现实物理世界逐渐浸入数字化虚拟想象世界？如何从普通人身份逐渐浸入考古探险角色和任务？如何从当下现代社会逐渐浸入白垩纪自然世界？为解决上述问题，《植》的动线设计遵循先实后虚、虚实结合的策略，在序厅中以实体化展示为主，在第二区域过渡到虚实结合，最后通过时空隧道转换到大型白垩纪虚拟空间，完全以数字内容在四周墙面和地面投影形成沉浸式体验，引导游客层层深入（见图1）。

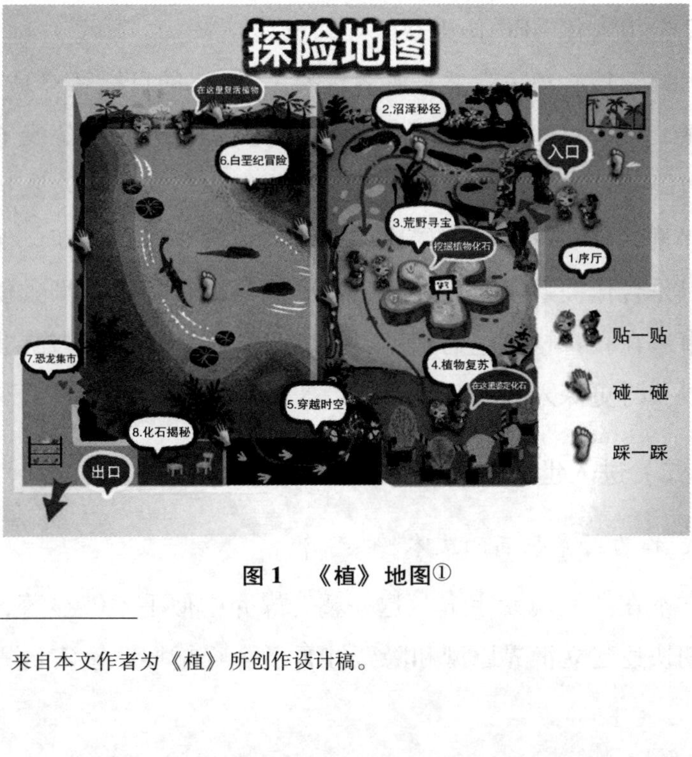

图1　《植》地图①

① 来自本文作者为《植》所创作设计稿。

2. 时间元素：事件与历史

时间线在两个层面展开：一方面，世界背景和故事的设定时间线帮助游客进入情境，随着游戏进程依次触发展开；另一方面，游客个人的体验时间线帮助游客形成个性化体验记忆，关联这个世界的发展事件。游客的角色任务随场景变化层层推进，他们可以使用智能卡依次完成收集、鉴定和复活化石的主线任务事件和副线事件。

3. 主体元素：角色与关系

首先是非玩家角色（NPC），它们被系统赋予生命、属性参数、与玩家的互动机制，用于推进玩家对世界的理解和行动。例如，《植》所有的动植物设计都基于严谨的生物学和考古学知识，《植》提供了 58 种中国特有的动植物及其相应的生态环境场景。作为主要 NPC 的 5 种化石植物贯穿在多个场景的 3 项任务中。另设有 2 个拟人化 NPC 作为智能导师道具。

另外，核心角色自然是游客玩家。《植》的目标客户是 6—12 岁儿童、亲子家庭和学校教育机构。角色任务设定以孩子为中心，兼顾家长、老师和一般成年人。他们作为考古探险队员一起开展探索，分别可有不同层次的知识、美学和乐趣收获。他们之间可以是合作关系或竞赛关系，孩子们可以自己根据场景创编新的故事。在教育材料包的辅助下，以研学团队方式参与游戏的成员可以获得更深入的体验。

（二）进入世界的五种媒介窗口

1. 作为世界基石的文本

文本在“实境元宇宙”这一整合媒介中似乎不够显著，但却是初期快速建立世界原型和隐藏在幕后全程指导元宇宙世界的灵魂。文本的外显可能是一段策展导言、背景故事，抑或是所有载体上的对话、任务描述、角色说明等，对内则是跨学科团队达成共识并协调一致的流程与设定。文本也可能是一部小说，作为世界建构的改编来源，或者是在世界建构完成后的总结性文字。

2. 作为最显性要素的图像

视觉是最为显性的要素，能第一时间给人以深刻印象，包含了密集的信息。在"实境元宇宙"图像的设计中，最大的挑战是如何与实体物理环境巧妙结合。《植》将原藏于博物馆玻璃展柜的大型植物化石呈现于光影下，互动触发的投影画面沿着化石原有枝叶纹理生长开花，可以使人清晰地感知化石所承载的信息（见图 2）。化石这一传统物理载体通过增强现实技术获得了虚拟生命力。

图 2　《植》沼泽秘径场景①

图像在"实境元宇宙"中是大体量、连续且不规则的。例如，《植》的投影画面面积约 1000 平方米，使用了 50 台投影机，

① 本文作者于 2022 年 5 月 1 日在《植》现场拍摄的照片。

相当于 14K 影像，超 1 亿像素。而目前上海最大的 IMAX 电影幕也只有 350 平方米。我们需要适当地布局这一复杂场景，避免常被诟病的“PPT”感。图像与其他元素体验的空间一体化谋篇及与之匹配的技术架构显得尤为重要。

在视觉风格方面，《植》力求传达现代中国美学，立足传统山水花鸟的设色、构图、用笔，适当采取当代设计转化，原创了一幅可以走进去的中国画卷。

3. 作为互动媒介的道具

“实境元宇宙”中的道具可以是实体的、虚拟的或者虚实结合的，是玩家与世界的一种介质连接，引导线索，交互推进。游客入场领取的智能卡陪伴导师就是《植》中的关键线索道具，起到了串联任务模式与叙事的作用。

4. 值得发掘的声音媒介

声音有着不输于视觉的感染力，但又容易被创作者和玩家忽视，沦为无关紧要的背景。《植》为参与者量身定制了一整套听觉体验，以解决从音响布局、音乐结构到音声贯穿的整体架构难题，从游客体验和情绪视角出发，融合中国传统器乐元素与现代电子乐作曲技法，设计了融合引导、渲染、铺垫与暗示等功能于一体的空间化行进式叙事音乐。6 个场景分别对应 6 首主题音乐，超过 50 种超写实声效随游客互动激发共创，层层递进又贯穿统一。在植物鉴定区域，激活植物化石可以触发相应声效，5 种植物化石分别对应中国传统音乐中的宫、商、角、徵、羽。多人协作能同时激活多块化石，开启一场跨越时空的合奏对话。

5. 最为核心的交互设计

交互是“实境元宇宙”最核心的媒介窗口。它既充当整个体验的神经中枢，联动、贯穿、驱动各要素，充满挑战，又难以被直接传播与直观评价。因此，当前业界亟须提高对交互设计的重视和发展，跨越播放视听文件“PPT”阶段，融入交互和实时渲染等要素；同时须避免互动的泛化、简单化、孤立化，从整体体验设计和为何互动、如何互动以及互动带来的收获感受等层面系统考虑。

《植》为58种动植物角色设计了900多种实时触发的动作，表现出了丰富的个性反馈，交互方式也自然地结合手触、脚踩、智能卡感应等多个维度，几乎所见皆可互动。多个层次的细节玩法给了游客进行故事创编的更大自由空间。

这类交互设计创造的是下一代的“实境元宇宙”体验，区别于“展览”或“演出”的原始含义，打破了展示观看的被动性，可让游客主动参与体验和创作，获得深层的艺术和知识理解。

（三）世界的生长和传播

“实境元宇宙”世界是否具有持久的生命力，不再是一次性的消费，或昙花一现的热点，取决于这个世界是否具备生长和传播的内在动力。

1. 游客对世界的个性化体验、解读和故事创编

《植》最令人感动之处是，我们可以看到孩子们带动父母和朋友，在白垩纪开放世界中自由探索，他们依托其角色和交互环境共创自己的故事和玩法，乐此不疲，创造力和想象力勃发（见图3）。这样的场景设定，也激发了多家儿童美育机构的主动合作，协作催生了基于沉浸式场景的更多课程可能性。

图 3　《植》与儿童艺术机构合作课程现场①

2. 创作者对世界的持续更新和扩展

对于数字文化线下体验，我们应当充分发挥其数字化优势，即持续更新能力。《植》的世界中留有接口或可更替的模块，具有源源不断的活力和可持续性，可呼应与时俱进的用户与运营需求。《植》中埋有伏笔，未来能够更新地貌植被场景、动植物品类、历史时期和任务等，通过软件一键更新或切换即可。

数字内容的特性使得迁移、复制和关联成为可能，也可进一步突破实体空间的规模瓶颈。《植》通过微小的改动或直接复制原始结构，在各地可同时进行体验，由此不再适用“巡展”的传统概念。关联则是多个世界之间交互联系，异地的玩家实时同步在一个系统中，使这个世界体系更加健壮、丰富。

世界生长的另一种方式，正如前文媒介接口部分所述，可以转化不同媒介的版本，吸引不同特定媒介的客户群，丰富客户的体验形式并形成规模效应。例如，《植》的主题音乐《亿年进化》

① 图片为清华大学社会美育研究所学术支持的“童联社”于 2021 年 12 月 28 日在《植》现场活动拍摄照片。

随展览音乐总监、作曲家张士超专场音乐会的推进，进行了全国巡演，并在原曲基础上不断变奏发展。这便是数字化语境下一种特有的跨媒介生命力扩展。

这种跨媒介展演长远终极的可能性是出现多个不同创造者的小世界，它们可在互操作性的共识下，实现关联联通，形成一个大规模无限用户的全景元宇宙生态系统。

三、“实境元宇宙”世界的机制思考

在理论和实践相互激发的背景下，本文对这个世界背后的机制进行总结和归纳，以交叉验证，凝结经验，为进一步的实践创作提供参考。

世界建构是一个复杂的系统工程，本文将其梳理为影响创作机制的九种关系。

（一）非线性丰富线性体验

通常的文化体验如小说、电影等多为线性叙事逻辑，而非线性、多线程开放的体验则是“实境元宇宙”媒介集合独具优势之处。目前的实践常常采取组合的方式。例如，《植》的主线地图和任务都是向前行进，但在局部空间如荒野寻宝场景，则采取随机探索发现的方式，尤其到了白垩纪大世界，游客更能够在五个场景中充分选择、组合、交互，没有次序之分，形成了个性化、丰富多样的体验。

（二）非叙事增强叙事深度

基于“实境元宇宙”的开放性、分布式特征，常见的体验组织方式“叙事”得以转化，体验目标得以多元化。例如，艺术性、知识性、社交性等目标可以在非叙事的框架下展开。这里同样也可以采取组合平衡的方式，以叙事为主线，在多个模块内设计非叙事目标，让游客体验丰富获得感。而且，实境中也较难如小说和电影般持续跟进故事，玩家注意力易分散。

（三）互动深化被动关系

互动和被动的区别和意义在前文交互部分已经强调，其取舍方式同样应根据体验的具体需求设计组合平衡。由于互动的游客能量消耗和多人支持难度较大，成本较高，在某些环节补充被动体验，仍然可以实现体验的流畅节奏。

（四）虚拟融入实景

虚实景观的应用如前文地图设计部分所述，是“实境元宇宙”的本质特征和强大工具。对这两者的选择极富有技巧性，尤其不能忽视运营的潜在影响。实景的体验感更强，但依赖众多固定实体，更新成本和难度较高；而虚拟内容较多的体验丰富度高，易于数字化切换，同时也对整体架构和内容创作提出了更高要求。

（五）行进配合固定方式

电影、演出等通常为观众固定在座位上观演的方式。但“实境元宇宙”则从以展品、舞台和荧幕为中心转变为以参与者的体验为中心，观众能够通过运动的方式，在行进中展开体验。行进式的优势是随进随出，弹性控制人流，接待能力较强，但须合理地设计节奏，避免局部拥堵，因此实际应用中可以组合两种方式。

（六）实时生成和同步升级预制方式

实时内容依赖引擎或自定义程序运行。通常预制内容是播放一个固定媒体文件，但“实境元宇宙”倡导数据化与持续性等特征，必须建立在实时生成和同步上才能实现。当然也不排除局部环节我们可以调用预制内容，减轻实时运算的压力。

（七）二维结合三维灵活运用

“实境元宇宙”固然是在三维实体空间中体验，但其内容未必是三维生成，同样需要根据需求和预算选择。要按需应用，在“实境元宇宙”中，创作者须结合空间、道具、视觉、声音等要素，综合调度，萌发更多新的视觉体验可能。

（八）线上扩展线下模式

“实境元宇宙”虽然是在线下实体空间发生，但并非不能在线上存在和交互，反而更有可能打通线下与线上渠道，这也是打破线下空间发展瓶颈的路线。通过异地在线关联，可以连接跨媒介文本、连通各大世界，这些扩展方式面临巨大的发展机遇。尤其值得重视的价值点在于，游客的信息数据得以在线上恰当留存，成为运营的核心资产，游客与“实境元宇宙”IP 产生长期联系，也可增强综合业态消费能力。

（九）临展扩充为可持续体验

一场展演或电影常常只具有短暂的临时生命周期，多为一次性体验；而“实境元宇宙”提供了可持续的底层架构和数据化支持，可以实现持续有效在场。游戏机制设计中增加了时间、类型、地点、玩法、任务和奖励等诸多变量，可常玩常新。

以上九种关系的全新平衡对创作者进行团队组织以及运营方进行团队筛选，都提出了更高的要求。团队模式在“实境元宇宙”背景下发生了根本的变化。

在经典文化创作模式中，一般以导演、策展人、制作人、媒体人等角色为主导，而在“实境元宇宙”的创作中，逐渐转变为以“世界建构”体系的建构师为主导。在创作上，对团队的复合性要求更高，团队必须有机统合研究策划、创作设计、技术开发、软硬件工程、空间设计、运营规划等方面。团队的基因和牵引需重视以内容为导向，强调内容转化能力，进行交互设计和体验设计。

四、结语

面对元宇宙的深刻变革，陈刚指出，适应元宇宙的变化应该是一种涅槃重生式的变化，这种变化非常艰难，它是一种自我革命[9]。对于谨慎者而言，元宇宙不应该是遥不可及的概念或虚妄，而是可以带动公众进行艺术生产、知识共享和社区共建的新方向；对于激进者而言，元宇宙也不应该是无所不能的神奇帽子，其应用需要辨析实质、分析发展阶段。优秀的“实境元宇宙”体验不只是“网红”拍照和视觉震撼，不只是声光电技术的秀场，不只是“元宇宙”概念的滥觞，而是要思考其文化、科技、运营模式的本质。元宇宙是数字化转型的高级阶段和长期愿景，有条件的文化教育设施和公共场所可以将“实境元宇宙”作为目标，逐渐升级数字化体验，明确相对应的数字化文化的品质要求，构建实效可持续的体验场景。

注 释

[1]《高书生：文化数字化催生“大文化”自组织系统》，2022 年 8 月 19 日，https：//culture. china. com/expo/thought/culturethought/13004511/20220819/43180934. html，2022 年 12 月 10 日访问。

[2]“具身认知论”，2022 年 1 月 20 日，https：//www. zgbk. com/ecph/words?SiteID=1&ID=69299，2022 年 12 月 10 日访问。

[3] 胡泳、刘纯懿：《具身元宇宙：新媒介技术与多元身体观》，《现代出版》2022 年第 2 期，第 39 页。

[4] 海勒：《我们何以成为后人类：文学、信息科学和控制论中的虚拟身体》，刘宇清译，北京大学出版社 2017 年版，第 23 页。转引自胡泳、刘纯懿：《具身元宇宙：新媒介技术与多元身体观》，《现代出版》2022 年第 2 期，第 38 页。

[5]《北京大学学者发布元宇宙特征与属性 START 图谱》，2021 年 11 月 19 日，https：//share. gmw. cn/it/2021-11/19/content_35323118. htm，2022 年 12 月 10 日访问。

[6] 董浩宇：《“元宇宙”特性、概念与商业影响研究——兼论元宇宙中的营销传播应用》，《现代广告》2022 年第 8 期，第 6 页。

[7] 鲍尔：《元宇宙改变一切》，岑格蓝、赵奥博、王小桐译，浙江教育出版社 2022 年版，第 96 页、101 页、104 页。

[8] Wolf, Mark J. P., *Building Imaginary Worlds: The Theory and History of Subcreation*, Routledge, 2012, pp. 16, 154, 248.

[9] 陈刚：《元宇宙背景下媒体如何深度融合》，《传媒》2022 年 7 月刊（下），第 15—16 页。